古代歷史文化 研究輯刊

十二編

王明蓀 主編

第 **10** 冊

宋對遼的邊防政策與設施

段承恩 著

國家圖書館出版品預行編目資料

宋對遼的邊防政策與設施／段承恩 著 -- 初版 -- 新北市：花木
蘭文化出版社，2014〔民 103〕

目 4+236 面；19×26 公分

（古代歷史文化研究輯刊 十二編；第 10 冊）

ISBN 978-986-322-890-5（精裝）

1.邊防　2.宋代

618　　　　　　　　　　　　　　　　　103013896

ISBN-978-986-322-890-5

9 789863 228905

古代歷史文化研究輯刊
十二編　第十冊　　　　　　　　ISBN：978-986-322-890-5

宋對遼的邊防政策與設施

作　　者	段承恩
主　　編	王明蓀
總 編 輯	杜潔祥
副總編輯	楊嘉樂
編　　輯	許郁翎
出　　版	花木蘭文化出版社
社　　長	高小娟
聯絡地址	235 新北市中和區中安街七二號十三樓
	電話：02-2923-1455／傳眞：02-2923-1452
網　　址	http://www.huamulan.tw 信箱 hml810518@gmail.com
印　　刷	普羅文化出版廣告事業
初　　版	2014 年 9 月
定　　價	十二編 20 冊（精裝）新台幣 38,000 元

版權所有·請勿翻印

宋對遼的邊防政策與設施

段承恩　著

作者簡介

段承恩，現為高中歷史教師，2013 年取得文化大學歷史學博士學位。曾發表論著有〈遼對宋騎兵軍事戰術之運用——以高粱河、歧溝關兩次戰役為例探討〉、〈由講四句看客家文化傳承——以婚、喪、喜慶為例探討〉等論文十餘篇，目前於課暇之餘以研究宋遼金元史軍事方面，及客家社會文化為範圍。

提　　要

　　北宋所承接五代的軍事地理是天然地形防禦的喪失，故在戰略地理上，對遼是呈現相對弱勢，所能憑藉只有險阻關隘，因此在天險不足恃之下，防禦上只能依託人為工事，北宋也因此在對遼防禦相對應上，做出第一線塘泊、林木防禦，第二線將城池以帶狀分布的固守防禦，第三線以黃河天險以拱衛京師。此三線防禦之設立，如本論文各章節所描述，確實是減少北方禦遼兵力的佈署，宋人在詳細評估宋遼雙方之武力後所採行的措施，首先在塘泊防禦上已做到扼守衝要之地，逼使遼騎不得不轉為宋人所預設之地加以突衝；又為防範遼趁宋廷無備之地的攻擊，廣植榆柳以為備，使遼騎兵無用武之地。

　　本論文內容可分為以下三個部份。

　　第一部份：

　　內容包括第一、二章，第一章為緒論說明研究此篇論文動機與研究方法，藉由古籍文獻與前人研究，分析闡述論文架構的可行性。

　　第二章：「五代時期對遼邊防地理與政策」，先概述遼代起源及部落時期的分合態勢，就遼在五代時期契丹的發展，一直至耶律德光南下牧馬作一闡述，其後將唐末至宋地理變革作一說明，介紹五代至宋立國緣由及地分區分，最後分析宋遼之邊界及邊區的防衛體系。

　　第二部分：

　　內容包括第三章：「宋對遼的城池防禦政策與設施」、第四章：「宋對遼的塘泊水利設施」、第五章：「宋禦遼的林木政策與設施」。主要是分析北宋立國後對外國防政策，及國防建設的演變，與宋對遼邊防關係，藉由國防政策的轉變來看邊防設施的發展，並由宋代各時期的邊防建設，及宋邊區軍事結構與部署、武力裝備、軍事支援等系統，看前面各章所提諸問題，進行有系統分析整理，將塘泊、榆林、方田、堡寨、城池作一相關連繫，並藉此將前人研究所不足的部份將以增補，使「宋對遼邊防政策與設施」研究得以完善，亦是本論文主旨所在。

　　第三部份：

　　內容以第六章：「結論」為與前面各章節相互呼應的，並為前章節提出綜合總論，以驗證北宋對遼防禦設施的成效，且對北宋防禦政策是否合宜，是否如前人所言，「無任何可取之處」，提出不同看法，並綜合前述章節研究，做最終結論。

目
次

圖表目錄

第一章　緒　論

一、研究動機

　　遊牧民族與農耕民族，雙方自古即處於軍事緊張狀態，中原民族所採取的隔離方法，即是興築長城，當做文化界線的標誌。中國自秦時期對外防禦，皆以長城區隔胡漢，以長城作爲保護農業民族的漢人屏障。

　　徐衛民〈秦始皇長城研究綜論〉〔註1〕中所言，秦對匈奴的戰役獲勝，將匈奴北逐七百餘里，使其首領頭曼單于，不得不放棄所據有黃河南北土地。在匈奴退卻後，秦始皇將戰國時期秦、趙、燕三國所興築之長城，連成一線，並派重兵把守，構築堅固的防禦工事，使匈奴不敢南下牧馬。

　　長城防線爲抵禦北方遊牧民族南下最前線，當游牧民族衝破長城防守線後，中原農業民族所準備的第二道防線，即爲具防守優勢之「城池建築」，由北魏太武帝派李孝伯與南朝使者的對話中可知：「城守，君之所長；野戰，我之所長。我之恃馬，猶如君之恃城矣」。〔註2〕

　　中原政權與遊牧民族的對抗，所面臨的是步兵對騎兵的兵種作戰差異，漢代文帝時的鼂錯，即對游牧民族的匈奴騎兵，與農業民族的漢軍步兵有所分析：

> 今匈奴地形技藝與中國異。上下山阪，出入溪澗，中國之馬弗與也；
> 險道傾仄，且馳且射，中國之騎弗與也；風雨罷勞，飢渴不困，中
> 國之人弗與也；此匈奴之長技也。若夫平原易地，輕車突騎，則匈
> 奴之眾撓亂也；勁弩長戟，射疏及遠，則匈奴之弓弗能格也；堅甲

〔註1〕徐衛民，〈秦始皇長城研究綜論〉，《秦漢研究》第六輯（咸陽：咸陽師範學院，2012年），頁313。
〔註2〕（南朝梁）沈約，《宋書》（北京：中華書局，1974年），卷五九，〈張暢傳〉，頁1601。

利刃，長短相雜，遊弩往來，什伍俱前，則匈奴之兵弗能當也；材

官騶發，矢道同的，則匈奴之革笥木薦弗支也；下馬地鬥，劍戟相

接，去就相薄，則匈奴之足弗能給也；此中國之長技也。〔註3〕

由王明蓀對此涵義的解釋，鼂錯用意是以敵我雙方各有優劣，當明己彼，若能配合雙方之長於己則最爲理想。故而若收編與匈奴同類之外族，自然等於也具備與匈奴相同長處，並配合漢兵之長，用於最能發揮所長技的戰場，互爲表裏運用。〔註4〕

正是如此，可以了解漢民族對於北方游牧民族態度；如知自身武力不足以禦敵，所採取的防守之勢，即是以長城作爲防禦的第一道防線。自後晉石敬瑭割「幽燕地區」〔註5〕給游牧民族契丹（遼）之後，整個以長城爲胡漢地理分界的藩籬被打破，包含起初用以防制外族，地理位置優越爲國防之險的「五關」〔註6〕亦淪於契丹之手，整個北方對外族屏障盡失。故有「自飛狐以東，重關複嶺，塞垣巨險，皆爲契丹所有。燕薊以南，平壤千里，無名山大川之阻，番漢共之。此所以失地利，而困中國也。」〔註7〕因「幽燕」之喪，一直困擾著宋朝國政及防禦政策，但綜觀北宋、遼整體國勢，雙方實力是在伯仲之間，遼以騎兵武力掌控軍事主動，北宋以經貿關係把持經濟優勢。北宋自太祖完成南方底定，後至太宗高梁河、岐溝關兩次主動北伐失敗後，〔註8〕即不再言收復燕雲失地，自眞宗朝澶淵之盟後，更是確定對遼以防衛爲主軸，直至徽宗時因金兵興起聯合金人滅遼而有所轉變。

前人學者文章大多以終宋一朝積弱不振，任北方游牧民族予取予求。但換一觀念如將遼、北宋改爲國與國關係，雙方是處於對等狀態，但宋軍事武力上

〔註3〕（漢）班固，《漢書》（北京：中華書局，1962年），卷四九，〈袁盎 鼂錯傳〉，頁2281。

〔註4〕王明蓀，《漢晉北族與邊疆史論》，《古代歷史文化研究輯刊（四編第八冊）》（台北：花木蘭文化出版社，2010年），頁54。

〔註5〕宋初以幽燕、幽薊爲稱號，徽宗時太行山爲限界，將收復山前七州稱爲燕山府路，山後九州稱雲中府路，故有 燕雲十六州稱呼出現。「燕雲十六州」：幽、薊、瀛、莫、涿、檀、順、新、嬀、儒、武、蔚、雲、應、寰、朔共十六州。方豪，《宋史》（台北：中國文化大學出版部，民國77年），頁98～99。

〔註6〕「五關」：渝、松亭、古北口、居庸、金坡等五關。金毓黻《宋遼金史》（台北：台灣商務印書館股份有限公司，民國84年），頁24。

〔註7〕（宋）李燾，《續資治通鑑長編》（北京：中華書局，2008年），卷三十，〈太宗端拱二年正月乙未〉，頁667。

〔註8〕太宗共三次北伐，依序爲高梁河、瓦橋關、岐溝關三次戰役，其中高梁河及岐溝關爲太宗主動伐遼攻擊，以後篇章所提兩次北伐，皆是指太宗主動出擊。

較呈弱勢，爲了抵禦北方遼國的入侵，故而發展出一套獨有的防禦體系。探討宋遼關係此一問題學者專家，大多是以北宋國防、政治、外交及黨爭爲文探討，戰爭史在宋遼研究上，多關注於眞宗朝澶淵之盟前的戰爭，對北宋邊防建設雖有所提及，但卻未能統合整理，本論文不以艱澀國防理論爲書寫主題，但會以最具代表性的現代軍事論著〔註9〕所提及與此相關理論作一借用，使現今理論與宋遼間的邊防關係相結合，來探討宋是否如鈕先鍾所言，終宋一朝「戰略無知……無知兵之文臣，亦無善戰之武將，從開國到亡國所採取的國家政策，所做的戰略決定幾乎無一不錯」〔註10〕提出新的見解與看法。

圖一：河北軍事防禦地理

饒勝文，《佈局天下：中國古代軍事地理大勢》
（北京：解放軍出版社，2002年），頁53。

〔註 9〕鈕先鍾在下列五書的《戰略思想叢書》總序所介紹並提及，如能認眞研讀下列五本著作，不僅對於戰略思想的源流可獲全面了解，在研究戰史或國家安全問題時更能提供必要理論基礎。約米尼，《戰爭藝術》、克勞塞維茨，《戰爭論》、李德哈特，《戰略論：間接路線》、富勒，《戰爭指導》、薄富爾，《戰略緒論》。
〔註10〕鈕先鍾，《歷史與戰略：中西軍事史新論》（台北：麥田出版股份有限公司，1997年），頁123。

圖二：河東軍事防禦地理

饒勝文，《佈局天下：中國古代軍事地理大
勢》，頁 143。

約米尼在《戰爭藝術》中提及：

> 若是一國家的邊境上，具有良好組織的障礙物體系，無論它們是天
> 然的還是人工的，例如高山、大河或是人爲的要塞，那麼這個國界
> 本身就可以當作是一種永久性的防線。……任何有相當寬度的河
> 川，任何山脊和隘道，只要它們的弱點已經有了臨時工事保護，就
> 可以當作暫時性的防線使用。這種防線具有戰略和戰術性的雙重意
> 義。因爲它可以阻止敵人前進達一個相當時期，或是強迫敵人偏左
> 偏右，以去尋找我方的弱點——這些利益都是純戰略性的。假使敵
> 人由正面進攻，則這一條防線就立即可以顯示出戰術上的利益，因
> 爲想要擊退一個憑險固守的敵人，總是會比在開闊的平原上作戰困
> 難的多了。
>
> 不管防禦工事如何的堅強，守軍總不免是消極的挨打，而終於還是
> 會被敵人擊敗。除此之外，因爲一個天然形勢十分險要的地方，敵

> 人固然是難於攻入，可是我軍卻也一樣不易於攻出，所以敵人只要
> 留下少數兵力，封鎖著各個出口，就可以把我軍坐困在裡面，無法
> 自由行動。〔註11〕

北宋利用各種方式來限制遼軍的入侵，如塘泊、方田、榆林等以人工方式所加工出來的防禦建設，確實對遼軍進攻造成一定的影響，但也如約米尼文中所言，限制遼人入侵的防禦設施，也限制北宋的反攻之路。

　　薄富爾《戰略緒論》〔註12〕中所言，會戰有各種不同類型，但卻能歸納成一個相當簡單公式。其主要特徵就是以兩道由戰鬥人員所組成的人牆，彼此對立的排列，即為雙方都是橫線，當達到橫線兩端頂點時就無任何側翼保護，這就是最容易摧毀的部份。雙方都企圖用迂迴及包圍敵方側面手段求取勝利，換言之，就是使自己戰鬥正面比敵人長。故在冷兵器時代，人部隊運動時側翼通常都是由騎兵來組成，以求較大的機動能力。宋遼戰爭中宋軍屬於防守一方，其防禦力的基礎即在於兵器的技巧發揮，運用各種不同的投射武器以為防禦，這即是宋朝弩運用達到極致之原因。北宋也藉此發展出太宗引以為傲的「平戎萬全陣」。〔註13〕

　　《戰略緒論》另提出作戰的目的，即為強迫敵人在對其不利的條件之下展開會戰。防禦者可利用一種棋盤格子式的句點體系，〔註14〕實行堅壁清野的戰術。結果攻擊者為強迫防禦者出擊應戰，就必須要圍攻某些重要城塞，並以佔據它們為威脅。這種以要塞化城鎮網為基礎的戰役方法，也就變成作戰藝術最高表現，尤以在十七世紀時為然，後人常批評這種戰略過分膽小，但事實這種指控是毫無根據的。很明顯以當時條件而論，這是唯一可能的答

〔註11〕 約米尼（Antoine Henri Jomini），鈕先鍾譯，《戰爭藝術（*THE ART OF WAR*）》（台北：麥田出版股份有限公司，1996年），頁98。

〔註12〕 薄富爾（Andre' Beaufre），鈕先鍾譯，《戰略緒論（*AN INTRODUCTION TO STRATEGY*）》（台北：麥田出版股份有限公司，1996年），頁72～73。

〔註13〕 太宗雍熙四年（987）所創制，以步兵為主力之陣形。由前中左右後五軍所組成的方形大陣，將主力步兵部署在陣形的中間，以戰車協防，增強步兵的防禦能力與攻擊能力。騎兵部署在前後左右擔任警戒和掩護中央大陣，使以步兵為主力的宋軍，可在平原對抗北方遊牧民族騎兵的目的。所用兵力共十餘萬人。曾公亮、丁度《武經總要》（北京：團結出版社，收入程素紅主編，《中國歷代兵書集成（二）》，1999年），頁953～955。

〔註14〕 此指西洋棋上由騎士、主教、堡壘……等棋子所走之路徑，在行走要求是不能有所阻擋，故此說明，每個棋子，堅守自己位置，防止敵軍棋子切入，切割自己的防禦體系。

案。〔註 15〕宋距離薄爾富所說的十七世紀足足早了六百多年，如本論文能證明北宋在當時已有要塞化城鎮網為基礎的防禦觀念，即可為前人所言，宋人無任何國防戰略觀念作一反駁，而這須從宋對遼的邊防設施來看，是否有形成要塞化城鎮網，並藉由人力所加工的天然屏障，構成對遼防禦的第一、二或第三道防線。

綜觀宋遼間的攻防態勢，即可發現如約米尼所言：

> 一個軍隊只有在遭遇頓挫之後，或是實力真正不如對方的時候，才可以採取守勢。在守勢作戰中，應儘量的利用天然和人工的各種障礙物，以及一切足以抵銷敵人優勢的方法，以來加強自己的防禦力量。守勢作戰只要不是屬於絕對消極的性質，則常有成功的機會；守方絕不可以站在原地不動，靜待敵人來對他加以打擊；反而言之，他應有雙倍的活躍，隨時保持著機警的態度，一發現敵人的弱點，馬上就加以強烈的回擊。這一類的計畫可以叫做「攻勢防禦」，它在戰略上和戰術上都具有相當的優點。它可以說是兼有攻守兩方面長處，因為當我軍在一個已經有準備的地區，等候敵人的來攻，在地利和資源方面都是比較有利。同時在發動反攻時，對於時間和地點都可以有審慎的選擇，所以也就很容易成功。〔註16〕

頗為弔詭的是，北宋初期所做的戰略部署皆符合上述戰略構想，能以天然及人工的各種障礙物防禦遼國入侵，但卻未能採取主動攻勢防禦，反而是靜待遼人入侵後，執行堅壁清野的防禦政策，這其中定有部分環節產生戰略防守偏差，這亦是個人想加以釐清的部份。

北宋初期所制定國策「強幹弱枝」、「重文輕武」、「守內虛外」等，即可知道宋對遼防禦政策與其內部政治局勢，是相緊密結合的，由太祖朝對守邊將領之優渥待遇與佈防分析即可知：

> 太祖常注意於謀帥，命李漢超屯關南，馬仁瑀守瀛洲，韓令坤鎮常山，賀惟忠守易州，何繼筠領棣州，以拒北敵。……郡中筦榷之利，悉以與之。恣其貿易，免其所過征稅，許其召募亡命以為爪牙。凡軍中事皆得便宜……由是邊臣富贍，能養死士，使為間諜，洞知敵情；及其入侵，設伏掩擊，多致克捷，二十年間無西北之憂。以至

〔註16〕《戰爭藝術》，頁 78。

　　命將出師，平西蜀、拓湖湘、下嶺表、克江南，所向遂志，蓋能推
　　赤心以馭羣下之所致也。〔註17〕

其軍事政策是以「先南後北」爲主要依循方針，並非爲周世宗聚集重兵揮軍
北上的北伐政策，太祖深知宋初國力難以支持北伐，故採用北邊部以重兵，
據險設伏，以防禦爲主要作戰方針，但並未放棄北伐。太宗平復北漢後馬上
北進，除因迫切需要證明其能力，另一因素亦或是以此洗清「燭影斧聲」之
嫌疑，由內部動盪轉往外部軍事。〔註18〕後經兩次主動北伐失敗，太宗雄心
壯志亦已消沉，轉於趨向防衛守勢，且在執政後期，爲自己戰略失敗尋求合
理說法：

　　朕自即位以來，用師討伐，蓋救民於塗炭，若好張皇誇耀，窮極
　　威武，則天下之民幾乎磨滅矣！……且治國在乎修德爾，四夷當
　　置之度外。……朕每議興兵，皆不得已，古所謂王師如時雨，蓋
　　其義也。今亭障無事，但常修德以懷遠，此則清靜致治之道也。
　　〔註19〕

在澶淵之盟盟約簽訂後，北宋整個軍事部佈防亦產生新的變化，眞宗於澶淵
之盟後採純防衛守勢。在眞宗由反攻改爲守勢的狀態下，值得觀察的地方有
二點，一爲改番號。二是撤銷行營之號。首先將具有攻擊性稱謂的番號裁撤，
如改威虜軍爲廣信軍，靜戎軍爲安肅軍，破虜軍爲信安軍，平戎軍爲保定軍，
寧邊軍爲永定軍，……等。先由眞宗更改軍隊番號，可知他務求安定，不再
以進攻爲目的，且爲免除因部隊番號給予遼人不當聯想，將具攻擊性質的稱
謂更改。

　　之後又將河北各州軍隸屬於鎮、定、高陽關都部署統轄，並將鎮、定兩
州合爲一路，只留緣邊州軍的六個指揮，其他具攻擊性的行營，一律廢止。
將行營都部署裁撤，即是宣告將作爲戰爭部署的出征行營，改變爲以駐紮當
地防守的軍隊，不再進行任何攻擊攻勢。

〔註17〕脫脫，《宋史》（台北：鼎文書局，民國67年），卷二百七十三，〈列傳第三二〉，
　　　　頁9346～9347。《續資治通鑑長編》，卷十七，〈太祖開寶九年十一月庚午〉，
　　　　頁384～385。
〔註18〕張其凡，《宋代政治軍事論稿》（合肥：安徽人民出版社，2009年），頁110～
　　　　111。漆俠〈宋太宗與守內虛外〉《宋史研究論叢》第三輯（保定：河北大學
　　　　出版社，1999年），頁4。
〔註19〕《續資治通鑑長編》，卷三十四，〈太宗淳化四年十一月甲寅〉，頁758～759。

由此兩項改變，可作爲與北宋立國初期，太祖、太宗朝想收復燕、雲地區，最大不同之處。

眞宗後歷朝直至徽宗朝止，期間神宗朝雖有心振作，但因內部黨爭劇烈、冗兵冗員問題嚴重，再加上對西夏用兵，造成北宋腹背皆受敵的情況，一直無法在國防上有所突破，揮師北伐，直至北宋滅亡爲止對遼皆採防禦守勢。

北宋國策也一直影響著邊防發展，由長城邊防的喪失，轉移至三關、河泊、榆林及兩屬地、禁地所構築而成的防禦設施。宋對遼主要之防禦爲河北及河東地區，河北國防線：東起泥沽口，西有雄、霸二州，至白溝河及界河，以北屬遼南屬宋。自界河西至飛狐口（屬遼）之線，爲宋之河北國防線。霸州以東爲低窪地帶不利於軍事部署。雄州以西至易州間的太行山地帶，適合騎兵作戰攻擊，故遼人多由此進攻，因而宋人以雄、易兩州以南至鎭、定間的縱深地帶，廣建城牆堡壘，佈防重兵以禦遼軍。易水以南，開陂池、闢方田以限遼之戎馬。東以霸、莫、瀛三州爲犄角以形成防禦輔助。河東國防線：自飛狐口以南亘靈邱（屬遼）西至勾注山脈、寧武、岢嵐軍、豐州以南地區屬宋，爲宋之河東國防線。河東北部以雁門關、寧武關、岢嵐軍爲河東最前沿據點，西北與以豐、麟兩州爲防守以同時應付遼、夏兩軍攻擊，防禦方式是以築城寨爲防禦基礎。〔註20〕

二、研究回顧

在宋遼關係上雖有諸多論著，各有其欲探討及解決之課題，但在具體的邊防設施研究上，卻未見有完整的論述。在宋遼軍事關係上，北宋燕雲地區疆界一直無法收復，只好退而求其次，固守故有疆域，守疆之首要即爲築城防禦，如無法擴大戰線攻勢，只好以研發兵器加強防禦，增加兵源以固疆域，北宋更因此發展出以步制騎之道。有關宋代軍事史研究，在現今學術研究上，屬於較少專家學者所關注的焦點項目，本篇論文以「宋對遼的邊防政策與設施」爲主題探討，在文獻資料上將以軍事領域的資料爲主體，宋遼間邊防問題是本論文所欲探究的動機所在，故以北宋對遼之邊防硬體部分做分析探究，並在宋遼對峙過程中，北宋武力的研究，領導階級在國防政策及國防體系運作的想法及影響，皆是本論文欲探討的要項，現依防禦設施、國防思想、裝備運補、兵力探究，藉由分類先後作一說明。

〔註20〕李霖，《中國政治國防史》（台北：臺灣商務印書館股份有限公司，民國75年），頁379～380。

（一）防禦設施

1、塘泊方面

　　閻沁恒〈北宋對遼塘埭設施之研究〉〔註21〕一文最早提及宋對遼防禦之塘泊設施，之後才有一系列有關對遼防禦措施及建設的研究論述成果出現。林瑞翰〈北宋之邊防〉〔註22〕提出北宋對遼邊防政策及設施，河北邊防以滄、保州間之塘泊為主，各塘泊間以州、軍置之，阻遼軍鐵騎入侵。河東邊防以堡寨作為防禦支援的重心。陶玉坤《遼宋關係研究》，〔註23〕博士論文，第一章提出遼宋間的緩衝地帶，以兩屬地及禁地為探討，第二章與本論文關係較為密切，為北宋防禦遼國的塘泊跟屯田，以河北防禦為主軸，未能整體提出河東地區的堡寨防禦，且所探討以固定並靜止防禦設施為主體，未能提及防禦部署政策，這亦是本論文所要討論的地方。郭東旭、王軼英〈北宋河北沿邊的寨舖建設述略〉，〔註24〕直指沿邊寨舖位於北平軍以東、滄州以西之州軍，與塘泊屯田相應和，是塘泊的配套工程。王軍《北宋河議研究》，〔註25〕針對北宋「回河」爭議提出說明，在黃河軍事問題上，與遼有關防禦設施，塘泊做一分析，並說明黃河改道對塘泊影響及禦遼問題。程民生〈北宋河北塘濼的國防與經濟作用〉，〔註26〕將塘濼對國防與民生的影響提出看法，認為塘泊對國防是有一定貢獻，但因北宋政府人謀不彰，導致整個禦遼設施的蒙塵。李克武〈關於北宋河北塘濼問題〉，〔註27〕該文與一般論著最大不同處，即為否定塘泊禦遼功用，直指是北宋政府對遼消極妥協之產物，並對北宋政府過度依賴塘泊所造成的各項危機提出說明。高恩澤〈北宋時期河北「水長城」考略〉，〔註28〕針對塘泊的功用及防

〔註21〕閻沁恒，〈北宋對遼塘埭設施之研究〉，《政治大學學報》（台北：政治大學，民國52年），第8期，頁247～257。

〔註22〕林瑞翰，〈北宋之邊防〉，《宋史研究集》第十三輯（台北：中華叢書編審委員會，民國70年），頁199～229。

〔註23〕陶玉坤，《遼宋關係研究》（呼和浩特：內蒙古大學博士學位論文，2005年）。

〔註24〕郭東旭、王軼英，〈北宋河北沿邊的寨舖建設述略〉，《宋史研究論叢》第八輯（保定：河北大學出版社，2007年），頁451～458。

〔註25〕王軍，《北宋河議研究》（長春：東北師範大學碩士學位論文，2011年）

〔註26〕程民生，〈北宋河北塘濼的國防與經濟作用〉，《河北學刊》1985年，第5期，頁76～80。

〔註27〕李克武，〈關於北宋河北塘濼問題〉，《中州學刊》1987年，第4期，頁120～123。

〔註28〕高恩澤，〈北宋時期河北「水長城」考略〉，《河北學刊》1983年，第4期，頁150～153。

禦提出說明，在塘泊的協防作用下，對遼攻防戰中，不再處於一面倒局面，而是互有輸贏。在平原低窪地區構築塘泊，藉此設施得以阻止遼騎入侵，以利北宋佈防，爲一成功的防禦設施。李華瑞〈北宋治河與防邊〉，〔註29〕將黃河水患與回河問題，是如何困擾北宋政局，依史料提出說明，在黃河北流與東流兩派中的論點中提出自身觀點，並指明欲回河東流的歷史問題。楊軍〈北宋時期的河北塘泊〉，〔註30〕目前研究塘泊最詳實之論文，由緣起至作用到堙廢皆有提及，兼論及塘泊附帶防禦體系如榆塞之研究。

2、林木方面

江天健〈北宋河北路造林之研究〉〔註31〕爲最早提出北宋林木問題之論文，內文中對北宋造林的目的、防禦政策、利弊得失皆有提及。陶玉坤〈北宋防禦遼國的榆塞〉〔註32〕明確指陳北宋以塘泊、方田、稻田、榆塞爲防守基石，榆塞以防止遼騎兵直接攻入，可與塘泊作爲互補不足的防禦工事。王麗《宋代國家林木經營管理研究》，〔註33〕此論文第三章中之林木管理機構，釐清並分析了中央及地方間所執掌的權責。白宏剛《宋代林業政策研究》，〔註34〕由防禦林的植栽，看北宋運用林木植栽的模式，並提出作爲禦遼的國防線，北宋在河北有水低窪之地，以塘泊爲主體，無水高險之地，以森林爲屏障。陳嘉伶《宋代林木資源的耗損與保育》，〔註35〕在北宋森林樹種及資源的分布先做一介紹，再提出維護林木機構，及林木對國防貢獻，並兼論防禦林的保護及栽植。焦國模《中國林業史》，〔註36〕內容將常見或常用樹木質材、功能皆有說明提及。以各朝代爲分期，在北宋方

〔註29〕 李華瑞，〈北宋治河與防邊〉，《澶淵之盟新論》（上海：上海人民出版社，2007年）頁 349～370。

〔註30〕 楊軍，〈北宋時期的河北塘泊〉，《侯人之師九十壽誕紀念文集》（北京：學苑出版社，2003 年），頁 225～255。

〔註31〕 江天健，〈北宋河北路造林之研究〉，《宋史研究集》第三十二輯（台北：蘭臺出版社，民國 91 年），頁 231～256。

〔註32〕 陶玉坤，〈北宋防禦遼國的榆塞〉，《內蒙古社會科學》2006 年，第 27 卷第 3 期，頁 36～39。

〔註33〕 王麗，《宋代國家林木經營管理研究》（西安：陝西師範大學碩士學位論文，2009 年）

〔註34〕 白宏剛，《宋代林業政策研究》（桂林：廣西師範大學碩士學位論文，2010 年）。

〔註35〕 陳嘉伶，《宋代林木資源的耗損與保育》（台北：淡江大學歷史學系碩士班碩士論文，民國 92 年）。

〔註36〕 焦國模，《中國林業史》（台北：國立編譯館，民國 88 年）。

面，就宋人如何運用森林，如何將林木與國防相結合提出說明。熊燕軍〈北宋時期林木破壞情況歷史分析〉，[註37] 明確指出，森林破壞主因不外乎為：戰爭、經濟發展、河防。提出北宋眞宗時期，確爲北宋林木破壞的轉折期，由政治統治轉移至經濟發展，且戰爭、經濟發展、河防三主因，皆起於眞宗之時，進而論證林木生態發展與北宋各項建設，息息相關，密不可分。

3、城池防禦

　　馬繼業《宋代城池防禦探究》，[註38] 爲較整體探討宋代城防的文章，開始即對北宋立國環境、遼軍特點、河北、河東路的防禦等處提出見解，內文以北、南宋全期對外戰爭下的防禦建設做綜合性陳述。黃登峰《宋代城池建設研究》，[註39] 文中說明在北宋時期城池建設的管理機構，城池建設的人力問題、財力調配及物資運輸，並將北宋城池的結構，功能與軍事上的防禦關聯性，有一定程度的描述及探究。李京龍、趙英華〈北宋河北緣邊地區的軍事防禦工程述略〉，[註40] 文中以河北緣邊地區爲探討對象，提出造林、開渠建塘泊、屯田等宋禦遼之政策，但未能全面分析對遼防禦建設，不過其中所提及的「北宋的地道」，爲宋之有系統性的國防建設，可爲新的研究開發主題。符海朝〈城池修築與宋遼外交〉，[註41] 將北宋各朝城池修築，與遼宋關係加以結合，並提出北宋藉由對遼之彈性外交模式，以「明修棧道、暗渡陳倉」的方法，將對遼防禦的城池系統，加以擴增或修補。北宋地道研究方面，郭軍寧〈永清地下古戰道考述〉，[註42] 趙曉峰《河北地區古建築文化及藝術風格研究》[註43] 兩者將北宋河北永清之地道的形成及內部結構，提出說明，且考證建築材質爲巨型青磚所建構。劉浦江〈河北境內的古地道遺跡與宋遼

〔註37〕熊燕軍，〈北宋時期林木破壞情況歷史分析〉，《商邱師範學院學報》2003 年，第 19 卷，第 1 期，頁 44～46。

〔註38〕馬繼業，《宋代城池防禦探究》（濟南：山東師範大學碩士學位論文，2005 年）。

〔註39〕黃登峰《宋代城池建設研究》（保定：河北大學博士學位論文，2007 年）。

〔註40〕李京龍、趙英華，〈北宋河北緣邊地區的軍事防禦工程述略〉，《保定師範專科學校學報》2006 年，第 19 卷第 1 期，頁 49～52。

〔註41〕符海朝，〈城池修築與宋遼外交〉，《殷都學刊》2007 年，第 4 期，頁 69～72。

〔註42〕郭軍寧，〈永清地下古戰道考述〉，《軍事歷史研究》，2010 年，第二期，頁 173～176。

〔註43〕趙曉峰，《河北地區古建築文化及藝術風格研究》（石家莊：河北大學出版社，2008 年），頁 114。

金時代的戰事〉〔註44〕作者認為此時期所挖掘之地道，應為當地居民自我保
衛之用，而非為軍事防禦線之措施。在河北地區的數個地道中，永清及霸縣
地道主要為澶淵之盟前被利用，雄縣地道於整個北宋時期，應持續有發揮其
作用。

4、宋遼戰爭戰役

　　程光裕《宋太宗對遼戰爭考》〔註45〕，為第一部有系統探究宋初，宋、
遼間對抗之論著，內容除對太宗北伐之戰，有詳細描述，亦對宋城池防禦
及分布作清楚整理，並於文章後半提出宋敗因在於「失地利、分兵力、將
從中御、士不用命」等因素。曾瑞龍《經略幽燕》〔註46〕以戰略思想來探
討宋對遼的戰爭演變，用現代戰略思考，提出太宗作戰方式的錯誤決策，
並提出前沿、縱深跟彈性防禦在宋代的可行性，在相關戰役探討中，認為
君子館之戰，是北宋轉攻為守的過渡戰役。該作者另一本著作《拓邊西北》
〔註47〕則是北宋對西夏的攻勢拓展，前者是探討宋對遼戰略政策，由攻擊
轉為防守；後者卻對西北的拓邊，提出另一種論點，並由國防政策的改變
來看對國防建設，及沿邊將士的影響。廖隆盛〈宋太宗的聯夷攻遼外交及
其二次北伐〉〔註48〕指出宋太宗二次主動伐遼的動因，為本身武力不足，
改為聯夷攻遼，論述北宋伐遼的失敗，是因聯合高麗、女眞、渤海等國之
不順利，且遼已有防範。並指陳宋太宗兩次伐遼失敗原因，及政策的錯誤。
黃繁光〈論宋眞宗對遼作戰與陣圖使用的關係〉〔註49〕提及宋初作戰是以
陣圖為作戰依據，且就宋初對遼戰役中陣圖的運用分析並說明，並對眞宗
使用陣圖之不良影響提出反駁與見解。中共所出軍事通論書籍《中國軍事
通史》〔註50〕中〈北宋、遼、夏軍事史〉部分，文中對宋遼間的軍事部署

〔註44〕 劉浦江，〈河北境內的古地道遺跡與宋遼金時代的戰事〉，《大陸雜誌》2000
　　　　年，101 卷，第 1 期，頁 1～8。
〔註45〕 程光裕，《宋太宗對遼戰爭考》（台北：台灣商務印書館，1972 年）。
〔註46〕 曾瑞龍，《經略幽燕：宋遼戰爭軍事災難的戰略分析》（香港：香港中文大學，
　　　　2003 年）。
〔註47〕 曾瑞龍，《拓邊西北》（香港：中華書局（香港）有限公司，2006 年）。
〔註48〕 廖隆盛，《國策、貿易、戰爭：北宋與遼夏關係研究》（台北：萬卷樓圖書股
　　　　份有限公司，2002 年）。
〔註49〕 黃繁光，〈論宋眞宗對遼作戰與陣圖使用的關係〉，《澶淵之盟新論》（上海：
　　　　上海人民出版社，2007 年）。
〔註50〕 陳峰總，〔……〕〈北宋、遼、夏軍事史〉，《中國軍事通史》（北京：軍事科
　　　　學出版社，1998 年）。

及攻守，都有詳盡的介紹，並評析宋太宗時期兩次主動伐遼失敗之因，及其戰略的轉變。台灣三軍參謀大學所出《中國歷代戰爭史》〔註51〕書籍，在〈宋遼戰爭〉章節中，將宋遼間的戰爭及其戰略、戰術做一說明，及宋對遼其戰略的轉變與分析，可與中共軍事科學院所出《中國軍事通史》中〈北宋、遼、夏軍事史〉相互參閱，並可參看海峽兩岸對宋遼軍事戰役的看法。糜振玉等著《中國軍事學術史》〔註52〕由該書第六篇宋遼夏金元時期的軍事學術，分析宋與周邊民族的作戰指導方針及軍事關係，並在第六、七節提出北宋「守內虛外」的國防政策，及「以文制武」的軍事制度，由此看周邊各民族的軍事制度及作戰特點，再於第二十一章介紹宋代軍事科技進步及作戰模式。中國軍事史編寫組《中國歷代軍事思想》，〔註53〕於本書第五篇中提出宋代軍事及戰爭型態，特別指出宋代「以步制騎」的新戰法，提出新戰法中弩的運用及戰術。柳立言〈宋遼澶淵之盟新探〉，〔註54〕為目前研究分析面向較廣之論著，並對宋軍於戰爭前後的兵力配當，及各項對遼政策有深入分析。王曉波《宋遼戰爭論考》，〔註55〕將北宋與遼自太祖到真宗時之戰役，及對遼各項政策沿革做一析評，最後就聯金滅遼政策的施行，看整個北宋國勢的發展。

（二）國防思想有關論文

蔣復璁〈宋代一個基本國策的檢討〉，〔註56〕文中提及「強本弱末」的國策，並兼論宋初杯酒釋兵權、肅清禁軍、削弱藩鎮政策上是對的，但因太宗兩次北伐皆墨，由仇遼變懼遼，轉而強本弱末國策，進而猜忌將領，重文輕武，反成為宋代國勢一直無法振作之因。李震〈論北宋國防及其國運的興廢〉，〔註57〕文中分別以地理、兵志、政治、經濟、黨爭、學術思想來探究北宋國防政策，提出一國國防強弱，在於上述幾項因素綜合評比。終宋一朝

〔註51〕中國歷代戰爭史編纂委員會，《中國歷代戰爭史》第十、十一冊（台北：黎明文化事業股份有限公司，民國65年）。

〔註52〕糜振玉等著，《中國軍事學術史》（北京：解放軍出版社，2008年）。

〔註53〕中國軍事史編寫組，《中國歷代軍事思想》（北京：解放軍出版社，2007年）。

〔註54〕柳立言，〈宋遼澶淵之盟新探〉，《宋史研究集》第二十三輯（台北：國立編譯館，民國84年）頁71～189。

〔註55〕王曉波，《宋遼戰爭論考》（成都：四川大學出版社，2011年）。

〔註56〕蔣復璁，《宋史新探》（台北：正中書局，民國55年）。

〔註57〕李震，〈論北宋國防及其國運的興廢〉，《宋史研究集》第四輯（台北：中華叢書編審委員會，民國58年），頁469～499。

積弱不振，皆是「苟安因循」心態所造成。作者亦在文中論述太宗之失策，先是反對太祖徙都洛陽，後又與西夏爲敵，造成北宋同時面臨雙邊作戰的窘境，如無先前之錯誤決擇，北宋與遼對決勝敗，尚是未定之數。陶晉生《宋遼關係史研究》，〔註58〕內容以宋遼外交居大多篇章，文中提及澶淵之盟、慶曆外交、王安石外交政策，並分析宋對遼邊界防禦問題的重視。陶玉坤〈遼宋和盟狀態下的新對抗：關於遼宋間諜戰略的分析〉〔註59〕、楊軍〈試說北宋時期的雄州城〉〔註60〕、〈北宋時期河北沿邊城市的對遼間諜戰〉〔註61〕對雄州的重要性及宋遼間用間的模式，與有關情報的組織機構，進行有系統的探討。王明蓀《遼金元史論文稿》〔註62〕中〈契丹與中原本土之歷史關係〉歷述契丹部族的起源，直至宋遼對立，文章內文中提出，北宋於太宗伐遼是採主動攻勢而遼採守勢，當伐遼失敗後，遼也未直驅中原，就遼未以進攻方式對北宋入侵，提出遼未必有佔漢地一統中原之野心。王明蓀《宋史論文稿》〔註63〕中專論部分〈宋初反戰論〉、〈兵險德固——論北宋之建都〉，提及宋初之反戰論，應是對其內部實力的現實考量，並提出不同前人之意見，太祖未收燕雲之地，但國防無虞，既無虞又何須重啓戰端，正是如此情況，造成日後真宗朝「澶淵之盟」的雛型。「兵險德固」的提出即是藉由汴京爲四戰之地，當時所選汴京之主因實爲漕運發達，並提及國防根本在河北，財富經貿在江淮，故須理解北宋的立都，實爲「以兵守國，以財養兵」。文中最後結語所提，自澶淵之役後，所謂「兵險德固」是需良好國防政策相配合，北宋在國防政策構想是不足的。蔣武雄《遼與五代政權轉移關係始末》〔註64〕敘述條理分明，將遼與五代之關係依時間先後進行敘述，並以另一種角度看待宋遼關係，以遼國作爲如何牽動五代政局做詳細說明，並如何影響北宋初期的國防佈局。劉振志《宋代國力研究——

〔註58〕陶晉生，《宋遼關係史研究》（台北：聯經出版事業股份有限公司，2005年）。

〔註59〕陶玉坤，〈遼宋和盟狀態下的新對抗：關於遼宋間諜戰略的分析〉，《黑龍江民族叢刊》1998年，第1期，頁70～75。

〔註60〕楊軍，〈試說北宋時期的雄州城〉，《中國歷史地理論叢》2004年第19卷第3輯，頁13～22。

〔註61〕楊軍，〈北宋時期河北沿邊城市的對遼間諜戰〉，《軍事歷史研究》2006年第4期，頁99～104。

〔註62〕王明蓀，《遼金元史論文稿》（台北：槐下書肆，2005年）。

〔註63〕王明蓀，《宋史論文稿》（台北：花木蘭文化出版社，2008年）。

〔註64〕蔣武雄，《遼與五代政權轉移關係始末》（台北：新化圖書股份有限公司，民國87年）。

功利學派國家戰略思想與宋廷國策之探討》〔註 65〕本文以宋代戰略的變化觀點，來看宋遼之間的情勢，由太祖建隆元年（960）至太宗太平興國三年（978）採守勢，太平興國四年（979）至雍熙三年（986）為攻勢，之後政策和戰皆有且不確定，至眞宗景德元年（1004）澶淵之盟後，則長期採取守勢。黃崑在《北宋北方邊防政策之演進與檢討》〔註 66〕將北宋歷朝對北方軍事政策問題提出探討說明，內容上應是以仁宗朝後對西夏部份為主要敘述，內文將北宋各朝以循序漸近方式，分析及探討各朝，對北方與西北之敵的戰略運用。艾文君《「誓書」與北宋對遼政策》〔註 67〕將澶淵之盟所訂立「誓書」的前後經過做一分析，並針對慶曆再盟、熙寧地界重劃，及宋對遼的城防與軍事衝突，以不違宋遼間誓書盟約為首要依循。韋祖松《北宋國家安全問題研究》〔註 68〕將北宋國家安全做一整體分析，由周邊地理到內、外部威脅先做探討，再描述北宋戰略安全思想及實踐的方式。漆俠〈宋太宗與守內虛外〉〔註 69〕藉由宋太宗守內虛外之政策，招致「斥地與敵」的說法，提出個人觀點的批判。張其凡《宋代政治軍事論稿》〔註 70〕將北宋軍事政治關連性提出說明，軍事佈防是以政治為導向，故其論文所提，以北宋政治為其研究方向，並對軍事戰略做總體探討。

（三）裝備運補

姚從吾《姚從吾先生全集》〔註 71〕中〈遼金元史講義甲・遼朝史〉以軍事器具觀點，可知北宋失敗之因，由於北宋軍隊裝備落後及兩者器械差別。遼人為馬隊，宋人為步兵，加上戰甲裝備之優劣，使宋對遼以兵敗作收。遼對宋政策可分為以下三點：一、來侵，則應戰。二、圍城與擾邊，則興兵報復。三、誠意求和則苟守條約，釁不我始。遼國並非是要滅宋，而是有其自

〔註 65〕劉振志，《宋代國力研究——功利學派國家戰略思想與宋廷國策之探討》（台北：中國文化大學史學研究所博士論文，民國 84 年）。

〔註 66〕黃崑在，《北宋北方邊防政策之演進與檢討》（台北：淡江大學歷史學系碩士班碩士論文，民國 92 年）。

〔註 67〕艾文君，《「誓書」與北宋對遼政策》（台北：國立政治大學政治學系博士論文，民國 92）。

〔註 68〕韋祖松，《北宋國家安全問題研究》（廣州：暨南大學博士學位論文，2006 年）。

〔註 69〕漆俠，〈宋太宗與守內虛外〉，《宋史研究論叢》第 3 輯（保定：河北大學出版社，1999 年），頁 1～17。

〔註 70〕張其凡，《宋代政治軍事論稿》（合肥：安徽人民出版社，2009 年）。

〔註 71〕姚從吾，《姚從吾先生全集》（台北：正中書局，1972 年）。

我考量。楊瑋燕《宋初對遼戰爭中軍糧供應諸問題研究》〔註 72〕以宋太祖到眞宗時期對遼戰役的軍糧供應來觀察宋軍補給線，及州縣的運用模式，並於第四章後，有提及屯營田與鄉兵的發展，及移兵就糧的兵力配置，其後又發表〈遼宋對峙時期河北路水運的開發〉〔註 73〕由太祖至眞宗朝與遼對峙期間，所發展的水運狀況，及軍事運補作一介紹。並藉由周邊水系的疏導，加強轉運能力。文中亦提出雖然屯營田與塘泊實際收效不大，但其轉運物資卻是對遼戰爭中之保障。李啓明《中國後勤體制》〔註 74〕對北宋由兵器一直到後勤運補皆有所涉略，且提出北宋因後勤系統與民間生產分離，與先秦至隋唐歷朝「寓戰具於農具」傳統相違背，故使政府與民間財政壓力負擔越大，形成衰敗之局。周榮《北宋冷兵器論述》〔註 75〕將宋代所使用之各項兵器，包含進攻與防守之器具皆有提及，但應爲楊泓《古代兵器通論》〔註 76〕及周緯《中國兵器史稿》〔註 77〕兩位前輩學者的基礎架構下延伸，其中所提防衛器具「盔甲」部份，爲前人無提及的。中國軍事史編寫組，《中國歷代軍事裝備》〔註 78〕將北宋各項武器作介紹，內文中所提北宋抵禦敵人最重要武器設備即是「弩」。特別介紹弩的兩種形制，一種爲人力張弦的輕弩（踏張弩），另一種是利用繩軸絞張的床弩。並有南北宋的區別，北宋善用並改良床弩，南宋則偏愛踏張弩。李天鳴，〈北宋的弩和弩箭手〉〔註 79〕是將所發表「宋代的弩」作一延伸，文中探討非常詳盡，將北宋對弩的形制及管制，及北宋軍隊中弩手的編制及訓練，皆作一說明，最後是依循往例，將北宋用弩的戰例及方案作探討，作者提出好的弩及戰術，亦需要有好的將領，如有好兵器卻未能有好將領領導，一切亦是枉然。葉鴻灑〈試探北宋火藥武器的研製與應用〉〔註 80〕

〔註 72〕 楊瑋燕，《宋初對遼戰爭中軍糧供應諸問題研究》（西安：西北大學碩士學位論文，2007 年）。

〔註 73〕 楊瑋燕，〈宋遼對峙時期河北路水運的開發〉，《文博》第 5 期，2010 年，頁56～59。

〔註 74〕 李啓明，《中國後勤體制》（台北：中央文物供應社，民國 71 年）。

〔註 75〕 周榮，《北宋冷兵器論述》（西安：西北大學碩士學位論文，2006 年）。

〔註 76〕 楊泓，《古代兵器通論》（北京：紫禁城出版社，2005 年）。

〔註 77〕 周緯，《中國兵器史稿》（天津：百花文藝出版社，2006 年）。

〔註 78〕 中國軍事史編寫組，《中國歷代軍事裝備》（北京：解放軍出版社，2007 年）。

〔註 79〕 李天鳴，〈北宋的弩和弩箭手〉，《故宮學術季刊》第 15 卷第 2 期，民國 87 年，頁 122～131。

〔註 80〕 葉鴻灑，〈試探北宋火藥武器的研製與應用〉，《宋史研究集第二十五輯》（台北：國立編譯館，民國 84 年），頁 59～79。

一文是針對火藥爲主體，並提出弩在宋代成爲火藥的主承載體，火藥可配合弩在實際戰場的戰役運用，並且肯定宋代武器的價值。中國軍事史編寫組，《中國歷代軍事工程》〔註81〕文中提及宋代城池防禦的特點，及野戰築城的發展，並以陳規〔註82〕所構思的守城的防禦，及構城工法做說明。程龍《北宋糧食籌措與邊防——以華北戰區爲例》〔註83〕內文中將北宋兵力部署，及針對華北地區的糧食補給地理環境，做分析介紹。

（四）兵制及兵員探討

羅球慶〈北宋兵制研究〉〔註84〕探討北宋軍隊組織的變革，及於歷朝所產生的新的變更，並增補宋史中所疏遺不足的地方。林瑞翰〈北宋兵制初探〉〔註85〕將宋代兵制演變作一有系統介紹整理。王曾瑜《宋朝兵制初探》〔註86〕將兩宋兵制作出全盤整理分析，並利用現代軍事理論，對兩宋兵制作對照詮釋。淮建利〈論宋代的壯城兵〉〔註87〕由文中可知壯城兵在北宋廣泛設置，特別是對遼防禦之城池，除負擔修築城池外，尚需治河與運糧，已成爲北宋防遼之後勤主力單位。程民生〈宋代兵力部署考察〉〔註88〕文中所提宋代兵力部署，一直至仁宗朝皆以北方禦遼爲主軸，仁宗中後期改爲以防禦西夏的西北兵力爲主，在防禦部隊除禁軍、廂軍之外，尚有被忽略的鄉軍。兼論北宋防禦是以消極的以守待攻的戰略。柯弘彥《宋代廂軍的職務功能及其類型》〔註89〕將廂軍的來源及架構皆有詳細介紹，並對州郡廂軍的對外防禦工作，皆分門別類敘述，使人理解廂軍所需負擔情事。孫遠路《北宋的強壯與義勇》〔註90〕將鄉軍中的強壯與義勇興衰沿革，作一完整的描述，提出在神宗前運輸事務由鄉軍所承擔，神宗後於有關鄉軍文獻中得知，鄉軍的職能開始增加，

〔註81〕中國軍事史編寫組，《中國歷代軍事工程》（北京：解放軍出版社，2005 年）。
〔註82〕陳規，《守城錄》之作者，爲當代軍事奇才，對宋之防禦金兵有非常大之貢獻。
〔註83〕程龍，《北宋糧食籌措與邊防——以華北戰區爲例》（北京：商務印書館，2012 年）。
〔註84〕羅球慶，〈北宋兵制研究〉，《新亞學報》1957 年，第 3 卷第 1 期，頁 69～72。
〔註85〕林瑞翰，〈宋代兵制初探〉，《台大歷史學報》（台北：國立台灣大學歷史系，民國 65 年），第 3 期，頁 101～118。
〔註86〕王曾瑜，《宋朝兵制初探：增訂本》（北京：中華書局，2011 年）。
〔註87〕淮建利，〈論宋代的壯城兵〉，《中國史研究》2007 年，第 1 期，頁 93～103。
〔註88〕程民生，〈宋代兵力部署考察〉，《史學集刊》2009 年，第 5 期，頁 66～74。
〔註89〕柯弘彥，《宋代廂軍的職務功能及其類型》（台北：東吳大學碩士學位論文，民國 98 年）。
〔註90〕孫遠路，《北宋的強壯和義勇》（鄭州：河南大學碩士學位論文，2002 年）。

強壯與義勇在北宋歷次改革中，皆可看到兩單位出現，與其國運是息息相關。翁建道《北宋出征行營之研究》〔註91〕由北宋前期之都部署結構，來看整體北宋軍隊之軍力及運補問題，並提出北宋軍隊問題是出於分散兵權、提防將帥、遙制出征行營，如此操控即為宋廷文人君臣對武人不信任，北宋國力也可見一般。

三、史料與研究方法

　　北宋在太宗兩次主動反攻皆墨下，藉由區域聯防，固守待援，層層抵抗，建構出自五代以來，「堅壁清野」防衛機制的呈現。〔註92〕因此本論文「宋對遼的邊防政策與設施」，是以「軍事」理論為基礎，藉由北宋各朝的防禦政策及設施，以時間演進的方式進行論述，將北宋對遼防禦做分析討論，先將五代至宋初對契丹軍事地理及政策，做一陳述。再以北宋禦遼的各項舉措，包含塘泊、林木、城池對遼騎兵的防禦功效，以宋對遼邊界的地理環境，北宋立國後對外的國防政策，及國防建設的發展；宋對遼邊防堡寨，與邊區軍事結構與部署，做出探究。在論述文章中，以北宋禦遼的軍事戰略，配合文獻史料及今人文章加以說明，在傳統史料方面，主要以薛居正《舊五代史》、歐陽修《新五代史》、脫脫《宋史》、脫脫《遼史》、徐松《宋會要輯稿》、司馬光《資治通鑑》、李燾《續資治通鑑長編》、顧祖禹《讀史方輿紀要》、陳規《守城錄》、沈括《夢溪筆談》、曾公亮等著《武經總要》、趙汝愚編《宋朝諸臣奏議》、《全宋文》及相關州縣地方志、石刻史料、宋人文集等。今人文章以前人研究成果，來看北宋對遼防禦政策與邊防建設的相關性。藉由上述研究的整理，綜合評量北宋禦遼政策與設施，是確實可行並能形成一定嚇阻效用的。

　　在曾瑞龍的《經略幽燕》文中，以太宗北伐幽燕地區的作戰模式，結合現代戰略思考，提出前沿、縱深跟彈性防禦在宋代的可行性。另一著作《拓邊西北》以神宗朝對西夏的積極拓邊行為，藉由堡寨延伸，步步進逼，將西北之地逐步奪回並拓展。《經略幽燕》所看到是宋對遼戰略政策由攻擊翻轉守勢，《拓邊西北》卻是積極主動的，向西夏所盤據的地區進行軍事拓邊。兩者看似無任何交集，但為何北宋在真宗與遼簽訂澶淵之盟後，由「祖、宗」朝，

〔註91〕翁建道，《北宋出征行營之研究》（台北：中國文化大學史學研究所博士論文，民國94年）。

〔註92〕（宋）司馬光，《資治通鑑》（台北：洪氏出版社，民國63年），卷二百八十九〈後漢紀四　隱帝乾祐三年（950）〉，頁9423。

所謀求收復北方燕雲失地的雄心已失，取而代之是以防禦為主的城防固守模式。歷經仁宗、英宗的邊防政策，以不生事為主。神宗朝在面對遼、西夏兩敵環伺威脅之下，卻向西夏的西北地區積極拓邊，軍事轉折不可謂不大。在消級防禦至積極攻擊的轉變下，而中間過度時期的環節亦是本論文研究主旨所在，北宋應是藉由對遼邊防穩固之後，足以騰出手來，面對西夏強敵。邊防的穩固是防禦政策與設施的相協調，最重要的是北宋河北、河東地區的邊防，足以使宋、遼雙方軍事動態，維持平衡。先有此認知，才可解釋，為何北宋於神宗時可積極拓邊西北之因。

北宋為確保北方邊防安全，藉由五代至宋初對遼作戰認知，將整體部防劃為三大區塊，由西向東依序為真定、定州、河間三部分，藉由真定府、定州（中山府）河間府（高陽關）三路相互支援，並將防禦正面範圍縮小，可收有效制敵之功。河東路因地勢不利於騎兵奔馳，防禦上僅須控制各關口，無須如河北地區集重兵把守，在北宋對遼防禦的重視度，未如河北地區重要，但還是以太原為卡要掌控兵力之處。

真定府以北，控扼飛狐口遼騎南侵之路，由「北敵寇邊，多由飛狐、易州界道東西口過陽山子，度滿城，入自廣信之西。」〔註93〕一旦遼騎穿越此地，即可繞過定州長驅直入，故真定府為北宋佈防之重點，此區緊臨太行山東邊，道路較崎嶇顛簸，限制遼鐵騎的衝擊，同時以防禦定州為主要，「真定路，由順安安肅、保定州界，自邊吳淀望趙曠川、長城口，乃契丹出入要害之地，東西不及一百五十里。」〔註94〕並藉此減輕定州方面負擔的軍事壓力。

定州路即為控制宋遼間的交通要道，此地位於塘泊最西端，無險阻地利可用，故有「保州以西至山下數十里，亡塘水之阻，虜騎可以平入。」〔註95〕正是本防禦區於軍事上的吃重比例，相對防禦正面皆較其他地區為小，並於保州以西遍植林木以達禦遼作用，最主要目的，即是集中兵力，不讓遼軍有能力突破南下。

河間府以北，邊境地區，至滄州地形，因地勢低漥濱海，沼澤遍布，且為黃河氾濫之地，遼軍鐵騎能利用可能性較小，故本路重點為控制雄、霸州

〔註93〕 《續資治通鑑長編》，卷一百五十，〈仁宗慶曆四年六月戊午〉，頁3648。
〔註94〕 《續資治通鑑長編》，卷一百十二，〈仁宗明道二年三月丁卯〉，頁2608。
〔註95〕 《續資治通鑑長編》，卷一百五十，〈仁宗慶曆四年六月戊午〉，頁3648。

間的道路，此區本爲塘泊未相連處，而使遼軍得以藉此道路自由進出河北之地，眞宗朝所建構的防禦模式：

> 景德前，二州（雄、霸）塘水不相接，因名東塘、西塘。二塘之交，
> 蕩然可以爲虜騎歸路。遂置保定軍介於二州，以當賊衝。厥後開道
> 不已，二塘相連，雖不甚浩渺，而賊路少梗矣。然窮冬冰堅，旱歲
> 水竭，亦可以濟，未爲必安之地。雖然，但少以兵控扼之，則敵騎
> 無以過矣。〔註96〕

三路之間的相結合，眞定路與定州之間爲太行山，定州與河間府之間爲塘泊連互，河間府以東地勢低漥，沼澤遍佈，故有以四路分別統轄各州軍，態勢上如脈絡縱橫交錯，如果敵人突然來襲，可以馬上做到相互支援及守備，藉由三角分區原理，成犄角防禦工事，堅守城池並相機出戰迎敵，如此敵人因恐懼腹背受襲，而不敢深入，自行潰敗離去。〔註97〕這即是北宋所構思出的戰略思想，正由於防禦遼國的政策與設施的成功，才有日後神宗朝，集重兵以抗西夏之舉出現。

〔註96〕《續資治通鑑長編》，卷一百五十，〈仁宗慶曆四年六月戊午〉，頁3648。
〔註97〕《續資治通鑑長編》，卷二百五十六，〈神宗熙寧七年九月甲寅〉，頁 6258～6259。

第二章 五代時期對遼邊防地理與政策

  中原王朝與游牧民族關係，一直處於互相衝突競爭之中，因未能取得軍事上的絕對優勢，故以長城為防範外族南侵的屏障。中原王朝在大一統的觀念下，對游牧民族所採取的策略，不外乎下列模式：「主戰」、「主和」、「用夷」、「分別」等，[註1] 一以羈縻懷柔為主；另一以強勢打擊為主。宋之前的一統王朝面對游牧民族，皆以強勢作為使其臣服，但自五代後晉割燕雲之地起，轉變為另一種南北分治狀況，且南方朝廷須時時面對北方政權入侵。五代之後，完成一統的國家「宋朝」產生，它面臨的卻是內外交迫之險惡情勢，對外因失去長城屏障及燕山天險，北宋國防線已退守至今天津海河、河北霸縣、山西雁門關一帶。燕雲地區之重要性，由今長城居庸關以東向西南分支，綿延於太行山脈，到朔州以西再與長城相會，這即為內長城。中原失山前，尚有雁門關可防守，失山後則河北屏障全失。契丹騎兵即可沿著幽薊以南廣闊平原地形，直達河朔地區。石敬瑭割燕雲之地，將北邊軍事要地盡付與契丹，製造遼國得以長驅直入的有利條件，此可看出宋朝與唐朝的區別，即北宋無任何可防守的北方天險及長城屏障，使北部千里之地，皆須重兵防禦，這亦使宋立國之戰略思想，不同於先前諸朝。

  由富弼於仁宗慶曆四年（1044）所上防禦之策可知：

> 伏以河北一路，蓋天下之根本也。古者未失燕薊之地，有松亭關、
> 古北口、居庸關為中原險要，以隔閡匈奴不敢南下，而歷代帝王

[註1] 王明蓀，《漢晉北族與邊疆史論》，《古代歷史文化研究輯刊（四篇第八冊）》，頁 47、59。

尚皆極意防守，未嘗輕視。自晉祖棄全燕之地，北方關險，盡屬
契丹。契丹之來，蕩然無阻，況又河朔士卒精悍，與他道不類，
得其心則可以為用，失其心則大可以為患，安得不留意于此而反
輕視哉？

謂太祖、太宗之時，契丹入寇，邊兵或有喪敗，而不能長驅，真宗
初時，邊兵亦少失，而有長驅之患者何哉？蓋太祖、太宗時，屢曾
出師深入攻討，及寇至，又督諸將發兵禦戰，北騎雖勝，知我相繼
開壁，援兵四至，無退藏之懼，是以匆匆出塞，不敢長驅也。洎真
宗即位，懲喪師之衄，遂下詔邊臣，寇至但令堅壁清野，不許出兵。
縱不得已出兵，只許披城布陣，又臨陣不許相殺。賊知我不敢出戰，
於是堅壁之下，不顧而過，一犯大名，一犯澶淵，是故雖無喪師之
失，而有長驅之患。真宗再駕河朔，幸而講和，不然，事未可知也。

〔註2〕

北宋先失地形之險，其次因對遼軍事政策錯誤，鑄成終宋一朝難以振作的長
久屈辱。

　　整個宋朝因養馬地喪失，故在騎兵培訓方面，已不如遼及西夏，由於騎
兵實力相差懸殊，只能藉由發展另一模式做為鞏固國防的要求，即是所謂的
「以步制騎」的戰術出現，要如何展現以步制騎，基本上可以「人、事、時、
地、物、數」來做為區分，即是北宋用哪些軍隊參與戰爭？發生何事須如此
佈陣？發動戰爭應為何時？發生地點有何防禦措施？後勤補給是否通暢？數
乃是衡量雙方各項兵力總結，對己方作一改良？正因燕雲之陷，造成宋須以
重兵佈防在綿延現今河北及山西省的宋遼北方邊界之上，要如何部署，防禦
設施如何，則是宋人一直思考的戰略構想？在北宋對遼軍事攻防下的重點，
前人所探討的往往在於外交、政策的演變，或是宋遼幾次的大戰戰役介紹，
往往忽略宋對遼的邊防建設的成就，實為宋與遼能持續一百六十多年和平的
要素之一。

　　五代與遼、宋關係，前人學者已有許多論著，本篇章是以「五代至北宋
對遼邊防地理」，為後續宋遼邊防政策及設施的源起，先做一敘述，故是參酌
前輩學者著作，所建立的基礎論述，如：鄭學檬，《五代十國史研究》〔註3〕、

〔註1〕《續資治通鑑長編》，卷一五二，〈仁宗 慶曆四年十二月乙卯〉，頁3709。
〔註3〕鄭學檬，《五代十國史研究》（上海：上海人民出版社，1991年）。

呂思勉，《隋唐五代史（上、下）》〔註4〕、蔣武雄，《遼與五代政權轉移關係始末》〔註5〕、王明蓀，《宋遼金史論文稿》〔註6〕、王曾瑜，《遼金軍制》〔註7〕、任愛軍《契丹遼朝前期（907～982）契丹社會歷史面貌解析》〔註8〕、陳玫旭《五代北宋時期河東地區研究—以軍政為考察中心》〔註9〕等，藉由前人研究之理論觀點，對遼與五代關係做簡略分析，以使整篇文章脈絡更能條理分明，以為本章節論述上的相呼應。

第一節　遼的立國及疆域

契丹的起源，約略可分為三個時期：自東晉永和元年至唐貞觀元年（345～627）為古八部時期，自唐貞觀二年至開元十八年（628～730）為大賀時期，此後至後梁開平元年（907）為遙輦時期。〔註10〕再後即進入以阿保機為主導的迭剌部時代，一直到建立遼國與北宋分庭抗禮。

一、契丹部落時期歷史沿革

契丹部落時期歷史沿革可由《遼史　營衛志》中得知：

> 奇首八部為高麗、蠕蠕所侵，僅以萬口附于元魏。生聚未幾，北齊見侵，掠男女十萬餘口。繼為突厥所逼，寄處高麗，不過萬家。部落離散，非復古八部矣。別部有臣附突厥者，內附於隋者，依紇臣水而居。部落漸眾，分為十部，有地遼西五百餘里。唐世大賀氏仍為八部，而松漠、玄州別出，亦十部也。遙輦氏承萬榮、可突于散敗之餘，更為八部；然遙輦、迭剌別出，又十部也。阻午可汗析為二十部，契丹始大。至于遼太祖，析九帳、三房之族，更列二十部。聖宗之世，分置十有六，增置十有八，并舊為五十

〔註4〕呂思勉，《隋唐五代史（上、下）》（台北：九思出版社，民國66年）。

〔註5〕蔣武雄，《遼與五代政權轉移關係始末》（台北：新化圖書股份有限公司，民國87年）。

〔註6〕王明蓀，《宋遼金史論文稿》（台北：明文書局股份有限公司，民國70年）。

〔註7〕王曾瑜，《遼金軍制》（保定：河北大學出版社，2011年）。

〔註8〕任愛軍，《契丹遼朝前期（907～982）契丹社會歷史面貌解析》（呼和浩特：內蒙古大學博士學位論文，2005年）。

〔註9〕陳玫旭，《五代北宋時期河東地區研究——以軍政為考察中心》（台北：國立台灣師範大學歷史學系碩士論文，民國95年）。

〔註10〕張正明，《契丹史略》（北京：中華書局，1979年），頁2。

四部；內有拔里、乙室巳國舅族，外有附庸十部，盛矣！〔註11〕
北魏時期因柔然的逼迫而有部族南遷，北齊時又再次造成契丹部族的重
創，後至隋初才又生聚教訓、繁衍茁壯，共分為十部。〔註12〕唐時為契丹
復原與轉折期，並利用契丹以箝制突厥，唐太宗時契丹已形成部落聯盟，
聯盟首領由大賀氏家族中遴選世襲，武后當政時期，唐聯絡突厥對契丹大
賀部族進行夾擊，導致其勢中衰更因而分裂，終為遙輦氏所取代，且共區
分為八部。遙輦八部聯盟中，迭剌部軍事武力是最為強大的，有「終遙輦
之世，強不可制。」〔註13〕如此也給阿保機一個代遙輦氏自立的機會，爾
後更趁遙輦內部動盪時期，取代痕德菫成為新的部落盟主。

二、契丹部族興起經過

（一）唐代防禦北方兵力部署

唐為防遊牧民族入侵，玄宗有鑑於都護府的兵力微弱，不足以制止各族
叛亂乃於全國國防線設置十個節度使，分區駐兵以茲防範。唐代防範北方遊
牧民族的兵力人數最多，分別為：〔註14〕

1、朔方節度使（治靈州），防北方突厥，駐兵六萬四千七百人，馬一萬
   三千三百匹。

2、河東節度使（治太原），防北方突厥，駐兵五萬五千人，馬一萬四千
   八百匹。

3、范陽節度使（治幽州），防奚、契丹，駐兵九萬一千四百人，馬六千
   五百匹。

4、平盧節度使（治營州），防室韋、靺鞨，駐兵三萬四千，馬五千五百
   匹。

唐代兵力部屬，總兵力約四十八萬左右，光此四區已佔全國兵力一半以
上，騎兵數量也相當龐大，也正因如此，造成政府總預備隊人數過少，如唐
任一地區發生動亂，中央兵力不足以迅速平定，且欲抽調各藩鎮部隊平亂，
則有路途遙遠緩不濟急，因而有日後安祿山連結范陽、平盧與河東三鎮之兵

〔註11〕《遼史》，卷三十二，〈志第二 營衛志中〉，頁376。
〔註12〕《遼史》，卷三十二，〈志第二 營衛志中〉，頁378。
〔註13〕《遼史》，卷三十二，〈志第二 營衛志中〉，頁381。
〔註14〕《資治通鑑》，卷二百一十五，〈唐紀三十一 玄宗天寶元年〉，頁 6848～
        6851。

造反，天下莫能當。

　　在此之後的五代，因軍閥的割據與紛爭不斷，契丹又出現雄才大略的君主阿保機，憑藉其武力征伐，取得遼東地區的控制權，更進而有一窺中原之野心。

（二）契丹對五代各國之政策

1、朱溫與李克用爭奪時期

　　五代前期，以朱溫、李克用兩大勢力在角逐，皆與契丹結交做爲壯大自身勢力的工具，此時李克用先與契丹結交並約爲兄弟之邦，由阿保機親率部隊至雲州，與晉王李克用相結盟：

> 阿保機帥眾三十萬寇雲州，晉王與之聯合，面會東城，約爲兄弟，延之帳中，縱酒，握手言歡，約以今冬共擊梁。……晉王贈以金繒數萬。阿保機留馬三千匹，雜畜萬計以酬之。……阿保機歸而背盟，更附於梁。〔註15〕

契丹對後梁朱溫與晉王李克用的兩手策略，即爲雙方一直想依恃契丹援助消滅對方，契丹衡量朱溫與李克用實力，此時朱溫已代唐室稱帝，國號爲後梁。由梁太祖給阿保機書信中得知：「朕今天下皆平，唯有太原未服，卿能長驅精甲，徑至新莊，爲我翦彼仇讎，與爾便行封冊。」〔註16〕契丹爲取得正統性的皇室背書，故背李克用就梁，使李克用憤恨不滿，臨終前亦念念不忘此奇恥大辱。遼對後梁的支持與結好，正是利用當時中原各勢力的對立情勢，施以遠交近攻政策，以便遂行其擴張勢力的野心。〔註17〕

〔註15〕　《資治通鑑》，卷二百六十六，〈後梁紀一　太祖開平元年（907）〉，頁8679～8680。

〔註16〕　（宋）薛居正，《舊五代史》（台北：鼎文書局，民國70年），卷一百三十七，〈外國列傳第一〉，頁1828。

〔註17〕　蔣武雄，《遼與五代政權轉移關係始末》，頁14。

圖三：後梁疆域圖

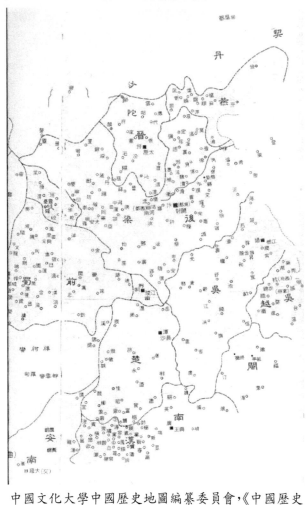

中國文化大學中國歷史地圖編纂委員會，《中國歷史
地圖》合訂本（上）（台北：中國文化大學出版部，
民國82年），頁51～52。

2、後唐興起與耶律阿保機的關係

契丹因正統性問題無法支援李克用，加上劉仁恭之盤據幽燕，因此李克用
將歿，傳位給李存勗時所說「一矢討劉仁恭，汝不先下幽州，河南未可圖也。
一矢擊契丹，且曰阿保機與吾把臂而盟，結爲兄弟，誓復唐家社稷，今背約附
賊，汝必伐之。一矢滅朱溫，汝能成吾志，死無憾矣。」〔註18〕同光元年（923）
李存勗稱帝。契丹因須討伐渤海國，恐腹背受敵，與後唐莊宗（李存勗）重修

〔註18〕《舊五代史》，卷二十六，〈唐書二　武皇紀下〉，頁363。

舊好。〔註19〕阿保機先於天贊三年（後唐同光二年，924 年）併吞營、平兩州，後於天贊四年（後唐同光三年，925 年）無後顧之憂，傾契丹全力滅渤海國，渤海國遂入契丹之手，阿保機立其子突欲爲東丹王，此時整個遼東已爲契丹所有。在後唐帝位爭奪下，明宗李嗣源得以稱帝，亦是得到遼太祖首肯，更有遣使至遼的對話出現，足見遼對中原政權已具有左右局勢之能力。〔註20〕

圖四：後唐疆域圖

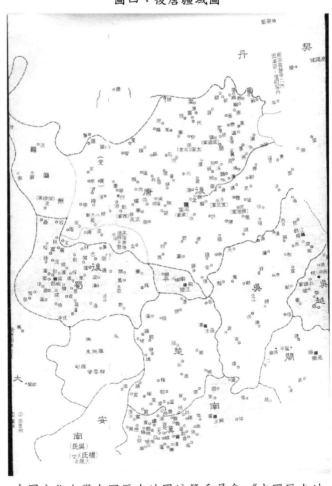

中國文化大學中國歷史地圖編纂委員會，《中國歷史地圖》合訂本（上），頁 53～54。

〔註19〕「契丹雖無所得而歸，然自此頗有窺中國之志，患女眞、渤海等在其後，欲擊渤海，懼中國乘其虛，乃遣使聘唐以通好。」（宋）歐陽修，《新五代史》，（台北：鼎文書局，民國 69 年），卷七十二，〈四夷附錄　第一〉，頁 890。
〔註20〕蔣武雄，《遼與五代政權轉移關係始末》，頁 28～29。

3、後晉、後漢時期

天顯元年（後唐天成元年，926 年）阿保機死，其子耶律德光繼立。後唐內部發生動亂，石敬瑭反，以燕雲之地割與契丹，尋求契丹協助。天顯十一年（後晉天福元年，936 年）耶律德光領軍攻下汴京（開封），擊滅後唐，後晉成立。後晉天福二年（937 年），契丹定幽州為南京，以便於進出中原作預作準備。後晉出帝，因不向契丹稱臣的稱謂問題，與契丹發生衝突，因此大同元年（後晉天福十二年，947 年），契丹再次南下滅後晉，耶律德光改國號為「遼」，契丹遼朝正式誕生。

遼朝於佔領汴京後魚肉中原軍民，招致極大反彈，無法控制中原地區，敗走北撤，但仍佔據幽燕之地，敗走時耶律德光與侍臣說到「朕此行有三失：縱兵掠芻粟，一也；括民私財，二也；不遽還諸節度還鎮，三也。」〔註21〕同時後晉太原留守劉知遠即帝位於太原，國號為漢。

後晉與後漢所採行的策略以向契丹尋求武力援助，而卑恭屈膝。遼國亦利用與後晉所結盟的「父子」、「君臣」關係，掠奪領土予取予求。河東節度使劉知遠未即帝位前，為穩固政權，亦向遼國伏首稱臣，並獲「遼主賜詔褒美，及進畫，親加『兒』字於知遠姓名之上，仍賜以木拐。」〔註22〕劉知遠藉由遼人北返而稱帝，稱帝不及一年即病死，其子隱帝在位建樹無多，但在初期遼國無重大攻擊下，仍給予五代國祚最短之後漢安定中原的機會。究其原因，實為遼自身內部地位繼承問題導致國內不安，無法分兵南下。遼國政爭結束，政權穩固後，即展開侵略攻勢，而讓後周郭威有稱帝的機會出現。

遼主耶律德光在滅晉入主中原後，忘卻「居馬上得之，寧可以馬上治之乎？」〔註23〕並疏忽本為唐朝疆域的北方漢人個性強悍、民風尚武，雖歷經唐末五代紛亂，只是國雖亡但武力尚在，此亦為其失敗要素原因之一。

〔註21〕 《遼史》，卷四，〈本紀第四 太宗下〉，頁 60。
〔註22〕 《資治通鑑》，卷二百八十六，〈後漢紀一 高祖天福十二年（947）〉，頁 9336。
〔註23〕 （漢）司馬遷，《史記》（台北：鼎文書局，民國 88 年），〈酈生陸賈列傳第三十七〉，頁 2699。

圖五：後晉、後漢疆域圖

中國文化大學中國歷史地圖編纂委員會，《中國歷史地圖》合訂本（上），頁55～56。

4、後周

後漢隱帝因猜忌有功將領而實行剪除異己，樞密使郭威被迫舉兵攻入開封，隱帝被其親信郭允明所殺，同一時期，遼國也趁機入侵鎮、定諸州，但為後漢軍隊所阻，郭威奉命北上增援，於途中稱帝，改國號為周，史稱後周。後周初建與遼國互有往來，後因北漢（劉崇）向遼主表示：「欲循晉朝故事，求援北朝」〔註24〕遼藉此扶植北漢對抗後周，且多次侵擾後周領地，郭威死，養子柴榮繼位是為世宗，於遼穆宗耶律璟應曆八年（後周顯德六年，959年）

〔註24〕《資治通鑑》，卷二百九十，〈後周紀一　太祖廣順元年（951）〉，頁9455。

北伐，遼失瀛、莫、易三州，爲日後與宋紛爭埋下伏筆。

唐末到五代初期的政權是交相爭伐，紛擾不已的。契丹藉由五代相互征伐不斷，在一旁坐收漁翁之利，故有北宋在立國之初，即喪失地理防禦的優勢，造成宋、遼天下分治的局面產生。

圖六：後周疆域圖

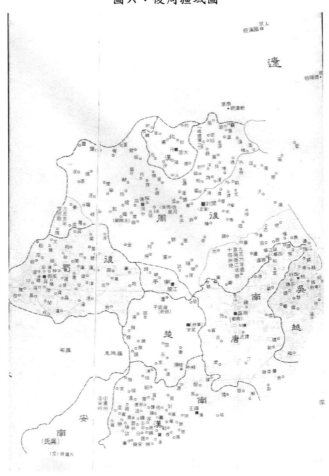

中國文化大學中國歷史地圖編纂委員會，《中國歷史地圖》合訂本（上），頁57～58。

三、遼的疆域格局

《遼史》地理志記載中，可看出契丹領土擴張之迅速：

> 遼國其先曰契丹，本鮮卑之地，居遼澤中；去榆關一千一百三十里，
> 去幽州尺九日一千四里。南控黃龍，北帶潢水，冷陘屏右，遼河塹

左。……當元魏時，有地數百里。……太祖以迭剌部之眾代遙輦氏，起臨潢，建皇都；東併渤海，得城邑之居百有三。……迨于五代，闢地東西三千里。……太宗立晉，有幽、涿、檀、薊、順、營、平、蔚、朔、雲、應、新、媯、儒、武、寰十六州，於是割古幽、幷、營之境而跨有之。以皇都爲上京，升幽州爲南京，改南京爲東京，聖宗城中京，興宗升雲州爲西京，於是五京備焉。又以征伐俘戶建州襟要之地，多因舊居名之；加以私奴置投下州。總京五，府六，州、軍、城百五十有六，縣二百有九，部族五十有二，屬國六十。東至于海，西至金山，暨于流沙，北至臚朐河，南至白溝，幅員萬里。〔註25〕

遼前期領土拓張至五代末，大致以東至渤海、東海（今日本海）和北海（鄂霍次克海）；西至阿爾泰山以西沙漠地帶；北至今外興安嶺以南、貝加爾湖以北，安加拉河流域地區；南至白溝（今天津海河至河北大清河）涿鹿山以南長城段（遼奉聖州南境、後周易州北境）的蔚、應、朔、東勝諸州南境與後周、北漢相鄰。後與北宋爲界，其轄下範圍：東至海，包括渤海北半部（渤海南半部屬北宋）東海（日本海至韃靼海峽一帶）北海（今鄂霍次克海南部至薩哈林島—庫頁島東部海域）等相關海域及島嶼；西抵金山（今阿爾泰山）以西沙漠地區；南及西南與北宋、西夏、西州回鶻、黑汗朝爲鄰；北達外興安嶺以及外興安嶺西北向西延伸至今安加拉河（南北走向一段）安加拉河西頭入葉尼塞河處，冉向西略南延伸至鄂畢河上游西岸巴爾瑙爾（今俄羅斯境內）一帶。〔註26〕

遼爲了維持龐大帝國的運作，亦成立「五京」〔註27〕管理，與宋關係最密切的爲南京析津府與西京大同府，在後晉割燕雲之地後，南京析津府爲遼南面入侵北宋主力前線，西京大同府臨宋夏兩國邊境，以南京初立爲對付南面的後周與北宋，其兵馬、財富爲五京之冠，〔註28〕西京大同府掌控宋遼邊

〔註25〕《遼史》，卷三十七，〈志第七　地理志一〉，頁 437～438。

〔註26〕林榮貴編，《中國古代疆域史下卷（上）》（哈爾濱：黑龍江教育出版社，2007年），頁 982。

〔註27〕五京可分爲：1. 上京臨潢府、2. 東京遼陽府、3. 中京大定府、4. 南京析津府、5. 西京大同府。兵馬軍警南京居首，且爲鎮撫漢人之樞要。西京以軍事性質爲主要。王明蓀，〈論遼代五京之性質〉，《史學彙刊》，第 1 期，（台北：中國文化大學史學研究所暨史學系，民國 98 年）頁 143～191。

〔註28〕由其墓誌銘所提：「兵戎冠天下之雄，與賦當域中之半」。陳述輯校，《全遼文》（北京：中華書局，1982 年），〈王澤墓誌銘〉，頁 165。

區軍事重務，亦為對宋西面重鎮，也是對西邊邊區民族主要管理者。

圖七：遼朝疆域圖

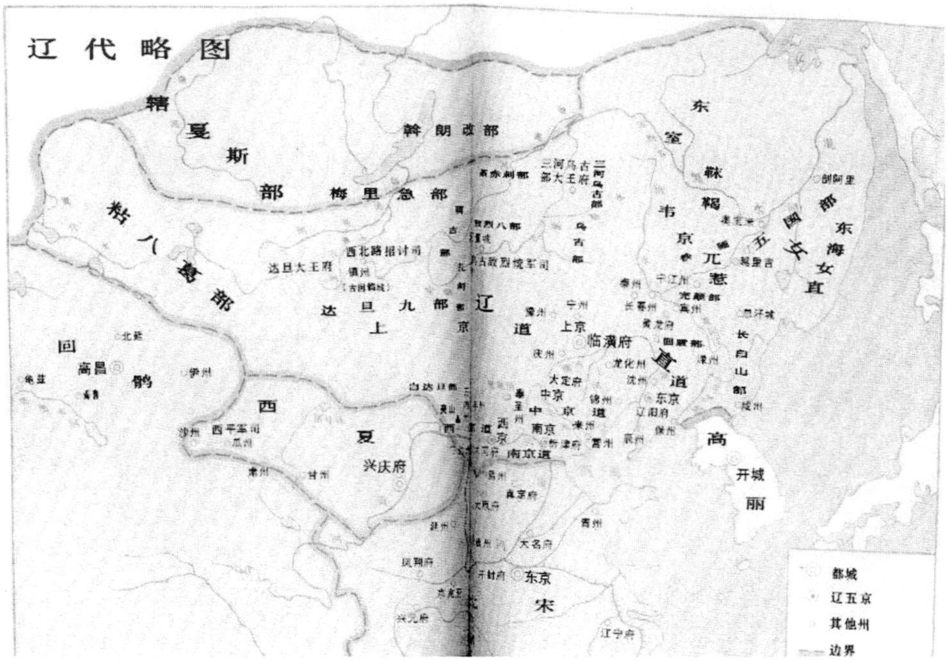

楊樹森，《遼史簡編》（瀋陽：遼寧人民出版社，1984 年），附圖。

第二節　五代對遼的邊防政策

　　唐代的大行政區河東道、河北道、關內道，為防禦契丹等北方游牧民族的重要行政區域，至後梁、後唐時期，中原政權尚可依憑有長城為界的防禦，天然地理優勢為恃，以對抗外族入侵。後梁地理區域可達今遼東營州、平州（盧龍）內蒙呼和浩特；後唐即開始縮小，大致以長城為界，守住薊州、檀州、雲州等地；在後晉割燕雲之地給契丹後，所面臨的即是長城國防線的喪失，故改以滄州、代州、易州、府州等城池直與遼相抗衡；後漢接續後晉政權，在地理疆域略有所失；後周至世宗北伐後增加霸州、雄州，於此整個南北地理分界亦告底定，一直至北宋初期，地理疆域未有變更。

一、未失燕雲地區前對契丹邊防政策

　　五代自後梁到後晉前期，因能守住燕雲之地對遼關隘，整個北方尚屬可防禦之勢，由錢若水所說：

　　臣聞唐室三百餘祀，魏博一鎮，當日戌兵少於今時，而夷狄未嘗侵
　　境者，何也？蓋當日幽薊爲唐北門，命帥屯兵，扼其險阻，是以戎
　　馬不敢南牧。由晉祖割地之後，朝廷自定州西山東至滄海，千里之
　　地，皆須應敵。是以設三關，分重兵以鎮之，少失隄防，則戎人内
　　侵。晉末直渡長河，漢初屢侵邊徼，周祖在位，復擾中山，世宗臨
　　朝，來寇上黨，此皆見於史氏，陛下之所明知也。〔註29〕

在五代初期對北方的邊防，應屬於雙方軍事對壘上維持著武力平衡，五代佔
據燕雲關隘要地，得以從容防禦。故當時外患未能於五代帝王國政上具優先
考慮地位，君主所憂心的是自身周遭内部的武力挑戰，這才是最爲重要且須
掌握的要項。

　　唐末至五代所遺留的藩鎮問題，造成握有軍隊的節度使擁兵自重，在中
央不能節制，朝代政權更迭頻仍的混亂局面下，產生「天子寧有種耶？兵強
馬壯者爲之爾！」〔註30〕處理各方藩鎮之兵，爲五代各時期君主視爲優先處
理的要務。

　　五代君王所憑仗的武力，是下轄各藩鎮之藩兵，欲將藩鎮所下轄勇武之
藩兵爲心腹，即是以各種理由，將強悍者選拔至統治者身邊。藉由選拔體魄
強健，武術、戰技優越者，挑揀入中央禁軍，一則削弱地方軍隊與中央對抗
之能力，二則藉此鞏固中央集權之兵，以收中央集權之威勢。隨著禁軍人數
及地位的提升，君主又擔心軍事武力的控制失衡，恐有尾大不掉之威脅，故
又把禁軍分爲步軍與馬軍，在皇權藉由將禁軍指揮權力的分割，確實掌控制
衡之效，得以防止手握大權之將領的叛變，因此自後梁朱溫當權，即開始一
連串的禁軍改革措施。

　　五代自後晉以降，後續朝代所要面臨的壓力是天然地理防線的喪失，軍
力的集中也與地理因素息息相關，正因環境形勢的喪失，北方游牧民族得以
在無設防下大舉揮師南侵，因此在防衛上必須將兵力集中，得以拱衛京師。
人數眾多的兵員，也只能藉由水陸交通運輸流暢的補給線，獲得糧食紓解，
故定都汴京（開封）是在多方考量下，因是水陸要衝之地，補給運輸方便得
以勝出。此時期針對契丹的入侵，尚未有全盤規劃，所憑藉的即是優勢地形
與強悍的軍力及易守難攻的關口，在後晉喪失燕雲之地後，整體防禦所產生

〔註29〕《續資治通鑑長編》，卷四十六，〈眞宗　咸平三年三月丁未〉，頁999。
〔註30〕《新五代史》，卷五十一，〈雜傳第三十九　安重榮〉，頁583。

漏洞，直到北宋延續後周基礎，並規劃軍事地理區域的劃分，才有足以與遼持續對抗的本錢。

（一）後梁

1、後梁對契丹邊防政策

後梁朱溫以武力起家，藉由平黃巢之亂的軍功而掌權，憑自身軍隊武力威脅唐朝皇室，遂受封並取得中原大部分州郡地區，由李存勖對其父晉王（李克用）所說：「今天下之勢，歸梁者十七八，彊如趙、魏、中山莫不聽命。是自河以北，無為梁患者，其所憚者為我與仁恭爾」〔註31〕，可見後梁之勢力，最後代唐自立為王。後梁在建國前已將攏絡契丹作為重要策略，雙方互派使者接觸，共同會商滅李克用，稱帝之際也遣使告知，「汴州朱全忠遣人浮海奉書幣、衣帶、珍玩來聘。……廢其主，尋弒之，自立為帝，國號梁，遣使來告。」〔註32〕契丹亦盤算中原正統王室的冊封，以發揮在北方游牧民族的影響力：

> 阿保機遣使者解里隨顧（高顧），以良馬、貂裘、朝霞錦聘梁，奉表稱臣以求封冊。梁復遣公遠及司農卿渾特以詔書報勞，別以記事賜之，約共舉兵滅晉，然後封冊為甥舅之國，又使以子弟三百騎入衛京師。克用聞之，大恨。是歲克用病，臨卒，以一箭屬莊宗，期必滅契丹。渾特等至契丹，阿保機不能如約，梁亦未嘗封冊。〔註33〕

契丹此時未接受後梁要求，應為後梁與李克用雙方軍事力量呈現膠著狀態，契丹想從中獲取最大利益，且後梁又以契丹需遣三百子弟入衛京師，這對阿保機來說無疑是交付人質，因此契丹決定不接受後梁之冊封，但後梁統治者一直未放棄對契丹的攏絡政策。

後梁以汴州（開封）為首都，稱為東都，以洛陽為西都。東起渤海南部和東海北部；西至涇渭二水，下段於岐接襄；北達河北邢、貝等州，山西澤、沁、晉、絳諸州與幽、燕、晉相接。後梁初以天雄軍節度使羅紹威率軍「據守魏博，兼成相、魏、澶、博、衛、貝等六州」〔註34〕，羅紹威死後，其接續者楊師厚為北面都招討使，並出屯邢、洺諸州，〔註35〕並於乾化三年（913）

〔註31〕 《新五代史》，卷四，〈唐本紀第四 莊宗上〉，頁38。
〔註32〕 《遼史》，卷一，〈本紀第一 太祖上〉，頁2～3。
〔註33〕 《新五代史》，卷七十二，〈四夷附錄第一〉，頁887。
〔註34〕 《舊五代史》，卷十四，〈梁書十四 列傳第四〉，頁188。
〔註35〕 《舊五代史》，卷六，〈梁書六 太祖紀第六〉，頁97。

以天雄軍節度使充潞州行營招討使，總掌北面軍權。太祖時期對北面防禦頗為看重，故後唐軍南下皆受阻，其北面防守疆域大致維持固定。直到喪失魏博一地，「末帝時分為相、魏兩鎮，魏軍亂以魏博降晉，梁失河北自此始。」〔註36〕才招致後梁日後的衰敗。

（二）後唐

1、後唐對契丹邊防政策

在唐末政治紛擾不斷，其中最具勢力的為立足於河南的朱溫與山西的李克用，雙方互相攻伐不斷。但朱溫所佔據地區較為優勢。因李克用所佔據河東之地之東南西三方，皆為朱溫所包圍，北方為契丹所有，契丹也趁唐末藩鎮割據紛亂局面下，不斷壯大自身勢力，亦有南下牧馬之企圖。後梁立國後一直欲消滅李克用的反梁勢力，與契丹保持溝通聯繫。李克用為免腹背受敵，遂採取結盟契丹的戰略，「天祐二年春，契丹阿保機始盛，武皇（李克用）召之，阿保機領部族三十萬至雲州，與武皇會於雲州之東，握手甚歡，結為兄弟，旬日而去，留馬千匹，牛羊萬計，期以多初大舉渡河。」〔註37〕雙方皆為尋求契丹的奧援，可見契丹對中原王朝的威脅及影響之深。李存勗繼位後以河東為根據地，力抗後梁，並趁後梁內亂逐漸控制原先後梁所掌控的河北諸鎮，在取得魏博的歸降，得到武力援助，取得足以超越後梁的軍事力量。由上可知北方諸鎮欲以武力打破均衡局勢，皆需依仗契丹援助，也可看出對諸藩鎮對契丹武力的忌憚。

後唐明宗李嗣源為五代第一位由禁軍將領登上帝位者，建立以中央禁軍為主的武裝部隊，並在侍衛親軍都指揮使之下，又設立侍衛馬軍、侍衛步軍都指揮使兩個職缺，奠定日後五代至北宋的依循準則，且為防禁軍叛變，將禁軍家屬統一由中央集體管理，亦成為後代各朝準則。

後唐以洛陽為首都，稱為東都，以太原為北都。疆域大致以：東起渤海北部與東海北部（今屬黃海）；西至秦、義、渭、靈諸州西境與吐蕃接壤；北抵檀、武、府、靈諸州與遼相接；西北以河東延州北之蘆關與定難為鄰。後唐初立，即面臨與契丹相抗衡局面，由幽州至河東太原一線佈防重兵把守，先後以符存審〔註38〕、李存賢〔註39〕、趙德鈞〔註40〕為盧龍軍節度使防守幽

〔註36〕《新五代史》，卷二十三，〈梁臣傳第十一 楊師厚〉，頁237。
〔註37〕《舊五代史》，卷二十六，〈唐書二 武皇紀下〉，頁360。
〔註38〕《新五代史》，卷二十五，〈唐臣傳第十三 符存審〉，頁265。

州。其中又以趙德鈞戍守幽州達十餘年之久，期間：「發河北數鎮丁夫，開王馬口至游口，以通水運，凡二百里。又於閻溝築壘，以戍兵守之，因名良鄉縣，以備鈔寇。又於幽州東築三河城，北接薊州，頗爲形勝之要。」〔註41〕以爲防守之計。如同光二年（924）與契丹情勢緊張之時，即增派北面行營至瓦橋以爲防禦，〔註42〕天成三年（928）「時契丹數犯塞，朝廷多屯兵於幽、易間，……發諸道兵會討定州。」〔註43〕以定州爲集結重心，幽、薊州間的防守有效遏阻契丹南下。明宗晚期契丹南下路線更改，以河東雲、應諸州爲目標南侵，後唐相對應模式，即爲增派將領統禦以太原爲中心的河東防線，長興三年（932）「以石敬瑭爲北京留守，河東節度使，兼大同（雲州）振武（朔州）彰國（應州）威塞（新州）等軍蕃漢馬步軍總管。」〔註44〕石敬瑭即藉此爲日後奪取政權的資本。明宗死後北部軍事防禦體系漸不穩固，又加上後唐內部王位紛爭，對邊帥駕馭薄弱，石敬瑭援引契丹南下，簽訂割讓燕雲之地的盟約，在契丹武力扶植下稱帝。

二、喪失燕雲地區後對遼邊防政策

（一）後晉

1、後晉對遼邊防政策

後晉首都開封，又稱東京，以太原爲北京，河南（洛陽）爲西京。下轄範圍爲：北到滄、易、代、府、靈諸州北境與遼相接；西北河套與定難爲鄰，如同後唐一般；西至階、秦、義、渭、靈諸州西境與吐蕃接觸；東部海區同後唐爲渤海退至拒馬河（白溝河）口。石敬瑭於割燕雲地區歸契丹後，下轄領土即以滄、定、易、代等州與契丹相鄰，並以這些地區，爲禦遼兵力集結之地。初期與契丹交好兩者相安無事，出帝時因不再向契丹稱臣，導致契丹軍隊南下入侵。後晉所採行防禦方案，以黃河沿邊要地，麻家口、楊劉鎮、馬家渡、河陽爲防禦重心加以防守。〔註45〕遼兵南下，後晉與遼戰役勝負相

〔註39〕 《舊五代史》，卷五十三，〈唐書二十九　列傳第五〉，頁722。

〔註40〕 《舊五代史》，卷九十八，〈晉書二十四　列傳第十三〉，頁1038。

〔註41〕 《舊五代史》，卷九十八，〈晉書二十四　列傳第十三〉，頁1039。

〔註42〕 《資治通鑑》，卷二百七十三，〈後唐紀二　莊宗同光二年〉，頁8911。

〔註43〕 《資治通鑑》，卷二百七十六，〈後唐紀五　明宗天成三年〉，頁9017～9018。

〔註44〕 《資治通鑑》，卷二百七十八，〈後唐紀七　明宗長興三年〉，頁9079。

〔註45〕 《舊五代史》，卷八十二，〈晉書八　少帝紀第二〉，頁1086。

參，但於開運二年（945）：

> 帝自陽城之捷，爲天下無虞，驕奢益甚。……又賞賜優伶無度。桑
> 維翰諫曰：嚮者陛下親禦胡寇，戰士重傷者，賞不過帛數端，今優
> 人一談一笑稱旨，往往賜束帛、萬錢、錦袍、銀帶，彼戰士見之，
> 能不觖望，……如此士卒解體，陛下誰與爲社稷乎？〔註46〕

正如桑維翰所言，雖於日後諸州堅持防守，但朝廷沉迷享樂，和戰不定，指揮系統事權不一，體系混亂，又再次重蹈後唐覆轍，爲契丹所滅。

（二）後漢

1、後漢對遼邊防政策

後漢承襲後晉定都開封，又稱東京，以太原爲北京，河南（洛陽）爲西京。轄區範圍以：北至滄、泰、代、勝諸州北境與遼爲鄰，西北與東及南範圍如後晉一般，西至隴、義、靈諸州西境與吐蕃接壤。劉知遠於稱帝前後，率軍堅決抗遼，並吸納河北、山東民眾守土抗遼，遼太宗方知中原地區人民難治而撤軍北返，在北返途中提出「我不知中國之人難制如此」。〔註47〕後漢於遼軍北返後，以定州爲重鎮扼守要地，防遼軍入侵，並將晉末陷遼州縣盡歸收復。〔註48〕隱帝乾祐二年（949）遼軍南下河北諸州（邢、洺、貝、魏），後漢主派樞密使郭威督將禦之。〔註49〕並以鎮、定兩州爲邊區軍事要地，統整及集結軍事武力。乾祐三年（950）遼兵再次犯邊，以「樞密使郭威鄴都留守，依前樞密使。詔河北諸州，應兵甲、錢帛、糧草一稟郭威處分。」〔註50〕郭威爲政，「至鄴，盡去煩弊之事，不數月，閫政有序，一方晏然。」〔註51〕對照隱帝濫殺勳舊大臣，使朝廷動盪不安，又密令殺郭威，最後招致郭威率兵南下與隱帝決戰，取而代之，後漢遂亡。

（三）後周

1、後周對遼邊防政策

後周建立後，太祖郭威創立殿前軍，與侍衛馬軍、侍衛步軍形成三足鼎

〔註46〕《資治通鑑》，卷二百八十五，〈後晉紀六　齊王開運二年〉，頁9295～9296。
〔註47〕《資治通鑑》，卷二百八十六，〈後漢紀一　高祖天福十二元年〉，頁9346。
〔註48〕《資治通鑑》，卷二百八十八，〈後漢紀三　高祖乾祐元年〉，頁9389。
〔註49〕《資治通鑑》，卷二百八十八，〈後漢紀三　隱帝乾祐二年〉，頁9415～9416。
〔註50〕《舊五代史》，卷一百三，〈漢書五　隱帝紀下〉，頁1367。
〔註51〕《舊五代史》，卷一百一十，〈周書一　太祖紀第一〉，頁1452。

立，北宋即承襲此一制度。五代後周有兩次整飭禁軍紀錄，一為太祖朝「流言郊賞」，另一為「高平之戰」後，世宗趁機整肅軍紀，將唐末至五代所遺留驕兵悍將之風加以整頓，一改前代因循姑且之舊習，「自是驕將惰卒始知所懼，不行姑息之政矣」，〔註52〕也讓北漢在經歷高平一役後不敢輕舉南下，暫時解除後周的北面之憂。世宗亦藉矯枉後的禁軍武力，北伐進行收復關南之地，獲取瓦橋、益津、淤口三關之險，將防禦遼的縱深又延伸，以收聚集兵力，層層抵抗之效。

後周以開封為首都，又稱東京，以洛陽為西京。領土範圍為：北至霸、雄、易三州北境與遼接壤；西北有麟、府、勝、靈四州北境同遼接觸如同後漢（南部地區有定難及北漢），中北部以鎮州西境及潞、隰兩州與北漢為鄰；河套與定難相鄰如前朝；西部西北至階、秦、義、渭、靈諸州西境與吐蕃相接；東部如後漢，但東海一帶向南延伸到達長江口。

後周建立時，原後漢河東節度使劉崇於太原另行建立北漢，依附遼國以抗後周，後周將相鄰北漢南部潞、晉、隰等州，增派將領防守。後周太祖郭威為防範北和與遼的出擊，所採行的相對應的禦邊措施，「以鄴都（魏州）鎮撫河北，控制契丹，欲以腹心（王殷）處之。」〔註53〕其對遼所採行方法，以不主動挑釁遼國為主。廣順元年至三年（951～953）曾擊敗多次入侵遼軍，遼主知後周有所防備因此退兵北返。世宗初即位，遼與北漢即相約伐後周，遼以兵力協助北漢南下與後周一決雌雄，北漢在與後周「高平一役」失敗而遁走，形勢逆轉為北漢主「受散卒，繕甲兵，完城塹以備周。」〔註54〕北漢至此無力再與後周抗衡。顯德二年至六年（955～959）因北方無事，後周可放手南方之事，西攻後蜀、南征南唐，並於顯德六年（959）伐遼克瀛、莫兩州：

顯德六年夏，世宗北伐，以保大軍節度使田景咸為淤口關部署，右神武統軍李洪信為合流口部署，前鳳翔節度使王晏為益津關部署、侍衛親軍馬步都虞候韓通為陸路都部署。世宗自乾寧軍御龍舟，艫船戰艦，首尾數十里，至益津關，降其守將，而河路漸狹，舟不能進，乃舍舟陸行。瓦橋淤口關、瀛莫州守將，皆迎降。方下令進攻幽州，世宗遇疾，乃置雄州於瓦橋關、霸州於益津關而還。周師下

〔註52〕《資治通鑑》，卷二百九十一，〈後周紀二 太祖顯德元年〉，頁9507。
〔註53〕《資治通鑑》，卷二百八十五，〈後周紀一 太祖廣順元年〉，頁9453。
〔註54〕《資治通鑑》，卷二百九十一，〈後周紀二 太祖顯德元年〉，頁9508。

> 三關、瀛、莫，兵不血刃。述律聞之，謂其國人曰：「此本漢地，今
> 以還漢，又何惜耶？」〔註55〕

後周世宗於伐遼期間病死，其子恭帝即位，年方七歲，所面臨的正是「主少國疑」之時，又傳聞遼國及北漢再次分兵兩路入侵後周，派遣趙匡胤率軍北面迎敵，趙之部隊至陳橋驛出演「黃袍加身」兵變而稱帝，回師開封，廢後周建北宋。

（四）北漢對遼邊防政策

北漢以太原（并州）爲都。東至太原東境之靜陽寨、白馬嶺；南至沁、汾、石諸州南境，西北到嵐州西境與後周接壤；西到憲州西境之黃河段與定難爲鄰；北至代、嵐兩州與遼相接。北漢因自身國力不足，一直依附遼國，甘爲遼之馬前卒。防禦重心爲遼、隆、沁、汾、石諸州。廣順元年（951）「北漢主立，契丹主使耶律撻遣劉承鈞書。北漢主使承鈞復書，稱：『本朝淪亡，紹襲帝位，欲循晉室故事，求援北朝。』契丹主大喜。北漢主發兵屯陰地、黃澤、團柏。」〔註56〕藉以防備後周入侵。顯德元年（954）與後周決戰在高平之役後國力大損，形勢大不如前，直至太平興國四年（979）爲宋太宗所平定。

第三節　五代的城池防禦政策與設施

一、五代對遼的城池防禦政策

五代防禦遼的重要城池，仍以河北堡寨及重大城池爲主體。由錢若水所說唐代三百餘年國祚，在河北地區駐兵少於今日，北方遊牧民族也不敢南侵，主要原因是唐代控制了幽、薊地區的北邊各關隘險阻，〔註57〕自後晉失燕雲之地，喪失防禦控扼之要地，「自飛狐以東，重關複嶺，塞垣巨險，皆爲契丹所有。燕冀以南，平壤千里，無名山大川之阻，蕃漢共之。此所以失地利而困中國也。〔註58〕」因燕雲之地的喪失，招致遼軍不斷的南侵

〔註55〕《新五代史》，卷七十三，〈四夷附錄第二〉，頁904。
〔註56〕《資治通鑑》，卷二百九十，〈後周紀一　太祖廣順元年〉，頁9455。
〔註57〕曾棗莊、劉琳編，《全宋文（8）》（上海：上海辭書出版社，2006年），卷一六八，錢若水〈上眞宗論備邊之要有五〉，頁392。
〔註58〕《續資治通鑑長編》，卷三十，〈太宗　端拱二年正月癸巳〉，頁667。

騷擾，沿邊州郡爲此困擾不已，除受到侵擾的洺、貝、深、冀、鎮州……
等地外，另有鄴都（大名府）亦在攻取侵擾範圍內。直至後周世宗顯德二
年（955），構築防禦城池於葫蘆河旁之「靜安軍」，才有效阻止遼國騎兵突
破河川險阻南下，貝、冀兩州居民，方得以安穩，遼騎不復見於河北中部
地區。

　　在河東方面因「表裡山河」之地形，只需防守重要關隘，即可阻隔遼騎
突入，遼騎入侵須沿朔州南下，沿滹沱河、汾河而下，南下時首先即受晉、
澤兩州所阻；若轉爲東南而行爲潞、遼州所擋；如改循滹沱河東入，則鎮州
首當其衝。因此五代末，後周一朝只需控扼晉、澤、潞、遼、鎮諸州，佈以
精兵防禦，即可收以逸待勞之效。

　　遼軍如越過河北沿邊防線，將直接威脅都城（開封）安危，究其原因爲
「都城四向無險阻之形，藩籬之固，逼近戎狄；方鎮握強兵於外，趁禁衛之
虛弱，末本倒置也。」〔註 59〕此時鄴都（大名府）的重要性即呈現，由後晉
桑維翰的奏章中可知：「臣又以鄴都襟帶山河，表裏形勝，原田沃衍，戶賦殷
繁，乃河朔之名藩，實國家之巨屏。〔註 60〕」而這也是北宋對大名府如此重
視的原因。

　　後周世宗時，已開始興築並建構防衛體系，由舊五代史所說：

> 以李晏口爲靜安軍，其軍南距冀州百里，北距深州三十里，夾胡盧
> 河爲壘。先是，貝、冀之境密邇戎疆，居常敵騎涉河而南，馳突往
> 來洞無阻礙，北鄙之地民不安居。帝乃按圖定策，遣許州節度使王
> 彥超、曹州節度使韓通等領兵他徙，築壘於李晏口，以兵戍守，功
> 未畢，契丹眾尋至，彥超等擊退之。及壘成，頗扼要害，自是敵騎
> 雖至，不敢涉河，邊民稍得耕牧焉。〔註61〕

另由曾鞏所言，得知在後周世宗時，即已開始構築禦遼防衛體系，「周世宗時，
韓通築城於李晏口，凡立十二縣。又築束鹿，增鼓城，葺祁州。數年，又自
浮陽至乾寧，補壞防，築游口三十六，遂通瀛、莫。」〔註 62〕將對遼佈防的
城防建設作一說明。可知在後周世宗時即已開始具有初步防禦戰略構想，藉

〔註59〕《全宋文（37）》，卷七八七，張方平，〈論京師衛兵事奏〉，頁78。
〔註60〕《舊五代史》，卷八十九，〈晉書十五 列傳第四〉，頁1166。
〔註61〕《舊五代史》，卷一百一十五，〈周書六 世宗紀第二〉，頁1527。
〔註62〕〔宋〕曾鞏，《曾鞏集》，卷第四十九，〈城壘〉（北京，中華書局 1904 刊），
　　　　頁656～657。

由靜安軍為支軸，以葫蘆河為防禦前緣，冀、深州互為上下犄角，藉此扼守並防契丹騎兵侵入，得到一定的成效。

　　針對城防守備的重要性，在城池興築上，由周世宗攻下關南地，即以益津關為霸州，並徵發濱、棣二州丁夫建築霸州城。〔註63〕並規定興築城池有一定時節，且劃定百姓居所，作為人員掌控運用：

> 五代周世宗顯德二年，世宗詔展外城，先立標幟，俟今冬農隙興板築，春作動則罷之，更俟次年，以漸成之。且令自今葬埋皆出所標七里之外，其標內俟縣官分畫街衢、倉場、營廨之外，聽民隨便築室。〔註64〕

二、五代的城池防禦設施

　　唐末至五代前期，雖已有火器的使用，但是不甚精良，在進攻武器方面，所產生的變化不大，主要以冷兵器為主。城池建構的防禦方面，則已有顯著的改良，由《武經總要》、《中國歷代軍事工程》、《中國築城史》、《守城錄》等書所提及，防禦城池建構改變如下：

（一）重城

　　唐之前在軍事城池上已有雙重城牆的防禦工事，初期因內、外兩城間，工事距離過大，易使敵人突破第一道工事後，能整軍再行前進，且內、外城牆有一定距離，無法加以伸援，並增強禦敵能力。對此隋唐進行部分改變，在內外城之間夾以層層坊牆，強化城池的防禦縱深，藉由「夾城」（坊牆）的構造，當敵軍突破外城進入內城途中，將被阻擋於內城之外，並陷於內外城包夾之攻擊網，反被包圍於守軍的防禦工事之內，可提升禦敵強度，以洛陽城為典型代表。〔註65〕陳規亦提出改建城池防禦設施，在城牆與護城河間加築一高厚之牆，稱為羊馬牆。再於城牆裡面建構一條障礙性壕溝，壕溝內側再修築一道內牆，如此即形成二壕三牆，加強防禦縱深，可採行層層抵抗，拉長防禦縱深作用。〔註66〕

〔註63〕《舊五代史》，卷一百一十九，〈周書世宗紀六〉，頁1581。

〔註64〕（明）邱濬，《大學衍義補》（北京：商務印書館，2006年），卷八十七，頁115。

〔註65〕中國軍事史編寫組，《中國歷代軍事工程》（北京：解放軍出版社，2005年），頁181。

〔註66〕中國軍事史編寫組，《中國歷代軍事工程》，頁221。

圖八：重城圖

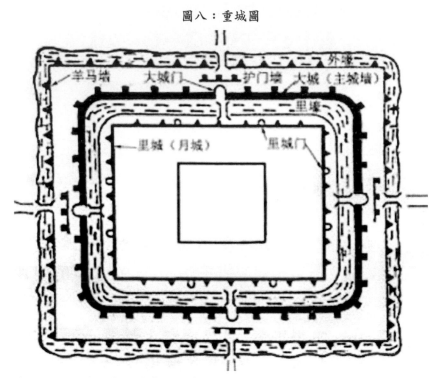

中國兵工程學院中國築城史研究課題組《中國築城史》（北京：軍事誼文
出版社，1999 年），頁 221。

（二）羊馬牆

　　羊馬牆即為墨子書中所說之「馮垣」，至隋唐時發展為邊牆外護城河內的
防禦建築工事，做為防守之方，所建構的禦敵障礙使用，也可分撥部分兵力
於此防禦設施下進行抵抗，以羊馬牆做為外圍工事，可遲滯及消耗敵軍進攻
速度。在攻守雙方作戰時，守城部隊為施實堅壁清野工作，通常將四處轉移
來的牛羊牲口，安置於主城牆與這較為低矮的城牆間，故此防禦城牆又稱為
羊馬牆。〔註 67〕陳規總結北宋作戰經驗，提出羊馬牆不宜離主城太遠，致主
城拋磚石抵抗入侵者時，無法及於牆外，太近則不利掩護外壕。一般作戰進
攻方欲攻入城池，須先填平外壕，方可挺進至羊馬牆下，即使穿越過羊馬牆，
主城牆與羊馬牆之守軍，也可對攻擊者採行夾攻戰術，故羊馬牆亦是戰爭時
期防禦主體之一。〔註 68〕

〔註 67〕中國軍事史編寫組，《中國歷代軍事工程》，頁 182。
〔註 68〕中國軍事史編寫組，《中國歷代軍事工程》，頁 222。

圖九：羊馬牆型制圖

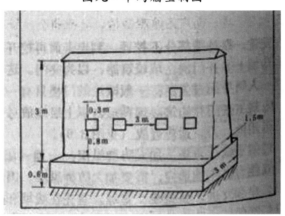

中國軍事史編寫組《中國歷代軍事工程》（北京：解放軍出版社，2005 年），頁 221。

（三）弩臺

　　隋唐時期城牆外圍已配有獨立戰鬥的的碉堡，主要配置小型強弩，稱為弩臺。此時期大型強弩的設置，亦為攻擊的武力之一，藉由城牆、鄰台間的配合，對進攻方可進行多面向射擊，使攻城部隊無論進攻城池或是要短兵相接，都有極大的困難，弩台的設立提升防禦力道，達到有效嚇阻敵人入侵的方式之一。北宋時期將此弩臺發揚光大，並開始使用多人操作的床弩及單兵可運用的踏張弩，作為禦遼騎兵有效防禦武器（弩）及建築（弩臺）。

圖十：弩台圖

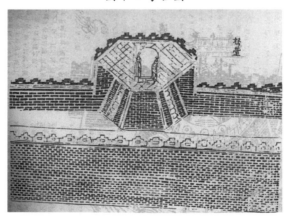

曾公亮、丁度，《武經總要》，程紅素主編，《中國歷代兵書集成（二）》（北京：團結出版社，1999 年），頁 1034。

（四）出現磚城

秦漢到隋唐的郡縣城牆一般都以夯土技術為主，至唐中葉後磚牆開始出現。唐末至五代在城池建構上，磚的使用較前朝各代增長，而這亦為城池建構上的一大變革。城防設施開始制度化，此時出現羊馬牆、轉關橋、弩臺等新的城防設施，另在邊城中設立了甕城，以增加防禦設施。藉由磚的使用，足以彌補前代夯土版築的侷限性，無論是遭遇風雨或是攻城器具的攻擊，均可使城池防禦能力加強。

另在黃寬重《南宋軍政與文獻探索》〔註69〕中提及北宋集軍事大成書籍《武經總要》，所羅列之防禦設施及守城工具，除沿襲杜佑《通典》外，並提出通典未列舉之防禦工事，如甕城（含城上之戰棚、白露屋）及馬面（含敵棚、敵團、敵樓），甕城是在城門外所延伸出的數重弧形壁壘，以減輕城門直接受敵攻擊壓力，並可掌握主控權，主動攻擊，以減輕我方防守壓力。「馬面」是為平整城牆上另築凸出墩台，使攻城者於接近或攀牆時將受三面攻擊，而有所顧忌。沈括也對馬面功效提出看法，「予曾親見攻城，若馬面長則可反射城下攻者，兼密則矢石相及，敵人至城下則四面矢石臨之。」〔註70〕《武經總要》所提出的的築城模式，所反映的是北宋接續五代以來，強化城防結構的軍事技術的總結，不但為宋代所普及推廣，在北宋後期陳規《守城錄》上所敘述，更是突顯城防設施之重要，往後延續至明代的守城技法，基本上仍不脫《武經總要》的記載範疇。

〔註69〕黃寬重，《南宋軍政與文獻探索》（台北：新文豐出版公司，民國 79 年），頁187。

〔註70〕沈括，《夢溪筆談》（北京：北京燕山出版社，2009 年），頁 103。

圖十一：北宋疆域圖

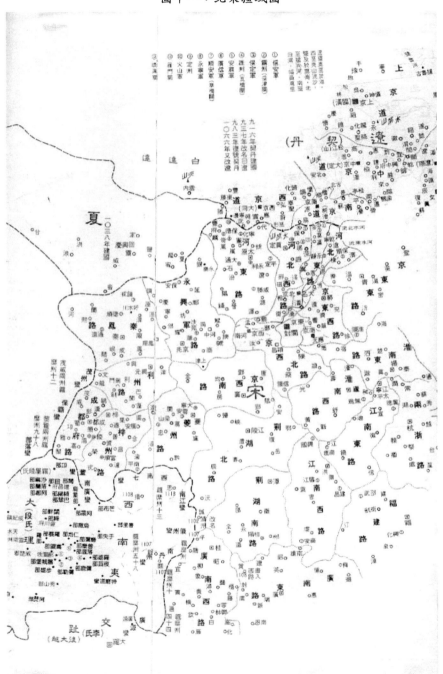

中國文化大學中國歷史地圖編纂委員會，《中國歷史地圖》合訂本（上），
頁 59～60。

第三章　北宋對遼的邊防與城池防禦

　　宋對遼防守戰略地理上，以河北、河東兩區域為重，但在河北自然地理屏障的喪失下，北宋將防禦重心置於河北地區，河東地區有太行山為阻隔，只需扼守重要關隘，即足以抵抗遼騎兵南下，因此本論文將以河北地區的防禦措施為主，河東地區為輔，作一探討研究。

　　顧祖禹的《讀史方輿紀要》稱河北為：「滄海環其東，太行擁其右，漳衛襟帶於南，居庸鎖鑰於北。幽燕形勝，實甲天下。」〔註1〕其所陳述，河北自然地貌為西、北面山脈圍繞，東面向海，南面中原，北方游牧民族入侵河北地區不外乎下列兩個通道：〔註2〕一、遼河流域：藉由遼西走廊為河北與遼河相往來之通道，山海關（古渝關）扼其咽喉，盧龍、遵化等地為防禦重鎮。二、蒙古草原：河北與蒙古草原之捷徑為大同盆地北部山地低口，進入大同盆地，再由桑乾河及其支流低地進入河北，居庸關、紫荊關扼其咽喉，大同、宣化、懷來、張家口為重鎮。故古代以太行山脈及燕山山脈橫互西北兩面，作為遏止邊疆游牧民族入侵的天然防線。

　　隋唐經營范陽、平盧皆是以扼守燕山險阻，以禦北方游牧民族入侵。五代失幽燕之地，喪失北方國防險要，一直面臨遼國南下牧馬之苦，常興收復該地的意圖，但遼國有新興民族初起的銳氣，且游牧民族慣於征戰的天性及對漢族先進文化的響往，發展出一種獨特的社會力量，此種力量在軍事上是

〔註 1〕（清）顧祖禹，《讀史方輿紀要》（北京：中華書局，2005 年），卷十，〈北直一〉，頁 436。

〔註 2〕饒勝文，《佈局天下：中國古代軍事地理大勢》（北京：解放軍出版社，2002年），頁 54。

農業民族的漢人所難與爭鋒的，影響所及是五代一直至北宋末年軍事上皆處於防守態勢。如《宋史紀事本末》所言：「蓋燕、薊之所當取者有二：一則中國之民陷於左衽，二則中國之險移於夷狄。燕薊不收，則河北之地不固；河北不固，則河南不可高枕而臥。」〔註3〕可見燕雲失地對北宋安危影響之鉅。另一方面河北之地也是農耕與游牧民族的交會地，如蒙古入主中原，擇定都之所時，木華黎建議：「幽燕之地，龍盤虎踞，形勢雄偉，南控江淮，北連朔漠。駐蹕之所，非燕不可。」〔註4〕由遼國到蒙古立國，所掌握河北地理的內涵，即是「南控江淮，北連朔漠」，將中原與塞外加以聯繫起來，一方面要對抗來自其他部族的挑戰，或是自身內部政權的鬥爭，另一方面是遊牧民族根基在塞外，如於中原地區形勢不利自身，還可退回原居地以求自保。河北地理的重要性，一直為北宋所看中，也是抵禦遼入侵的主要佈防重心。

河東地區的地理優勢，由顧祖禹《讀史方輿紀要》可知：

> 東則太行為之屏障，其西則大河為之襟帶。於北則大漠、陰山為之外蔽，而勾注、雁門為之內險。……天井，下壺關、邯鄲、井陘而東，不可以惟吾所向乎？是故天下之形勢，必有取于山西也。

本區在戰略地位上有防守之利，並可負起捍衛中原之重任，由張方平所言：「河東雁門、太原乃自古匈奴入寇之路」，〔註5〕其忻、代二州，寧化、岢嵐二軍為控扼契丹雲、朔兩州之重心，河東路對遼防線，由東起於太行山向西緣雁門至火山軍止，此防線山脈綿亙，且重要關隘皆為宋所掌握，故宋軍可藉由天險以築壘防守，得以有效阻擋遼騎入侵。富弼在河北與河東孰輕孰重的相互比較後，提出頗為中肯之見地，以此區分河北河東之差異，由富弼所說九件遼人不寇河東事由，即可得知：

> 無名，一也；動稱王師，不肯竊發，二也；河北平坦，可以長驅，必不由河東險阻而來，易入難出，三也；河北富實，河東空乏，必不肯擊虛乏，而驚我備富實之地，四也；河北無備，河東有備，以北敵萌南下之心久矣，臨事必不肯捨無備而攻有備，五也；若欲乘我不測而入，當行詭道，出於倉卒，必不肯先報雲州受禮，六也；

<hr>

〔註3〕（明）陳邦瞻，《宋史紀事本末》（台北：鼎文書局，民國67年），卷十三，〈契丹和戰〉，頁82。《讀史方輿紀要》，卷十，〈北直一〉，頁437。

〔註4〕《讀史方輿紀要 一》，卷十一，〈北直二〉，頁440。

〔註5〕張方平，《樂全集》（鄭州：中州古籍出版社，1992年），〈論免運糧益邊河東事〉，頁322。

契丹始與元昊相約，以困中國，前年契丹背約，與中國復和，元昊
怒契丹坐受中國所益之幣，因此有隙，屢出怨辭。契丹恐其侵軼，
於是壓元昊境築威塞州以備之。而呆兒族累殺威塞役兵，契丹又疑
元昊使來，遂舉兵西伐，驗之非詐，今必無會合入寇之理，七也；
契丹惜燕地，如人惜心腹，若襲河東，豈不防攻燕為牽制之術？于
今不聞備燕，八也；契丹自得燕、薊，不復由河東侵逼，九也。臣
驗此九事，故知契丹不襲河東必矣。〔註6〕

以上九件情事，是富弼累積前人經驗並綜合自身經歷所提出，正如其所說，
遼人在河東的軍事行為皆是零星騷擾，澶淵之盟後遼因貪圖歲幣，對北宋之
企圖已降低，故在整個河東地區而言，河東地區戰事所對應的應是以西夏為
主軸的戰爭。

　　約米尼在《戰爭藝術》「作戰體系」中所說，「一個軍隊只有在遭遇頓挫
之後，或是實力真正不如對方的時候，才可以採取守勢。」〔註7〕北宋自取得
政權後，北方邊防已無自然地理的優勢，另在約米尼同書中所說「在守勢作
戰中，應儘量的利用天然和人工的各種障礙物，以及一切足以抵銷敵人優勢
的方法，以來加強自己的防禦力量。〔註8〕」一旦在守勢上發現敵人缺失或是
弱點，就馬上加以反擊，可以稱之為「攻勢防禦」，藉由一個已準備好的軍事
防禦地區以逸待勞，等候敵人來襲，在軍力及物資調配上皆處於有利地位，
且我方熟悉地利，在發動反攻時對於地點及時間皆能有審慎的選擇，如此才
有更多的致勝把握。

　　在《戰爭藝術》的「作戰基地」內文中則聲稱，當一個國家的邊界上，
具有良好的的天然或人工的要塞，這當然是一種最優良的作戰基地，因為他
進可攻，退可守。不過在採取守勢的時候，最好要在國境以內的後方，再建
立第二道作戰基地，儘管一支軍隊在本國領土以內作戰，似乎是到處都可以
找到支援點，但是一個已經有設防備地區，與一個未設防的地區相比較，雙
方軍事上的價值有如天壤之別，所以只有事先已經設防的地區，才可算是安
全的作戰地區。〔註9〕

〔註6〕《續資治通鑑長編》，卷一百五十一，〈仁宗 慶曆四年八月甲午〉，頁 3674～
　　　　3675。
〔註7〕《戰爭藝術》，頁 78。
〔註8〕《戰爭藝術》，頁 78。
〔註9〕《戰爭藝術》，頁 82。

約米尼在其軍事著作中，針對「戰略線和戰略點，戰場上的決定點，作戰中的目標點」提出自身之看法：「凡是足以對於整個戰役的結果，或是這一階段的作戰，具有顯著影響的作用地點，就都可稱它為『戰略決定點』。凡是地理位置，或是天然和人工的形勢，對於攻守作戰具有重要性各點，都可以包括在內；而位置要衝的大型要塞，尤其是其中最重要的一種。」〔註10〕

克勞塞維茨《戰爭論》所提出要塞防禦共有以下條件：〔註11〕

一、作為有安全保障的倉庫；二、用以保障富庶的大城市安全；三、作為眞正的封鎖堡；四、作為戰術的依託點；五、做為兵站；六、作為弱小部隊或敗退部隊的避難地；七、作為抵擋敵軍進攻的眞正盾牌；八、用以掩護廣大的舍營地；九、用以掩護沒有軍隊防守的地區；十、作為民眾武裝的中心；十一、用來防禦江河和山地。

另在《金湯借箸十二籌》〔註12〕中「城論」對城池防衛之法有以下敘述：

> 守城之法，從攻城之謀而生。於是虞仰攻，則高壘以衛之；虞直攻則厚築以衛之；虞其迫於垣而隳躪也，復開隍池為衛；虞其遠於隍而凭陵也，復加陴悅為衛。衛盡善，守斯盡善。顧欲善守，必明善攻，預知患端，方能捍患。

守城的方法不外乎是由對付敵人攻城謀略而生的，敵人仰攻就築高壘；敵人直攻就加厚城牆；敵人如靠近將外城損毀，就加開護城池壕做為防禦；敵人如在池壕外而以遠射武器攻擊，於城牆上加女牆以為防禦，守衛完善則城池即是安全無虞。因此擅於防守的一方要先知道擅於攻擊的一切。預先了解禍患的起因才能防止禍患的發生。

北宋主要防禦者即為遼之騎兵，遼是由馬背上起家的游牧民族，遼國之崛起與其騎兵戰術，有非常密切的關係，騎兵的用途可由《中國兵學通論》得知：

> 兵之不能敵騎也明矣，為將多用騎以出奇，取其神速也。騎之用，可以衝突，可以掩襲，可以追逐，可以攻堅，可以侵掠。布陣淺草，

〔註10〕《戰爭藝術》，頁90。

〔註11〕克勞塞維茲著，楊南芳等譯，《戰爭論（下）》（台北：貓頭鷹出版社，2001年），頁366～373。

〔註12〕（明）李盤，周鑒、韓霖《金湯借箸十二籌》，桂紅紫土編，《中國歷代兵書集成（二）》（北京：團結出版社，1999年），頁2883～2884。

介而馳之；別徑奇道趨而出之。迅速焂忽，須臾數里。戰酣之際，
鐵騎蹂躪，入其軍中，襲其左右，薄其前後，索擾橫突，出而復入，
敵雖強，行陣必亂。險阻傾側，宜避而遠；平原曠野，宜利而就。
調其水草，習其馳逐。與敵相對，尤宜視機而動，慎勿輕用，以致
煩勞。〔註13〕

正因爲北宋天然屏障的喪失，且須面臨遼之騎兵威脅，因此在交通要衝做防
禦性的守備城池，被視爲最主要的作戰需求，北宋爲此畫分三個主要區域，
並興築大型城池以爲中心，藉此聯防體系，得以在遼、西夏雙面包夾下，能
屹立不搖一百六十七年，一直要到遼滅後，因後期武備不修，才遭致滅亡之
路。

圖十二：宋遼邊區地形圖

網路展書讀 http://cls.hs.yzu.edu.tw/

〔註13〕 無名氏，《中國兵學通論（原名：草廬經略）》（台北：黎明文化事業股份有限
公司，民國87年），頁114。

第一節　宋對遼的邊防政策與地理環境

　　五代亂起，契丹侵逼，石晉又割燕雲之地與契丹。周世宗收復瀛、莫、易三州後，未竟全功因病崩逝。宋太祖創建宋朝，但因國力不足以平遼，採取「先南後北」之策。〔註14〕宋太宗兩次主動伐遼皆墨，不敢再輕起爭端，卻因瀛、莫、易三州歸屬的問題，給遼挑釁南侵之藉口。如欲探討宋對遼的邊防建設，須先於太祖時期的戰略目的作一陳述，藉由宋初所制定國策「強幹弱枝」、「崇文抑武」、「守內虛外」等，即可知道宋對遼防禦政策，與其內部政局安穩度是緊密結合的。太祖即位後，南方尚處於割據局面，且遼與南方諸國暗通款曲，造成宋自開國初期即面臨腹背受敵局面。太祖除與謀臣趙普商議安內攘外政策外，亦需顧慮宋初軍事實力問題，前人學者以民族情感觀之，斥「先南後北」之不智，未能一鼓作氣謀取幽燕之地，認為周世宗的北伐，先後取得關南之地及收取瓦橋、益津、淤口三關，太祖開國初期軍事兵力銳不可擋，未採行進攻策略，反以防守態勢對遼做出讓步舉動。綜觀前人之意見，〔註15〕宋初立國局勢，南方未定，與遼接戰勝敗未知，且對遼補給線過長等問題，宋初國力是否足以支撐與遼長期抗戰，考驗太祖用兵之智慧，故於兩權相害取其輕之下，決定採取「先南後北」之策，對遼採取守勢，以求安穩永固之世。

　　遼於後周時期，喪失瀛、莫、易三州，顯德六年（959 年）後周世宗於伐遼期間病死，殿前都檢點趙匡胤執掌禁軍，於顯德七年（960 年）於陳橋驛上演一齣「黃袍加身」的兵變戲碼，廢後周建立北宋。其時遼穆宗在位，也無意南下，雙方在軍事方面所呈現是自我克制的穩定發展。北宋趁此時所擬定的方略，先平南方，復取河東，最終伐遼收復燕雲失地，為北宋軍事戰略準則。開寶九年（保寧八年，976 年）宋太祖崩。太宗即位後，先向北漢發動攻擊。再向遼發動兩次主動進攻，一次為太平興國四年（景宗乾亨元年，979 年）高梁河戰役，於圍攻幽州時，被遼將耶律沙及耶律休哥率兵擊敗於高梁河。另一次為雍熙三年（聖宗統和四年，986 年），北宋再次大舉進軍三路伐遼，以東路軍（河北）曹彬部，為主力部隊，因糧食運補接濟不上，為耶律休哥擊敗於岐溝關。西路軍以潘美與楊業為佯攻部隊，

〔註14〕《舊五代史》，卷一百二十八，〈周書十九　列傳第八〉，頁 1679～1680。
〔註15〕徐培根，《中國國防思想史》（台北：中央文物供應社，民國 72 年），頁 561～589。

中路軍田重進爲協攻部隊，西、中兩路北伐軍雖取得「大多數山後要害之地」，〔註16〕但因東路軍曹彬的敗退，導致遼軍得以將主力轉向西、中路軍。中路軍田重進部，因東路軍的潰敗，只得退回定州。遼軍在取得作戰勝利後，以耶律斜軫所部，率大軍回攻寰州，西路軍潘美因無協同作戰支援，孤掌難鳴，只得後撤。北宋三路北伐軍，最後皆以敗戰做收。遼也守住後晉至後周以來所擴張燕雲領土。

北宋歷經兩次北伐失敗，改採守勢，遼於統和七年（端拱二年，989年），攻取易州，也趁此收回穆宗所失瀛、莫、易三州的其中一州，並於遼統和二十二年（眞宗景德元年，1004年）遼聖宗與蕭太后率軍親征，主力直達澶州（今河南濮陽），宋軍堅守還擊，遼國主將蕭撻覽中伏弩而亡，眞宗接受寇準之議親臨澶州，遼國因大軍深入，爲恐腹背受敵，後路被截，也急於簽訂和議，宋遼雙方簽訂「澶淵之盟」，訂下「沿邊州軍……各守疆界」的盟約，〔註17〕確立了由東至西大致以界河、拒馬河、長城口、大茂山、雁門山長城、黃嵬山北、天池等爲一區分線，以南屬宋以北屬遼，而易州除遂城外，大部分爲遼所有。」〔註18〕

遼確立與北宋區分疆界後，遂全力發展其疆域的開拓，並完成平服周邊部族及發展出「四時捺鉢」的四方巡幸體系，確認領土及主權，藉此機會進行各項軍事活動，以收威嚇他國之效。〔註19〕

〔註16〕　《續資治通鑑長編》，卷二十七，〈太宗　雍熙三年四月乙卯〉，頁612。

〔註17〕　《續資治通鑑長編》，卷五十八，〈眞宗　景德元年十二月辛卯〉，頁1299。

〔註18〕　韋祖松，《北宋國家安全問題研究》（廣州：暨南大學博士學位論文，2006年），頁63。

〔註19〕　「契丹正強盛，奚、霫、渤海、党項、高麗、女眞、新羅、黑水達靼、回鶻、元昊凡十國皆役服之，貢奉不絕，唯與中原爲敵國。」（宋）方勺，《泊宅篇》（北京：中華書局，2007年），頁55。

圖十三：後周至北宋初期形勢圖

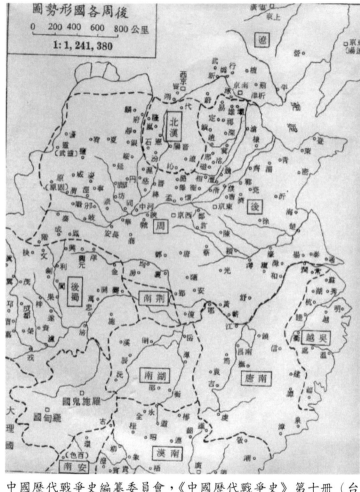

中國歷代戰爭史編纂委員會，《中國歷代戰爭史》第十冊（台北：黎明文化事業股份有限公司，民國 65 年），頁 378。

一、北宋對遼政策

太祖至真宗時期，其對遼策略由立國初期，武力不足以北伐而以防守為主，但仍謀積極謀取燕雲之地。太宗時期國庫、軍力充沛豐盈，所採行積極進攻方式企圖一舉奪回燕雲失地，但卻以失敗告終。真宗在「澶淵之盟」和約簽訂後，所採行的為消極防禦政策，一切以「誓書」內容為依準，嚴禁守邊將士逾越職權，以防宋遼雙方再次發生衝突。仁宗朝須分兵西夏，對遼增歲幣要求只好任其予取予求，神宗有意挽回，但卻發生內政不和，新、舊黨的對立。徽宗朝，不思邊備，只求假金兵之手收回燕雲失地，最終招致覆亡的命運。

（一）太祖時期

太祖即位後，南方仍處於分裂狀況，北方則有北漢與遼虎視眈眈，欲南下滅宋，此時首要工作即為先消除內部紛擾不安，對外保持和平態勢，一方面延續周世宗王朴所訂「先南後北」之策，另一方面與遼保持友好往來，以實際行動保持善意，《續資治通鑑長編》中提出：「初，五代募民盜戎人馬，官給其直，籍數以補戰騎之闕。上欲敦信保境，戊戌，敕沿邊諸州禁民無得出塞侵盜，前所盜馬，盡令還之。由是，邊方畏慕，不敢內侮。」〔註 20〕這亦顯示北宋立國之初，太祖不願多生事端，所採取的保境安民之策。

太祖除北邊駐屯重兵以抗敵外，並採用騷擾北漢策略，離間遼國與北漢關係，《續資治通鑑長編》謂：「太原兵少而悍，加以契丹為援，未可倉卒取也。臣愚以為每歲多設遊兵，擾其田事，仍發間使諜契丹，先絕其援，然後可圖。」〔註 21〕另一方面擄掠大量北漢人口，減少其賦稅供應，使其無法維持大量軍隊，由《東齋記事》說明可知：

> 凡伐木，先去枝葉，後取根柢。今河東外有契丹之助，內有人戶賦輸，竊恐歲月間未能下，宜於太原北石嶺山及河北界西山東靜陽村、樂平鎮、黃澤關、百井社各建城寨，扼契丹援兵；起其部內人戶於西京、襄鄧唐汝州，給閒田使自耕種，絕其供饋。如此，不數年間，自可平定。〔註 22〕

太祖對收復燕雲之地，未嘗一日忘懷，故有「封樁庫」一說出現：

> 太祖初討平諸國，收其府藏貯之別庫，曰封樁庫，每歲國用之餘接入焉。嘗語近臣曰：「石晉割幽燕諸郡以歸契丹，朕憫八州之民久陷夷虜，俟所蓄滿五百萬緡，遣使北虜，以贖山後諸郡；如不我從，集散府財，募戰士，以圖攻取。」會上即位，乃寢。後改曰左藏庫，今為內藏庫。〔註 23〕

此意圖表示先以和平金錢換取燕雲之地的復歸，如不成再以武力奪回後晉所喪燕雲之地。也可由此看出，宋初對遼武力是頗為忌憚的，這亦是太祖遲遲

〔註 20〕 《續資治通鑑長編》，卷二，〈太祖 建隆二年十月丙申〉，頁 54。

〔註 21〕 《續資治通鑑長編》，卷一，〈太祖 建隆元年八月甲戌〉，頁 21。

〔註 22〕 （宋）范鎮，《東齋記事》（北京：中華書局，2006 年），頁 1。《續資治通鑑長編》，卷十，〈太祖 開寶二年閏五月己未〉，頁 225。

〔註 23〕 （宋）王闢之，《澠水燕談錄》（北京：中華書局，2006 年），頁 3。《續資治通鑑長編》，卷十九，〈太宗 太平興國三年十月乙亥〉，頁 436。

不肯對契丹發動攻擊的原因所在。

　　經歷唐末至五代的藩鎮割據，宋太祖趙匡胤掃平南方割據勢力，此時採行後周王朴對世宗建議，訂下「先南後北」之策，是否如前輩學者所說未乘鼎盛時先攻取北方，致有日後北伐敗績，亦或是受困實力不足所招致？究其原因，最重要一點即為內部根基不穩，北方補給線未能有效掌控，由太宗時期高梁河戰役即可看出端倪。太祖一直念茲在茲預先攻取北漢，所構思是先取得河東地理的控制權，避免同時對付北漢與其後台勢力遼國，此一戰略思想卻未能讓後繼者所延續，以致有日後北宋面對遼與西夏的夾攻，造成腹背受敵的險象產生。宋太祖於江南抵定後，隨即出兵攻取位於河東地區的北漢，但因太原久攻不下，宋兵死傷慘重，外加遼軍將派兵支援北漢，因此退兵，打算來日捲土重來。日後太祖突然發生「燭影斧聲」的猝死事件，只能遺留北漢作為與遼緩衝之地。

（二）太宗時期

　　太宗即位後因有「得位不正」之說流傳，故在接收太祖的禁軍武力後，先於太平興國三年（978）平海軍節度使陳洪，進獻漳、泉二州，同年南方吳越國主也稱臣納降。在南方底定，士卒訓練精良下，同時南方運補對汴京的運輸線亦已成形，對河東太原包圍的戰略佈局，也已完成。即位之初視察庫藏時發現金帛眾多，故有「此金帛如山，用何能盡，先帝每焦心勞慮，以經費為念，何其過也！〔註24〕」一詞出現。太宗想完成太祖未盡事業，或可藉此洗刷弒兄嫌疑，並想由此機會一舉攻滅北漢。為堵悠悠之口，不顧眾大臣反對決意出兵，這一堅決態度，正可為宋初眾大臣的「反戰論」，〔註25〕能否左右太宗北伐意向，做出了明確的解答。討平北漢後，太宗馬上發動對遼攻擊，原因可能與契丹曾兵援北漢，竟敗於白馬嶺（石嶺關南）〔註26〕及五代時期軍事戰術中「快速打擊」作戰有關，〔註27〕這兩件情事，一則是突然勝利沖垮冷靜思考，另一則是想藉由速戰速決模式，一鼓作氣

〔註24〕《續資治通鑑長編》，卷十九，〈太宗 太平興國三年十月乙亥〉，頁436。
〔註25〕王明蓀，《宋史論文稿》（台北：花木蘭文化出版社，2008年），頁119。
〔註26〕《遼史》，卷九，〈本紀第九 景宗下〉，頁101。
〔註27〕永熙討河東劉氏，既下并州，欲領師乘勝復收薊門，始咨於眾，參知政事趙昌言對曰：「自此取幽州，猶熱熬翻餅耳。」殿前都指揮使呼延贊爭曰：「書□□□□，此餅難翻。」水熙覺趙幽劍，捲甲而還，卒如贊言。《續資治通鑑長編》，卷二十，〈太宗 太平興國四年五月丁丑〉，頁151。

解決外在軍事問題，但太宗卻忽略後勤軍糧問題及兵心士氣不佳問題，招致失敗。

　　太宗接連對遼發動兩次主動出擊的戰爭，卻因戰略規劃不佳，將領太急功近利，出兵過於躁進，招致高梁河、岐溝關兩次伐遼失敗，先是太宗傳聞於高梁河戰役時受箭傷，有軍中不知主帥身於何處，欲另立新主之事情發生，〔註 28〕北伐失利後更造成太宗對太祖所遺留將領的不信任感，因此將原先太祖時期防禦政策作一更動。並在日後的歧溝關之役的失敗，使得原先對外征戰，取回燕雲故地的企圖心，喪失殆盡，以守勢取代攻勢，呈現出「守內虛外」的態勢。兩次對遼戰爭失敗後，太宗由欲建不世之功，轉而變為保守猜忌，「國家若無外憂，必有內患。外憂不過邊事，皆可預防。惟姦邪無狀，若為內患，深可懼也。帝王用心，常須謹此。」〔註 29〕更藉由「黃老之學」表達自己厭惡戰爭，這由他與宰相呂蒙正對話可看出：

> 朕自即位以來，用師討伐，蓋救民於塗炭，若好張皇誇耀，窮極威武，則天下之民幾乎磨滅矣！……上曰：「煬帝昏暗，誠不足語。唐太宗猶如此，何失策之甚也。且治國在乎修德爾，四夷當置之度外。朕往歲既克并、汾，觀兵薊北，方年少氣銳，至桑乾河，絕流而過，不由橋梁。往則奮銳居先，還乃勒兵殿後，靜而思之，亦可為戒。」……上曰：「朕每議興兵，皆不得已，古所謂王師如時雨，蓋其義也。今亭障無事，但常修德以懷遠，此則清靜致治之道也。」蒙正曰：「古者以簡易治國者，享祚長久。陛下崇尚清靜，實宗社無疆之休也。」
> 〔註30〕

當初所謂對遼征戰皆是為了億萬黎民百姓，讓自己之前兩次的軍事失敗尋求一下台階，也讓自己在歷史上定位非為失敗之君主，而是有守有為且能替百姓造福的明君。頗為弔詭的是，太宗初期對武將之信任，於高梁河戰役後，開始奪取武將自主專兵之權，改派文官統轄，雖不一定是如此造成宋積弱不振，但卻有一定影響。

〔註28〕《續資治通鑑長編》，卷二十，〈太宗 太平興國四年八月甲戌〉，頁 460。王銍，《默記》（北京：中華書局，2007 年），頁 20。

〔註29〕《續資治通鑑長編》，卷三十二，〈太宗 淳化二年八月丁亥〉，頁 719。

〔註30〕《續資治通鑑長編》，卷三十四，〈太宗 淳化四年十一月甲寅〉，頁 758～759。

圖十四：高梁河之戰圖

中國歷代戰爭史編纂委員會，《中國歷代戰爭史》第十一冊
（北：黎明文化事業股份有限公司，民國65年），頁387。

圖十五：岐溝關作戰圖

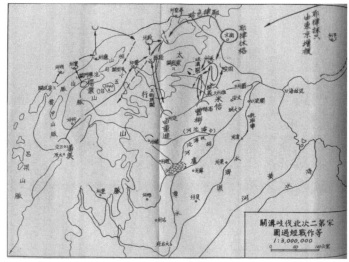

中國歷代戰爭史編纂委員會，《中國歷代戰爭史》第十一
冊，頁391。

（三）真宗時期

真宗接位所遭遇的問題是北邊遼軍的入侵，及西北李繼遷的反叛，即位初期在呂端及李沆的扶持下，採行與民休息的「黃老之學」，將太宗兩次消耗的國力縫補回來，對遼基本國策是採行防守為主，並增強戰備能力。同時遼在幾次試探性質的軍事行動後，決議採行大規模入侵，並與宋於「澶淵」進行對決，宋因堅壁清野且遼軍一直未能逐城攻下，先鋒大將又被宋軍以弩射死，積此種種因素，使遼不得不退兵，以免後路為宋所阻，造成全軍覆沒之憾。北宋與遼簽訂澶淵之盟後，對其「誓書」內容一直遵行不悖，遼經此役後，貪圖宋的歲幣，亦維持友好狀態。雙方雖於邊界問題上有零星衝突，但大抵上是相安無事，各守分界。換言之，宋真宗確立了以防守替代攻擊的戰略模式，一直至徽宗朝而有新的契機出現。

真宗初期面臨遼軍大舉南侵，幸有澶淵之役的勝利，遂訂立澶淵之盟，有學者提及宋軍為贏方且遼軍孤軍深入，如趁此機會一舉殲滅遼軍部隊，北宋豈不高枕無憂？但此時宋內部發生黃河氾濫，〔註31〕造成內部民心不穩，亦加上之前李順事件陰影猶在，〔註32〕使真宗憂心內部國政不安，如在外部再無法穩定，將使宋朝國祚毀於個人之手，因此下令劃界求和，並採行以塘泊為主的防禦政策。此一方略雖收到抵擋遼軍騎兵入侵之效，但另一方面也阻擋了宋軍的北伐之路，由此可看出北宋的戰略以由攻勢轉為守勢。與此同時，北宋對遼因「誓書」的約束，故而將其精力轉移自下一個茁壯的敵人西夏，為免腹背受敵，只好如向敏中所言：「姑務羈縻，以緩爭戰可也。」〔註33〕

陶晉生所提及，澶淵之盟締結後，北宋官方或民間對遼稱謂有全新轉變，認識到雙方是對等互惠之關係，如官方文書的反應、半官方文書的書寫稱謂、宋人文集中的稱呼。可見此時開始有國際盟約的認知出現，並有所謂華夷疆界清楚的書寫入官方文書之中。這是北宋意識到軍力之不足，轉而將其注意力放至內政上，更甚者有產生「在德不在險」的德治迷思出現，最終造成武備的荒廢，而對日後北宋各朝產生不利影響。〔註34〕

〔註31〕《宋史》，卷七，〈本紀第七　真宗二〉，頁124。
〔註32〕《宋史》，卷五，〈本紀第五　太宗二〉，頁93。
〔註33〕《續資治通鑑長編》，卷六十三，〈真宗　景德三年五月庚申〉，頁1403。
〔註34〕陶晉生，《宋遼關係史研究》（台北：聯經出版事業股份有限公司，2005年11月初版6刷），頁130。

（四）仁宗時期

澶淵之盟歷經約四十年的和平穩定，至仁宗慶曆時期因另一強權國家西夏興起，導致北宋腹背受敵，為防止同時對西夏與遼雙邊作戰，北宋此時方開始積極備戰，整修對遼防禦建設，以備不時之需。最後由對遼重新簽訂合約，增加歲幣為條件以換取契丹合盟。神宗時期雖力圖振作，但是一樣面臨遼與西夏的環伺進逼，又再次發生地界問題，雖經宋人力爭但仍造成疆域內縮。仁宗、神宗朝為北宋較有所作為的時期，由仁宗時大量武學之書產生，最為重要即為《武經總要》，可作為從前代直至仁宗時期的武學精華及總結，與對收復燕雲之地的渴望。現實上宋遼協議穩定，雙方均勢無法打破，宋人轉以著書論著來闡明建軍思想。

眞宗澶淵之盟簽定宋遼誓書後，為免對外作戰造成國家影響，且秉持太宗所謂「國家若無外憂，必有內患。外憂不過邊事，皆可預防。惟奸邪無狀，若為內患，深可懼也。」專注於內政穩固，對外一意施行「輸財議和」的方式，使富弼曾沉痛指出其缺失：

> 國朝以兵得天下，震耀武威。太祖皇帝待北敵僅若一族，每與之戰，未嘗不克。太宗皇帝因親征之任勦，敵志遂驕，頻年寇邊，勝敗相半。眞宗皇帝嗣位之始，專用文德，於時舊兵宿將，往往淪沒，敵騎深入，直抵澶淵，河朔大騷，乘輿北幸。於是講金帛啗之之術，以結歡好。自此河湟百姓，幾四十年不識干戈。歲遺差優，然不足以當用兵之費百一二焉。臣深見二敵為患，卒未寧息，西伐則北助，北靜則西動，必欲舉事，不難求釁。通和則坐享重幣，交戰則必破官軍，叛而復和，孰敢不許？……前既輕敵妄戰，不為預備，致二敵連禍，為朝廷深憂，今又欲以苟安之勢，遂為無事，二敵各獲厚利，退而養勇，不數年相應而起，則無復以金帛可啗而盟誼可納也。

〔註35〕

富弼將前朝對遼所採取的政策揭露無遺，自眞宗以降所採行者皆為納幣以求和平，此為宋經濟能力尚有餘裕，一旦無法付出相同金錢換取和平，所面臨將是更大禍患。

〔註35〕《續資治通鑑長編》，卷一百五十，（仁宗，慶曆四年六月戊午）頁3639、3640。

（五）神宗時期

神宗朝想勵精圖治起用王安石變法，但卻事與願違，反造成「新舊黨爭」，變法雖對軍事改革頗有貢獻，但北宋沉痾日久爲時已晚，各項改革於王安石去職之後，也人亡政息。神宗本人素懷收復燕雲之志，「熙豐變法」施行，對夏作戰本意，在於先斷契丹右臂，然後移軍北征，收復失地，實爲其主要目的。〔註36〕變法改革目的爲「富國強兵」，背後所欲追求的則爲收復燕雲失地：

> 自制詩以揭之曰：「五季失圖，獫狁孔熾。藝祖造邦，思有懲艾。爰設內府，基以募士。曾孫保之，敢忘厥志！」一字一庫以號之，凡三十二庫。後積羨贏爲二十庫，後集羨贏，又揭以詩曰：「每虔夕惕心，妄意遵遺業。顧予不武姿，何日成我捷。」〔註37〕

本爲藉由囤積金帛以作爲日後對遼作戰之用，此時正當與西夏用兵之際，無法分手應付遼國，故對遼國所採取的政策是爲暗中修築防禦工事，不讓遼朝發現，如發現遼人侵佔宋領地，也是以不生事端爲準則，由定州路安撫司言：「奉詔候有機便修加保州關城。今涿州發兵夫修城，欲乘此於來春築保州城。」從之。仍命止作幫貼，不得過爲張皇。中國古籍全錄〔註38〕在欲補強城池防禦上，只能修繕不做增補的作業模式，在形勢比人強的狀況之下，又無法分兵對抗的環境中，可見北宋所面臨的尷尬處境。

（六）徽宗時期

宋對遼之政策是連貫性的，除太宗及眞宗初曾嘗試對遼用兵外，在眞宗景德時澶淵之盟的訂立，樞密院之軍事策劃及對邊臣指示，皆以防而不戰的政策爲指導方針，儘量避免引發邊界衝突產生。一直至徽宗時因遼、金之爭「遼人立燕王淳爲帝。金人來約夾攻，命童貫爲河北、河東路宣撫使，屯兵於邊以應之，且招諭幽、燕。」〔註39〕可知，徽宗想藉由聯金滅遼策略，使北宋掃平百餘年的屈辱，才有出兵北伐之舉。但此時北宋沉痾日久，在北方邊備不修，將士不習作戰，造成聯金滅遼之舉，宋方頻頻失利，最後招至遼與北宋先後覆滅的命運。

〔註36〕張天佑，《宋明史研究論集——宋明衰亡時期》（台北：華世出版社，民國66年），頁5。

〔註37〕《宋史》，卷一百七十九，〈志第一百三十二　食貨下一〉，頁4371～4372。

〔註38〕《續資治通鑑長編》，卷二百九十八，〈神宗　元豐二年五月己巳〉，頁7241。

〔註39〕《宋史》，卷二十二，〈本紀第二十二　徽宗四〉，頁409。

圖十六：北宋交通圖

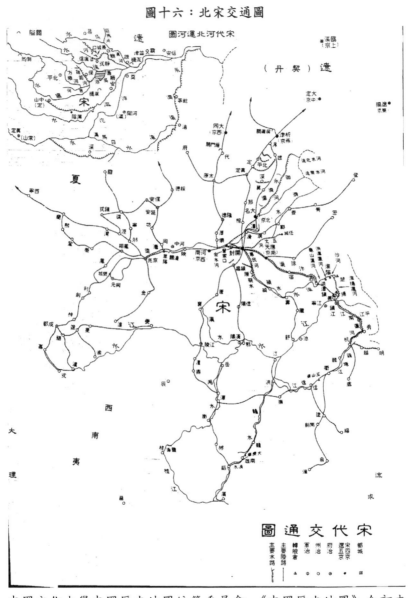

中國文化大學中國歷史地圖編纂委員會，《中國歷史地圖》合訂本
（下），頁 48。

二、北宋對遼邊境戍防

（一）太祖時期

宋太祖於後周顯德七年（北宋建隆元年（960）），取代後周年幼恭帝而獲
得皇位，此時所面臨的北有北漢、契丹；南有諸國未定，因此訂下「先易後

難」的軍事戰略，宋太祖趙匡胤將先取南方，復克河東，終取燕雲之地，視為戰略三步驟。太祖乾德元年（963），派軍南下攻克南平與湖南。乾德三年（965），出兵攻取後蜀，開寶四年（971），平定南漢，開寶八年（975），攻取南唐。因北方有重兵把守，故得傾全力南下攻掠，期能獲得運補物資，並藉由漕運及運河運輸物資以作為長期對抗契丹之用。由於缺乏燕雲地區的優勢地理的北方屏障，故除派大軍與宿將協防邊區外，另在河朔相交邊境，亦「歲屯重兵」以為把守。同時採取遷百姓開墾鎮、潞兩州，獎勵農耕，以協防契丹入寇。

（二）太宗時期

太宗即位後的太平興國三年（978），吳越及漳、泉兩州歸附，南方大致底定。所面臨問題即為如何消滅依附契丹的北漢政權，在此之前宋太祖曾兩次伐北漢失敗，太平興國四年（979）元月，北宋集中兵力攻北漢，「以宣徽南院使潘美為北路都招討制置使。河陽節度使崔彥進攻其城東面，彰德節度使李漢瓊城南面，桂州觀察使曹翰城西面，彰信節度使劉遇城北面。遇以次當攻其西面，而西面直北漢主宮城，尤險惡。」〔註40〕四面進攻太原城，且調週邊諸州軍糧赴太原，北宋與北漢之戰爭並非一般作戰所需，雙方角力的是在總體戰中的後勤能力，北宋憑藉源源不絕的物資補給圍困太原。北漢官兵力抗宋軍四面進攻，據城堅守，不斷向遼求援，遼收獲訊息即派大軍入援，被扼守北邊的都部署郭進大敗於石嶺關南，北漢援絕。〔註41〕五月太原城破，北漢亡。

北宋平定北漢後即將軍力轉向河北，欲一舉征服幽州，打算將其做為日後收復燕雲失地的根據地。同年六月太宗親自指揮圍攻遼南京，被遼將領耶律沙及耶律休哥截擊於高梁河，大敗而歸，太宗且乘驢車潛逃。雍熙三年〔遼聖宗統和四年（986）〕，宋太宗再度出兵北征，軍分三路以東路曹彬為誘敵部隊，出雄州攻取涿州、新城；中路田重進連克飛狐、靈邱等城；西路潘美、楊繼業出雁門，拔取雲、應、寰、朔等州。遼蕭太后亦與聖宗親赴幽州，雙方皆以幽州為主力作戰地區，遼以逸待勞，集中優勢兵力應付曹彬東路軍的來襲，曹彬被耶律休哥圍擊，大敗於涿州西南岐溝關，河北兩路軍潰敗退回拒馬河與定州。遼朝掃蕩幽州宋軍殘餘勢力後，即刻集中主力部隊反攻西部

〔註40〕《續資治通鑑長編》卷二十，〈太宗　太平興國四年正月庚寅〉，頁443。
〔註41〕《續資治通鑑長編》卷二十，〈太宗　太平興國四年三月乙未〉，頁447。

諸州。東路軍失利後，太宗命西路軍後撤，楊業留守接應雲、應等州居民南遷。遼將耶律斜軫克寰州、復攻朔州，並下朔、雲、應等州，北宋耗費大量軍力及財力所攻克山後諸州又得而復失。

北宋經歷兩次伐遼失敗，改變北伐意圖，修建保州（今保定）東北，往泥沽河（今塘沽附近）一帶險固地段，「緣邊戰櫂司，自陶河至泥姑海口，屈曲九百里許，天設險固，真地利也。太宗置寨二十八，鋪百二十五。命廷臣十一人，戍卒三千餘，部舟百艘，往來巡警，以屏奸詐，則緩急之備，大為要害。」〔註42〕與遼相對峙。而北宋河北易、保、祁、深等州為遼軍進攻重點之地。太宗端拱二年〔遼統和七年（989）〕正月，易州被遼攻陷，〔註43〕自此北宋防禦縱深更為內縮，沿邊州縣常需面臨遼兵直接南下的險境。

（三）真宗時期

真宗於咸平元年（998）即位之初，即面臨遼主「祭白馬神、祠木葉山、告來歲南伐」〔註44〕的窘況，雙方由此至景德元年（1004）（遼統和二十二年）間，攻守頻仍，期間遼方主動為多，宋方居於守勢。一直至景德元年契丹南侵，由聖宗與蕭太后率大軍南下，就《續資治通鑑長編》所言：

> 威虜軍、莫州並言：「契丹奚王及南宰相、皇太妃、令公各率兵四萬餘騎，自鑒城川抵涿州，聲言修平塞軍及故城容城。」上曰：「敵騎利野戰，繕完城堡，或非其意，即詔邊臣謹斥候，敵若有事於三城，則併力城望都，以大兵夾唐河，令威虜靜戎順安軍、北平寨、保州嚴兵應援，仍廣開方田以拒戎騎。若猶未也，則以修新寨為名，儲木瓦於定州。〔註45〕

在真宗得知遼率約二十萬大軍南下的指示，以堅壁清野為本，固守待援為主旨，此為宋禦敵之道。遼方因大舉入侵且無視宋之軍力部署，觸犯兵家大忌，「契丹兵至澶州北，直犯前軍西陣，其大帥撻覽耀兵出陣，俄中伏弩死。」〔註46〕真宗親臨澶州（舊名澶淵，今河南濮陽）督師與遼決戰，遼軍一則主帥陣亡士氣不振，另一擔心後路為北宋沿邊諸州伏兵夾擊，故與宋急忙簽訂「澶淵之盟」，以「沿邊州軍，各守疆界，兩地人戶，不得交侵。或有盜賊

〔註42〕《續資治通鑑長編》，卷四十四，〈真宗 咸平二年五月乙巳〉，頁946。
〔註43〕《遼史》，卷十二，〈本紀第十二 聖宗三〉，頁133。
〔註44〕《遼史》，卷十四，〈本紀第十四 聖宗五〉，頁153。
〔註45〕《續資治通鑑長編》，卷五十六，〈真宗 景德元年八月甲申〉，頁1236。
〔註46〕《宋史》，卷七，〈本紀第七 真宗二〉，頁126。

逋逃，彼此無令停匿。至於隴畝稼穡，南北勿縱驚騷。所有兩朝城池，並可依舊存守，淘壕完葺，一切如常，即不得創築城隍，開拔河道。」〔註47〕爲日後宋遼邊界基準，即維持澶淵之盟前的雙方態勢，但宋卻對遼防守區域做一更動，「以河北諸州禁軍分隸鎮、定、高陽都部署，合鎮、定兩路爲一。」〔註48〕以防契丹再次犯境。

（四）澶淵之盟後至宋末

澶淵之盟後，除太宗時期被遼所攻克之易州大部分區域外，原易州南部之遂城仍歸北宋，後置爲廣信、安肅兩軍，其他地帶邊防界線上與五代後周及北漢、遼轄區相近，自東向西大致以界河（今天津海河）白溝河、長城口（北宋河北西路廣信軍境北邊）大茂山（河北西路眞定府境北邊）雁門山長連城（河北東路代州北邊）黃嵬山（代州境西北邊）北、天池（桑乾河上源西部管涔山原）等地相連接。〔註49〕以北屬於遼所管轄（拒馬河爲宋所有），以南屬於宋轄區。澶淵之盟後邊界正式確定，歷經仁宗、英宗、神宗屢屢有邊界談判，契丹常趁宋與西夏衝突時藉此要脅割讓領土，經過幾代與遼的修訂和協議，一直至宋末大致上維持此邊界。

整個北方軍備在仁宗開始轉變，神宗時又拓邊西北，造成北宋一直背負龐大經濟及軍備壓力，對西夏用兵，將整個作戰重心轉往西北，造成北方邊防空虛，如沈括所提「察訪河北，言定州北蒲陰、滿城皆有廢壘，若北騎入寇，可以發奇遮擊故也。」〔註50〕可知北邊邊防之鬆懈。

終北宋一朝，軍事上的衰敗，實因太宗兩次北伐失利，對遼所產生恐懼之心太深。太宗兩次伐遼失利後，確認所謂的「在德不在險」的北宋君臣的集體意向。眞宗期對遼所採行的是「堅壁清野，以待救援」的防禦戰略，即可充分理解，北宋開始思考誘敵深入，以斷後援的戰略模式。藉由澶淵之盟簽訂後的歲幣政策，以金錢換取和平，希望藉由經濟實力，使契丹有所轉變，但卻未能積極備戰，北方武備不修，所採取的皆爲防而不戰態勢。失去燕雲之地而有北伐失利及澶淵之盟確爲北宋奇恥大辱，加上歲輸金帛，尚須對遼言詞謙遜、卑躬屈膝、增添貢幣，莫不使北宋君臣深感委屈。直至徽宗朝，

〔註47〕《續資治通鑑長編》，卷五十八，〈眞宗　景德元年十二月辛丑〉，頁1299。
〔註48〕《續資治通鑑長編》，卷五十九，〈眞宗　景德二年正月癸丑〉，頁1307。
〔註49〕林榮貴，〈北宋與遼並立時期的疆域格局〉，《中國邊疆地理研究》，1998年第3期，頁15。
〔註50〕《續資治通鑑長編》，卷二百六十七，〈神宗　熙寧八年八月癸巳〉，頁6542。

北宋君臣聽聞金兵屢敗遼軍，復而再次燃起北伐之志，遂有聯金滅遼之議產生，卻不思自身武備的不足，因此伏下日後北宋亡國的危機。

第二節　宋代對城池防禦重視緣由

一、自然防禦地理的問題

（一）自然地理概述

中原王朝與游牧民族關係，自古處於互相衝突競爭之中，中原王朝國家強盛時，因未能取得軍事上絕對優勢，故以長城為防範北方游牧民族南侵的屏障。處於一統王朝架構下，中原民族對游牧民族所採取的不外乎兩種模式：一以羈縻懷柔為前提；另一以強勢打擊為主要。宋之前的一統王朝面對游牧民族，皆以強勢作為使其臣服，自五代後晉割燕雲之地起，轉變為中國另一種南北分治狀態，南方農業政權須不時面對北方遊牧民族入侵，日後由於大一統的民族國家「宋朝」成立，所承接的卻是「內則不能無以社稷為憂，外則不能無懼於夷狄」〔註 51〕內外交相逼的情況，北宋時期已失卻長城屏障及燕雲天險，國防線已退守至約現今天津海河、河北霸縣、山西雁門關一帶，自燕雲地區割讓之後，軍事要地皆為遼所有，河北盡在平地，無險可守以拒遼兵。從失燕雲之地可看出，宋朝與唐朝的區別，在於北宋北邊無任何優越地形可供防守，及重要長城屏障，使北部千里之地皆須重兵防禦，這亦使宋立國之戰略思想不同於先前諸朝。

宋、遼在河北對峙的局勢，取決於幽薊至真定、河間一帶的爭奪。隋唐時經營范陽、盧龍地區，即是以燕山山脈做為屏障，若燕山山脈被突破，則退居第二道防線，以幽州為防守陣地，猶可固守抵禦，不下幽州即使游牧民族南下牧馬，亦難站穩腳跟。契丹曾突入塞內擾掠河北，但在幽州不下，即未能在此立足；直至石敬瑭割燕雲等地後，契丹根基方可穩固，並以幽州為橋頭堡，進逼中原。由《讀史方輿紀要》所說：「自雄州至渝關，並無保障，沃野千里，北限大山。重岡複嶺，中五關惟居庸、渝關可通餉饋，松亭、金坡、古北，止通人馬，不可行車。其山之南，則五穀良材良木無所不有，出關未數里，則地皆鹵瘠，蓋天設之險。宋若盡得諸關，則燕山一路可保矣。」

〔註51〕　（宋）王安石《王安石文集》（台北：河洛圖書出版社，民國63年）卷1，〈上仁宗皇帝言事書〉，頁1。

〔註 52〕可見此燕雲兩地五關的重要性。河東地區因後周、北宋在收復燕雲失地未盡全功，北宋退而求其次，以經營太原爲重鎮，北阻雁門險要，可防遼騎藉此由山西攻取北宋河北戰略要地。由上可知宋人爲何對燕雲地區念茲在茲的眞正原因。

（二）定都環境的風險

漢、唐、宋皆有盛世之稱，但漢唐未喪失天然防禦地形，對外敵可掌握形勝，宋則不然，在大敵環伺之下，對外武力一直呈現相對弱勢，其原因實與定都開封有極大關係。因自燕雲邊防盡喪，汴京逼近契丹，汴京古稱「陳留」乃四戰之地，神宗時任宣徽南院使的張方平所上奏有云：

> 今之京師，古所謂陳留，天下四衝八達之地者也，非如函秦天府，
> 百二之固，洛宅九州之中，表裏山河，形勝足恃。自唐末朱溫受封
> 于梁國而建都，至于石晉割幽薊之地以入契丹，遂與疆敵共平原之
> 利。故五代爭奪，其患由乎畿甸無藩籬之限，本根無所庇也。〔註 53〕

另由顧祖禹所稱：「河南故所稱四戰之地也。當取天下之日，河南在所必爭；及天下既定，而守在河南，則岌岌焉，有必亡之勢矣。〔註 54〕」正因其特性，易攻難守，造成黃河南北平原曠野無險可守，敵寇可長驅直入，太祖曾想遷都長安，據山河之險，進窺燕雲之地，以圖長治久安之道，之所以未成事實，除內部反對聲浪外，尚因洛陽、長安之地，自唐末迄五代兵禍紛爭不斷，殘破不堪，不足以支撐京師龐大開支。自隋開大運河後，東南日趨富饒，京師所需大多取決於運河運補。若依太祖遺願定都洛陽、長安，交通運輸不及開封便利，須有大型的運輸設備及運量，如此方能提供京師所須物品。在山險地形所限，唐末藩鎮之亂的影響下，運道年久失修，如欲恢復舊樣，北宋必須花費龐大經費才能進行建設翻新，但宋承五代之亂，國力未復唐之盛世，民心思靜，需休養生息以穩民心與物力，再加上群臣缺乏長遠宏偉的眼光，故定都開封實有其不得已的原因。北宋既無天然屏障，且爲防備北方契丹威脅，乃集兵京師以爲拱衛。「國依兵而立，兵以食爲命」，〔註 55〕在外患不斷下，唯有增兵以利固守，但是國家財政負擔卻更形增加，欲減少財政支出，

〔註 52〕《讀史方輿紀要》（北京：中華書局，2005 年），卷十，〈北直一〉，頁 429。
〔註 53〕《續資治通鑑長編》，卷二百六十九，〈神宗 熙寧八年十月壬辰〉，頁 6952。
〔註 54〕《讀史方輿紀要 四》，卷四十六，〈河南方輿紀要序〉，頁 2083。
〔註 55〕《續資治通鑑長編》，卷二百六十九，〈神宗 熙寧八年十月壬辰〉，頁 6592。

釜底抽薪之法就是收復燕雲失地。北宋許多措施即因燕雲失地所造成邊防漏洞而來。

二、產馬地的問題

（一）產馬地區

唐代產馬地以「唐人牧馬置八坊四十八監，其牧地在岐、幽、涇、寧間，即今陝西鳳翔府及西安之汧州、平涼之涇州、慶陽之寧州其地也。」〔註 56〕這些重要產牧馬地，卻皆為敵方所有。先有五代時期戰亂頻仍，軍閥相互傾軋，導致後晉割燕雲十六州於契丹，後有太宗朝對西夏反叛未及時處理，北宋故而喪失北方及西北產馬地，馬政失利亦深深影響北宋對遼的政策，最終促成以防禦為主體的戰略思想。

宋代之積弱亦與馬匹劣少有關，而產馬地皆握在敵方手中，故國子學博士李覺曾言於太宗曰：

> 夫冀北、燕、代，馬之所生，胡戎之所恃也，故制敵之用，實資騎兵為急。議者以為欲國之多馬，在啗戎以利，使重譯而至焉。然市馬之費歲益而廄牧之數不加者，蓋失其生息之理也。且戎人畜牧轉徙，旋逐水草，騰駒游牝，順其物性，由是浸以蕃滋也。暨乎市易之馬，至于中國，則縶之維之，飼以枯藁，離析牝牡，制其生性，玄黃虺隤，因而減耗，宜然矣；又不同中國之馬，服習成性，食枯藁，處華廄，率以為常，故多生息，日無耗失。……是以唐堯暨晉皆處河北，而北狄不能為患，由馬之多。〔註 57〕

因產馬地的喪失，馬匹匱乏又無法大量繁衍，須以貿易方式向外族購馬，所買之馬又不適用於作戰，而北宋所自行繁衍之馬則瘦弱不堪作戰，整個騎兵能力大受影響。

（二）軍事因素

中國於冷兵器時代，誰掌握騎兵在戰爭上即佔有優勢，在南北戰爭下，北方所佔優勢即為馬匹量多，北方少數民族所依恃為強者即在於此，遼國戰馬之盛即因佔有燕雲優良牧地，《遼史・食貨志下》：〔註 58〕「祖宗

〔註 56〕《大學衍義補》，卷一百二十四，頁 549。
〔註 57〕《續資治通鑑長編》，卷二七九，〔北宋 神宗元年十二月〕，頁 6819、6820。
〔註 58〕《遼史》，卷六十，〈志第二十九　食貨志下〉，頁 932。

舊制，常選南征馬數萬疋，牧於雄、霸、清、滄間，以備燕、雲緩急；復選數萬，給四時遊畋；餘則分地以牧。」如宋人能恢復燕雲失地，則騎兵失馬之問題迎刃而解，憑藉兵強馬壯，將契丹逐回關外亦是大有可為，但也由於牧馬之重要，使宋人揹負勞民傷財原罪，故而有《大學衍義補》中所提及：

> 馬以資軍用，誠國家之急務，然用軍欲何為哉？衛民而已。本欲衛民，未有事乃先害民可乎？宋太宗慮牧馬侵民田，遣使檢視，良是也。然不遣文吏而遣中使何哉？夫天下土地何者而非國家之有，在民猶在官也，而在官者則非民有矣。其疆界之彼此誠不可不為畫定也，疆界不定則官田日廣、民田日削，馬雖蕃而民日耗，而用馬以誰衛哉？〔註59〕

在冷兵器時期騎兵的作戰能力為國家強盛之要件，由「夫行天莫如龍，行地莫如馬。馬者甲兵之本，國之大用。安寧則以別尊卑之序，有變則以濟遠近之難。」〔註60〕北宋對外消極防禦始於太宗兩次伐遼失敗，「守內虛外」遂為國策，並影響著北宋諸帝，正因騎兵發展大受限制，故無法如後唐之前各朝，以強大騎兵與契丹相對抗。

（三）北宋對遼騎的防禦政策

自後晉高祖獻燕雲地區與契丹後，天然屏障已失，後因鎮州節度使安重榮提議征伐契丹，桑維翰在奏議上明確的指出契丹鐵騎的作戰優勢：

> 方今契丹未可與爭者，有其七焉：契丹數年來最強盛，侵伐鄰國，吞滅諸蕃，救援河東，功成師克。山後之名藩大郡，盡入封疆；中華之精甲利兵，悉歸盧帳。即今土地廣而人民眾，戎器備而戰馬多。……契丹皆騎士，利在坦途；中國用徒兵，喜於隘險。趙魏之北，燕薊之南，千裏之間，地平如砥，步騎之便，較然可知。國家若與契丹相持，則必屯兵邊上。少則懼強敵之眾，固須堅壁以自全；多則患飛輓之勞，必須逐寇而速返。我歸而彼至，我出而彼回，則禁衛之驍雄，疲於奔命，鎮、定之封境，略無遺民。〔註61〕

〔註59〕《大學衍義補》，卷一百二十四，頁552。
〔註60〕范曄，《後漢書》（台北：鼎文書局，民國65年），卷二十四，〈馬援列傳〉，頁840。
〔註61〕《舊五代史》，卷八十九，〈晉書十五　列傳第四〉，頁1164～1165。

在桑維翰提出的奏議中得知，後晉與契丹在武力上之差距，及軍隊兵種上之不同，實爲後晉步兵爲主體，契丹騎兵爲主要，在平坦如黃淮平原者，因無險隘可守，故須集結重兵以佈防，費力且疲於奔命，易自陷於危機之中。由安重榮與桑維翰之提議中可知，安重榮主張收復燕雲失地，使攻守之勢互換。桑維翰是承認既定事實，改爲善用現有地形進行最佳防禦，以固守強化避免輕啓爭端，來維護後晉政權之長治久安。

北宋除喪失產馬地外亦失燕雲之險，面對北方以騎兵爲主的游牧民族，只能推行「以步制騎」的作戰方針，這一如沈括所言：「北地多馬而人習騎戰，猶中國之工強弩也。今舍我之長技，強所不能，何以取勝」〔註62〕由軍事上來看以步制騎是在衡量敵我雙方戰力情況下，所提出的消極防禦戰術，正因馬匹的喪失故宋祁提出：

> 天下久平，馬益少，臣請多用步兵。夫雲奔飆馳，抄後掠前，馬之長也；強弩巨梃，長槍利刀，什伍相聯，大呼薄戰，步之長也。臣料朝廷與敵相攻，必不深入窮追，毆而去之，及境則止，此不特馬而步可用矣。臣請損馬益步，故馬少則騎精，步多則鬥健，我能用步所長，雖契丹多馬，無所用之。〔註63〕

中國古籍全錄北宋擷取歷朝各代以步兵對抗騎兵之成功經驗，更強調以弩制騎的策略，宋代的防守戰術與弓弩間有非常密切的關係，弩的運用可由《中國兵學通論》得知：

> 弩者，國家之勁兵，四夷所畏服也。弩所叢射之處，無對立之兵，無橫亘之陣，爭山奪險，守壘制突，非弩不可。……射之之法：當爲三迭，前發弩人，次進弩人，再次張弩人，更進更發，則矢不絕而賊不得衝。……守險制突非強弩不可，床子弩尤極強者。大抵弛張倏忽，敵至則矢不及發，故必有憑，而後可恃已無恐。〔註64〕

北宋在「以步制騎」的戰略指導下，爲避免於平原開闊之地，適合騎兵作戰之區與遼、西夏對抗，在作戰對策方面上所採取的往往是「恃險而守」，藉由山地、江河、密林等險要或足以防止騎兵挪移騰衝之地，以防止騎兵優勢軍力的發揮，而以城池防禦爲主軸開展，展現宋對遼的防禦戰略。

〔註62〕《宋史》，卷三百三十一，〈列傳第九十 沈括〉，頁10655。
〔註63〕《宋史》，卷二百八十四，〈列傳第四十三 宋祁〉，頁9597。
〔註64〕無名氏，《中國兵學通論》，頁293。

圖十七：城池防禦型制圖

嘉禾編著，《中國建築分類圖典》（北京：化學工業出版社，2008 年）頁 177～188。

第三節　北宋前期至澶淵之盟的城防政策與設施

一、宋初邊防地理與城池

（一）宋初的邊防地理

自隋唐以後，中原地區所面臨的軍事威脅主要來自北方，隋唐時期對河北地區佈以重兵，最後反為地方諸侯以武力所要挾，究其原因時為河北乃是北方遊牧民族入侵中原所必經之地。唐末因河北不保所造成的後果，由《讀史方輿紀要》所言：「弱唐者諸侯也，唐既弱矣，而久不亡者，諸侯維之也。唐之弱，以河北之強也；唐之亡，以河北之弱也。」〔註65〕在抵禦外族入侵上，河北具有地理優勢，其所憑藉是是燕山山脈的地形險阻，藉由扼守重要關隘，並以內側重鎮固守已收防禦縱深之效。若游牧民族攻破燕山之險，直取幽薊地區，如在幽州（北京）立穩腳步，北方防守門戶將會大開，此時須將部隊退守至河間、眞定一線做守勢防禦，故在宋、遼對峙上，河北的局勢取決於幽薊至眞定、河間一帶的爭奪。亦即是控制幽薊即控制燕山險阻；控制眞定、河間，即控制河北樞紐，這在宋遼間的爭奪河北戰爭可得到驗證。

河東北界契丹，西鄰西夏，為北宋西北邊防重地，熙寧以前，河東宋遼邊界，大抵東起恆山迤西緣雁門、勾注、管涔、岢嵐諸山脈，折而西北至火山軍，此一地帶叢山縣互，峻嶺重疊，若干宋邊境拓展至以上諸山之北，宋人謂之「山後」，亦曰「徑北」，故能全控山險，為河東屏障。〔註66〕

眞宗咸平三年（1000），由知開封府錢若水上疏云：

> 臣聞唐室三百餘祀，北戎未嘗侵擾魏博者何也？況當日戎兵甚少於今時，今時富庶不及於當日，何不同之甚也？臣之愚見，粗知其由，蓋當日幽、冀，於唐北門，命帥屯兵，扼其險阻，胡馬不敢南牧。晉祖割地之後，朝廷自定州西山，東至滄海，千里之地，皆需應敵。是以設三關、分重兵以鎮之，期間少失隄防，則戎人內侵。晉末直渡長河，漢初屢侵邊徼，周祖在位，復擾中山，世宗臨朝，來寇上黨，此皆見於史氏，陛下之所明知也。今御札云

〔註65〕《讀史方輿紀要 一》，卷六，〈歷代州域形勢六〉，頁258。
〔註66〕林瑞翰，〈北宋之邊防〉，《宋史研究輯》，第十二輯（台北：國立編譯館，民國70年），頁205～206。

　　翦滅蕃戎，臣愚以爲不得幽州城，契丹不可滅，今若有陳翦敵之

策者，誠可斬也。〔註67〕

此處所提魏博治所在魏州（今河北省邯鄲市大名縣東北），轄今河北南部、山
東北部。幽、冀兩地中所指幽州爲今天北京、天津一帶，包括河北省東北部
和遼寧省西部的一些地域。其南面爲冀州（河北省南部），西面是并州（山西
省東部、北部），北面和東面則是長城以外，如遼東、平州和營州。因此如當
時燕雲之地未失，孰強孰弱尙在未知之數，且北宋將不需千里佈防，自陷「耗
天下之財，養無用之兵」之譏的窘境。

　　秦漢的邊陲城池，大多是出於軍事需要而設置，範圍普遍較內地郡縣
爲小，一般來說不論何種城池都是據險扼要，構築在易守難攻，或位於交
通要衝之上，根據週邊環境戰略、戰術地位的重要性及人口兵力數量，進
行調整，宋代總結五代經驗，對邊防城市及都城進行了一連串的構築增固。

　　五代後周世宗，趁國勢武力皆強時，先擊敗契丹奪回燕雲失地，後憑藉
關隘守禦，阻止遼兵南下。世宗奪回三關後，以關爲州，防禦設施未能完善，
〔註68〕居民居住品質不佳，卻因防守得宜，不爲遼軍奪回，河北地區軍民民
風頗爲剽悍，戰力不容小覷，可彌補此時城防設施不足，民氣可爲防禦之用，
也爲日後宋太祖取得天下，憑添一份籌碼。

　　綜觀北宋疆域，終結五代紛擾局面，由《宋史》地理志中可知〔註69〕：「至
是天下既一疆理幾復漢、唐之舊，其未入職方氏者，爲燕雲十六州而已。」
宋代所掌握的地理面積皆較五代任何一朝代爲大，只是因爲喪失燕雲十六
州，須直接面對北方遼的騎兵危脅，加上還需承受西北地區西夏的侵擾，在
腹背受敵之下，則須不斷藉重兵以防禦，造成國防兵力的沉重負擔。北宋雖
在地理面積上不如漢、唐，但是在戶口人數上卻爲漢、唐所不及，這是宋代
經貿發展所帶來的結果之一，而經貿之所以繁盛，其根基是在於北宋對遼及
西夏的國防穩固，民生安定，由此來看，宋對遼之邊防設施，在禦遼入侵方
面，是有一定的成效產生。

〔註67〕《續資治通鑑長編》，卷四十六，〈眞宗　咸平三年正月〉，頁999。
〔註68〕《續資治通鑑長編》，卷九十三，〈眞宗　天禧三年六月丁酉〉，頁2150。
〔註69〕《宋史》，卷八十五，〈志第三十八　地理一〉，頁2094。

圖十八：北宋河北路邊防圖

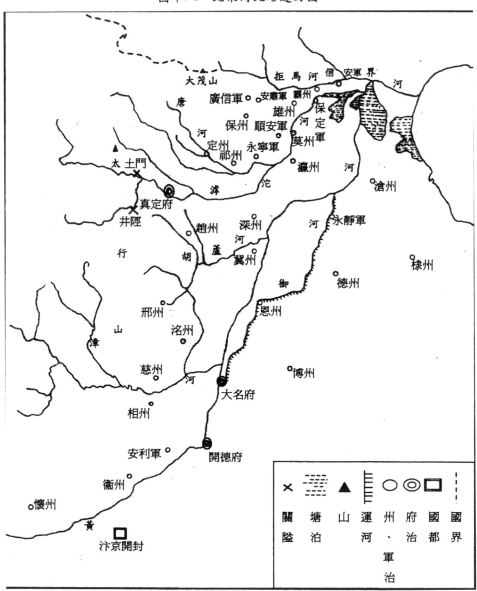

黃崑在，《北宋北方邊防政策之演進與檢討》（台北：淡江大學歷史學系碩士論文，
民國 92 年），頁 21。

圖十九：北宋河東路邊防圖

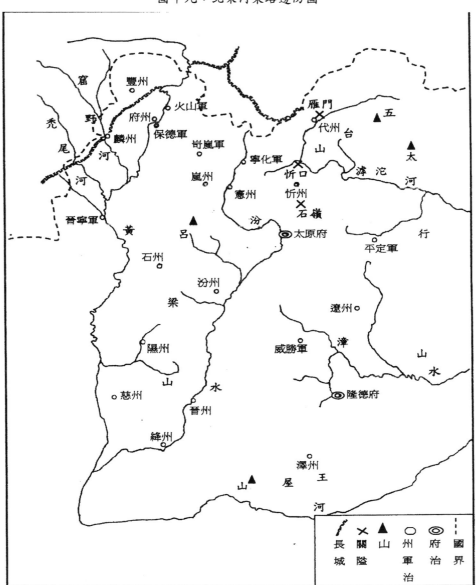

窟
野
河
禿
尾
河
豐州
火山軍
府州
麟州
保德軍
岢嵐軍
寧化軍
嵐州
憲州
晉寧軍
黃
呂
石州
汾州
梁
隰州
山
慈州
水
晉州
絳州
雁門
代州
台
山
忻口
忻州
石嶺
汾
太原府
平定軍
行
遼州
漳
威勝軍
山
水
隆德府
澤州
王
山
屋
河
五
太
河
沱
滹

長城	關隘	山	州軍治	府治	國界

黃崑在，《北宋北方邊防政策之演進與檢討》，頁22。

（二）宋初的城池結構變化

由於唐末至五代攻城技術的發展及戰術的變化，導致日後北宋城池的形制與規模亦發生轉變，如城牆由低薄轉為高厚，由單城到重城，由小變大。再由城池構造來看，自京師起至邊城，或較具戰略軍事意義之州府城，皆普遍增設女牆（雉堞）甕城、馬面（敵台）敵樓、藏兵洞、羊馬牆、月牆、團樓（敵樓）戰棚……等。會有如此多的防禦工事，實因唐末五代藩鎮割據，北宋初期城池形式和唐末五代大致相仿，但在建築物料的改變，由夯土方式所構築的土質城牆，慢慢轉變為由北而南的磚包城或是磚城，護城壕溝也由窄變寬，以使守城衛士能進行機動作戰運用，人員兵馬出入的城門，防禦城牆觀察與作戰的設施，也出現新的變化。

圖二十：北宋城池規制圖

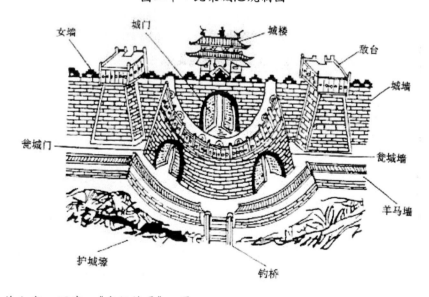

曾公亮、丁度，《武經總要》，頁 1035。

二、太祖時期城防政策與設施

（一）太祖城池防禦政策

在《戰爭藝術》中提及，軍隊之所以採取守勢，因自知自身實力不如人，在守勢作戰下，一切防禦障礙設施，無論是天然還是人工的皆是穩固自身，邁向反攻及成功之路的根基。〔註 70〕鈕先鍾提到終宋一朝「戰略無

〔註70〕《戰爭藝術》，頁 78。

知……無知兵之文臣，亦無善戰之武將，從開國到亡國，所採取的國家政策，所做的戰略決定，幾乎無一不錯。」〔註71〕這應是對北宋整體戰略的疏失，所作的評論。但北宋之立國本為先天不足，喪失「燕雲之地」天險，北方防線洞開，又與西夏關係不睦，招致腹背受敵，需有龐大兵力，沿數千里長之國界佈防。再者缺乏產馬地，冷兵器時代誰掌握騎兵即在軍事上擁有優勢，中國兩大產良馬地一在東北、一在西北，皆恰巧為遼及西夏之勢力範圍，宋朝面臨此一困境，惟有彌補其不足，由太祖時所制定戰略構思下，先行將戰略區域劃分為小塊，使各區軍隊能依其特性，進行戰術部署，因太祖放權予地方將領，要求靈活運用部隊防禦，遼這時尚無心南下，故而雙方相安十餘年。太祖非為不思收復燕雲失地，而在累積實力，靜待時機，其軍事構想是「先南後北」，〔註72〕迥異於周世宗的北進政策。太祖知宋初國力不足以支持北伐，故採用北邊部以重兵，據險設伏，不主動出擊的作戰方針，並讓駐守北方諸將享有各項經濟特權及自專號令，期能有效防禦北部及西北廣達千里防線。

　　北宋立國初期武力不足以與遼相抗衡，太祖隱忍未發，以不主動挑釁遼國，並想藉由贖買方式收回燕雲失地，由他的「封樁庫」一說即可得知：

　　　　太祖初討平諸國，收其府藏貯之別庫，曰封樁庫，每歲國用之餘，
　　　　皆入焉。嘗語近臣曰：「石晉割幽燕諸郡以歸契丹，朕憫八州之民久
　　　　陷夷虜，俟所蓄滿五百萬緡，遣使北虜，以贖山後諸郡；如不我從，
　　　　即散府財募戰士以圖攻取。」〔註73〕

（二）太祖城池防禦設施

　　自建隆四年起（963），宋太祖兩次打算在宋遼分界的益津關築城固守，但都為遼人所騷擾，未能興築成功。直至開寶二年（969年）宋太祖令鎮、深、趙、邢、洺五州管內鎮寨縣築城，加強設防。〔註74〕另有更詳實的建設防禦設施的史料，如絳人薛化光所言：

　　　　今河東外有契丹之助，內有人戶賦輸，竊恐歲月間未能下，宜於太
　　　　原北石嶺山及河北界西山東靜陽村、樂平鎮、黃澤關、百井社各建

〔註71〕鈕先鍾，《歷史與戰略：中西軍事史新論》（台北：麥田出版股份有限公司，1997年），頁123。
〔註72〕（宋）魏泰，《東軒筆錄》（北京：中華書局，2006年），頁1。
〔註73〕（宋）王闢之，《澠水燕談錄》（北京：中華書局，1981年），頁3。
〔註74〕《宋史》，卷二，〈本紀第二　太祖二〉，頁29。

> 城寨，扼契丹援兵；起其部內人户於西京、襄鄧唐汝州，給閒田使
>
> 自耕種，絕其供饋。如此，不數年間，自可平定。〔註75〕

此提議爲太祖所採納嘉許，可知北宋對遼的防禦設施已開始構築。

太祖時期因南方尚未完全平定，且宋初軍事佈防未能有一定認知，對遼攻守之態未定，故城池防禦之模式以建構星羅棋布的軍城爲主架，使其各自獨立同時派遣將領進駐，嚴守城防阻止契丹入侵。〔註76〕

太祖朝定下「先南後北」戰略，命各將守邊，確立宋朝基本國策。並大舉種植軍事防禦林，以扼遼之進攻，北宋在河北植榆柳，最早可追溯到太祖時，《揮塵錄後錄》記載：

> 太祖嘗令瓦橋一帶南北分界之所，專植榆柳，中通一徑，僅能容一
>
> 騎，後至眞宗朝，以爲使人每歲往來之路，歲月浸久，日益繁茂，
>
> 合抱之木，交絡翳塞。〔註77〕

其後在邊境植林做爲防禦外，重要軍事城池周邊亦種植林木，一爲防禦，另一爲儲備各項用材。郭進於駐防西山時亦於洺州廣植柳木，城池壕溝亦雜植荷芰蒲葦。〔註78〕此時所做柳木應爲城防建材，城壕雜木應爲防禦設施。

三、太宗時期城防政策與設施

（一）太宗城池防禦政策

燕雲失地之恥一直無法爲宋人所淡忘，太宗即位初急欲洗刷「燭影斧聲」弒兄的嫌疑，北宋朝局於此時亦動盪不安，因而提出北伐構想，欲轉移注意力於外部，消除內部傳位壓力，雖整體構思正確，但兩次進軍皆出現戰術失誤，其中最重要者，即是「糧食運補」問題，兩次作戰都因軍糧補給不上而失利。〔註79〕慘敗使得太宗認清事實，並於淳化年間，上因謂近臣曰：「國家若無外憂，必有內患。外憂不過邊事，皆可預防。惟姦邪無狀，若爲內患，

〔註75〕《續資治通鑑長編》，卷一〇，〈太祖 開寶二年閏五月己未〉，頁225。

〔註76〕《宋史》，卷二七三，〈列傳第三二〉，頁9346～9347。《續資治通鑑長編》，卷十七〈太祖 開寶九年十一月庚午〉，頁384～385。

〔註77〕（宋）王明清，《揮塵錄·後錄》（上海：上海書店出版社，2001年）〈卷一〉，頁41。

〔註78〕《續資治通鑑長編》，卷十七，〈太祖 開寶九年十一月庚午〉，頁385。

〔註79〕程龍，《北宋糧食籌措與邊防　以henan北戰爭爲例》（北京：商務印書館，2012年），頁24～25。

深可懼也。帝王用心，常須謹此。」〔註80〕早在太宗有意北伐時，即有左拾遺、直史館張齊賢提出以防禦為主之看法：

> 河東初平，人心未固，嵐、憲、忻、代未有軍砦，入寇則田牧頓失，擾邊則守備可虞。及國家守要害，增壁壘，左控右扼，疆事甚嚴，恩信已行，民心已定，乃於雁門陽武谷來爭小利，此其智力可料而知也。聖人舉事，動在萬全，百戰百勝，不若不戰而勝，若重之慎之，則契丹不足吞，燕薊不足取。
>
> 自古疆場之難，非盡由敵國，亦多邊吏擾而致之。若緣邊諸砦撫禦得人，但使峻壘深溝，畜力養銳，以逸自處，寧我致人，此李牧所以用趙也。所謂擇卒不如擇將，任力不如任人。如是則邊鄙寧，邊鄙寧則輦運減，輦運減則河北之民獲休息矣。民獲休息，則田業增而蠶績廣，務農積谷，以實邊用。且敵人之心固亦擇利避害，安肯投諸死地而為寇哉？〔註81〕

但因太宗求勝心旺，且自五代軍事習氣的薰陶下，「熱敖翻餅」〔註82〕觀念深植武將心中，太宗有可能受到影響，在此氛圍推波助瀾下，不計一切利害，誓師出兵，終使北伐契丹以失敗告終。

太平興國五年（980年），瓦橋關之役後，宋太宗駐蹕大名，命曹翰修築雄、霸州、平戎、破虜、乾寧等城池，作屯兵防守之用，開南河自雄州達莫州，以通漕運，築大堤以悍水勢，成為軍事上的人造地理屏障。北宋也趁機在易州置安靜軍城。宋軍在雄、霸、易、滄等州及徐水等地之平塞、破虜、安靜、乾寧、靜戎各軍城竣工後，當時遼國君臣改為進攻宋在西北的并州（太原）。〔註83〕遼也曾經一度把進攻的重點轉向了西北的麟、府路地區。

在北宋將河北地區防禦修築達一定程度後，河東地區的防禦，在太平興國七年（982）太宗於河東地區所建構的新太原城，將舊址往北推移約四十五里，並位於汾河東面凹岸地區，太原盆地北端狹長山谷地形險要之地，所著眼點即是控扼交通咽喉，在河東地區以遼、西夏與北宋三方勢力的衝突下，

〔註80〕《續資治通鑑長編》，卷三十二，〈太宗　淳化二年八月丁亥〉，頁719。

〔註81〕《宋史》，卷二百六十五，〈列傳第二十四　張齊賢〉，頁9151。

〔註82〕五代時期作戰資源較匱乏，加以軍心士氣易受戰局影響，也較易動搖，戰勝之一方縱使無全局優勢，也可打鐵趁熱，一鼓作氣直攻對方要害，此即五代常用之戰略。曾瑞龍，《經略幽燕：宋遼戰爭軍事災難的戰略分析》（香港：中文大學出版社，2005年），頁145。

〔註83〕（宋）陸游，《老學庵筆記》（北京：中華書局，2011年），頁113。

以控扼制高點面對遼、西夏兩國入侵，正如顧祖禹所說「正以其控扼二邊，下瞰長安，纏數百里，棄太原則長安、京城不可都也。」〔註84〕

宋對遼的整個城防模式初步成形，在太宗雍熙三年（986）欲再次北伐之前，由刑部尚書宋琪所提出之構想及防禦可以得知：

> 王師破敵之計，每秋冬時，河朔軍州緣邊柵寨，但專守境，勿輒侵漁，令彼尋戈，其詞無措。或戎馬既肥，長驅入寇，戎主親行，群敵萃至，寒雲翳日，朔雪迷空，鞍馬相持，鹽禍之利。所宜守陴坐甲，以逸待勞，其騎士並屯於天雄軍、貝磁相州以來，若分於邊城，緩急難於會合。近邊州府，只用步兵，多屯弩手，大者萬卒，小者千人，堅壁固守，勿令出戰。彼以全國兵甲，此以一郡貔貅，雖勇懦之有殊，慮眾寡之不敵也。國家別命大將，總統前軍，以過侵軼。只在天雄軍、邢洺貝州以來，設掎戎之備。俟其陽春啓候，北敵計窮，新草未生，陳荄已朽，蕃馬無力，疲寇思歸，逼而逐之，必自奔北。〔註85〕

由上述資料來看，刑部尚書宋琪自知北宋兵力不足以殲敵，要求兵馬固守以逸待勞，迫使敵軍陷於糧草不濟的困境，這一構思為日後北宋歷朝所沿襲。此等守禦方式實為瞭解雙方的優劣差異，所做之抉擇。但對遼軍事政策已是完全以防守為主，未有任何進取決心。

岐溝關之戰，因宋軍對遼征戰的接連失利，太宗憂心契丹藉故入侵，而有以下處置措施：「上慮契丹必入寇，命左衛上將軍張永德知滄州，右衛上將軍宋偓知霸州，右驍衛上將軍劉廷讓知雄州，蔚州觀察使趙延溥知貝州。〔註86〕」就以重點城池防禦，控扼遼之入侵路徑。

（二）太宗城池防禦設施

第一次經略經略幽燕失敗後，將河北沿邊堡寨升級為軍，而將梁門口寨改為靜戎軍，霸州淤口寨改為破虜軍，建易州大堡寨為平寨軍，又命曹翰「修雄霸州、平戎、破虜、乾寧等軍城池。開南河，自雄州達莫州，以通漕運。築大隄捍水勢，調役夫數萬人，拒敵境伐木以給用。〔註87〕」此處所做之各

〔註84〕 《讀史方輿紀要 四》，卷四十，〈山西二 太原〉，頁 1807。
〔註85〕 《續資治通鑑長編》，卷二十七，〈太宗雍熙 三年正月戊寅〉，頁 606。
〔註86〕 《續資治通鑑長編》，卷二十七，〈太宗 雍熙三年八月戊戌〉，頁 618～619。
〔註87〕 《續資治通鑑長編》，卷二十一，〈太宗 太平興國五年十二月戊寅〉，頁 483。

項建設，應以運補爲主，讓後方物資能供前線防禦部隊所需，且爲了在宋遼邊境伐木，而有防禦措施的旗號出現，在《續資治通鑑長編》提及：

> 遣五駿騎爲斥候，授以五色旗，人執其一，前有林木則舉青旗，煙火舉赤旗，寇兵舉白旗，陂澤舉黑旗，邱陵舉黃旗。先是契丹入侵，必舉狼煙，翰分遣人舉煙境上，敵疑有伏，即引去，不敢近塞。得巨木數萬，負擔而還，大濟用度。〔註88〕

先用狼煙讓敵造成誤解，心生恐懼懷疑有伏兵，不敢直接進攻要塞，此時北宋對遼之防禦，應尚未完全妥當，故有砍伐宋遼交界林木，且趁遼人心生疑懼之時，趁機大伐林木，做爲防禦遼人的城防基礎。

在宋遼和平共處時，河北邊界尚有巡邏船艦以爲預警，藉由沿邊綿亙不絕的塘泊，做爲防禦的第一線，並有「置砦二十六、舖百二十五、廷臣十一人，戍卒三千餘，部舟百艘，往來巡警。」〔註89〕此防禦設施的興築，及兵員的配置，是藉由河北塘泊的分布，建構起防禦示警的作用，其堡寨、口舖的興築則做爲輔助塘泊的設施。由下表來看可知河北沿邊所興修的堡寨，是以邊境巡防與警戒安全爲主，口舖的興修則與堡寨間的聯繫息息向關，因距遼邊境頗近，尚需負擔偵測及抵擋遼人來犯的據點，由於各口舖距離短，如安肅軍寨舖相臨距離約一里至三里距離，有事可相呼應，加速反應能力。〔註90〕位置險要，防禦人員雖少，卻使宋在禦遼方面起到警戒與緩衝的功能，並能以逸待勞，使宋軍主力部隊有更多時間集結，增加禦遼籌碼。〔註91〕口舖人員的需求不多，當初設立的計劃有關，非爲屯兵駐防，實爲據險而守，傳遞消息，搭配上塘泊的阻敵政策，期以最少的人力及設施，完成禦遼之重任。北宋對遼之邊防政策寬鬆不一，終宋一朝因邊防政策不一致的關係，在河北堡寨、口舖的興築上是略有刪增，故會與知雄州何承矩，上奏真宗時所謂置砦二十六……等建議，有所出入。

〔註88〕《續資治通鑑長編》，卷二十一，〈太宗 太平興國五年十二月戊寅〉，頁483。

〔註89〕《宋史》，卷二百七十三，〈列傳第三十二 何繼筠附子何承矩〉，頁9329。

〔註90〕高公口舖，東南至間板口舖約二里；李三口舖，東南至高公口舖約二里，大商村大橋舖，東南至李三口舖約一里半，漢陽口舖，東至大商村大橋舖約三里半，萬年橋舖，東南至千秋口舖約二里半，拗觜舖，東北至萬年橋舖約二里……等。《武經總要》，頁1116。

〔註91〕四望口舖……口甚狹，惟通單騎，兵級巡子共六十三人。捉馬口舖，其口甚狹，不通騎，惟通人行，兵級巡子共六十三人。田常口舖，甚狹，通人行。黃蛇口舖，以北山路，不通車騎。《武經總要》，頁1112。

　　河東地區於淳化三年（992），以代州爲對遼之防禦前緣，爲此北宋興修諸多堡寨，由於新太原城之建構，縮短了主城與堡寨間的距離，並爲前緣諸堡寨進行武力供給，因後勤糧草的運輸時間爲之縮短，邊境呈現反擊的態勢，而非完全消極防守。

　　整個太宗朝之禦遼創舉爲塘泊建設。〔註92〕宋朝爲遏制契丹騎兵，所設置的人工塘泊設施。太宗淳化年間，河北連年霖雨，水流縱橫，於地勢低漥的地方匯集爲塘泊，何承矩以河北地勢低窪，因勢利導，向太宗請求大興屯田，得到太宗首肯，於是任命何承矩爲制置河北緣邊屯田使，徵發士兵近兩萬人，修築圍堰六百里，引水灌漑。〔註93〕眞宗初年，高陽關一路的塘泊，曾發揮阻抗敵騎的成效，因此知雄州何承矩也建議，應將塘泊從順安軍以西，推展至西山等地區建構，已收「戢敵騎，息邊患」之效。〔註94〕

　　現依《宋史》〔註95〕內中所述，將北宋時期河北、河東沿邊的堡寨情況，作表分述如下：

表一：河北沿邊堡寨表

州、軍名	寨　名	數目總計
1、滄州	乾符砦、巷姑砦（政和三年，改巷姑曰海清砦）三女砦（政和三年，三女曰三河砦）泥姑砦（政和三年，泥姑曰河平砦）小南河砦。	5
2、莫州	馬村砦（政和三年改馬村砦曰定安砦）王家砦（政和三年改王家砦曰定平砦）。	2
3、雄州	張家砦、木場砦、三橋砦、雙柳砦、大渦砦、七姑垣砦、紅城砦、新垣砦	8
4、霸州	劉家渦砦（政和三年，改劉家渦砦曰安平砦）刁魚砦、莫金口砦、阿翁砦（政和三年，阿翁砦曰仁孝砦）雁頭砦（政和三年，雁頭砦曰和寧砦）黎陽砦、喜渦砦（政和三年，喜渦砦曰喜安砦）鹿角砦（元豐四年，割鹿角砦隸信安軍）	8

〔註92〕（宋）陳師道，《後山叢談》（北京：中華書局，2007年），頁59。
〔註93〕《續資治通鑑長編》，卷三十四，〈太宗 淳化四年三月辛亥、壬子〉，頁 746～747。
〔註94〕《續資治通鑑長編》，卷四十七，〈眞宗 咸平三年四月壬寅〉，頁 1009～1010。
〔註95〕《宋史》，卷八十六，〈志第三十九 地理二〉，頁 2122～2127。

5、清州（乾寧軍）	釣臺砦、獨流北砦、獨流東砦、當城砦、沙渦砦、百萬砦	6
6、信安軍（破虜軍）	周河砦、刁魚砦、田家砦、狼城砦、佛聖渦砦、鹿角砦、李詳砦	7
7、保定軍（平戎軍）	桃花砦、父母砦（政和三年，改父母砦曰安寧砦）	2
9、眞定府（鎮州）	天威軍砦、小作口砦、王家谷砦、甘泉砦、嵐州砦、沂州砦、檀明砦、夫婦砦、柏嶺砦、黃岡砦、烘山砦、赤箭砦、抱兒砦、石虎砦、中子砦、雕棋砦、東臨山砦、西臨山砦、赤陘砦、飛吳砦、北砦	21
10、中山（定州）	軍城砦	1
11、合計		60

另由《武經總要》〔註96〕所述，現將目前有紀錄的河北沿邊口舖，列表如下：

表二：河北沿邊口舖表

州、軍名	所轄口舖	數目總計
1、北平軍	魚臺口舖、四望口舖、捉馬口舖、安陽口舖、魚鼻山口舖、白崖寨、白土口舖、花塔口舖、田常口舖、鋸牙口舖、黃蛇口舖、下葦子舖、上葦子舖、駝茂川舖、于家寨舖、石門舖、和家寨舖、三會口舖、嶽嶺口舖、古道口舖、安王口舖、和家口舖、板谷口舖、王柳口舖	24
2、保州	子口舖、八角口舖、兩嶺口舖、狗號口舖、白道口舖、柏山口舖	6
3、廣信軍	謝坊口舖、新河舖、張花村舖、許家莊舖、龐村舖、赤魯村舖、廣門村舖、馬家莊舖、長城口舖、车山村舖、佛陽口舖、圍道山舖、釜山村舖、黑山村舖、龍山村舖	15
4、安肅軍	間板口舖、高公口舖、李三口舖、大商村大橋舖、漢陽口舖、千秋口舖、萬年橋舖、拗觜舖、界渠舖、徐城口舖、楊家口舖、菱角河橋舖、三叉口舖、郭老舖、橋門舖、楊灣舖、北橋門舖、霸子口舖、姜女廟舖、車道口舖、碾窩口舖、辛家口舖、赤崖口舖、王馬村舖	24

〔註96〕《武經總要》，頁1112～1119。

5、順安軍	王柳口鋪、黃家寨鋪、番眼嶺鋪、薄巖神鋪、東冒谷鋪、西曹谷鋪、龍窩莊鋪	7
6、乾寧軍	柳林鋪、新鋪、祭頭鋪、舊寨鋪、上新鋪、緒口鋪、下新鋪、百易鋪、泥口鋪、問事鋪、牙家港鋪、第二鋪、馬村鋪	13
7、合計		89

表三：河東沿邊堡寨表

州、軍名	寨　名	數目總計
1、代州	西陘砦、胡谷砦、雁門砦、樓板砦、陽武砦、石峽砦、土墱砦、繁時砦、茹越砦、大石砦、義興冶砦、寶興軍砦、瓶形砦、梅回砦、麻谷砦	15
2、忻州	石嶺關砦、忻口砦、雲內砦、徒合砦	4
3、嵐州	飛鳶堡、乳浪砦	2
4、府州（永安軍）	安豐砦、寧府砦、百勝砦、河濱堡、斥堠堡、靖安堡、西安堡、寧川堡、寧邊砦、寧疆堡、威震城	11
5、岢嵐軍	永和砦、洪谷砦……等六砦（宋史只記載二砦）	2
6、寧化軍	西陽砦、腦子砦、細腰砦、窟谷砦	4
7、火山軍	下鎮砦（慶曆初設置）雄勇砦、偏頭砦（嘉祐六年廢）董家砦、橫谷砦、桔槔砦（熙寧元年廢）護水砦	7
8、合計		45

　　總體來說，北宋所興修之堡寨，河北地區分布於北平軍以東，滄州以西之州軍，與塘泊是相呼應的。河東地區是以太原為樞要，嚴密控管的遼軍動向，兩者的主要功能是在於示警，且雙方對峙愈緊張的地區，堡寨分布越密集，應是方便連絡，隨時策應之用。

圖二十一：河北沿邊堡寨口鋪圖

譚其驤主編，《中國歷史地圖集》第六冊（宋、遼、金時期）（上海：地圖出版社，1982 年），頁 16～17。

圖二十二：河東沿邊堡寨圖

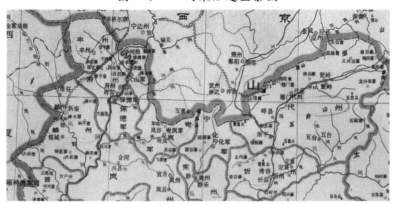

譚其驤主編，《中國歷史地圖集》第六冊（宋、遼、金時期）（上海：地圖出版社，1982 年），頁 16～17。

（三）緩衝下的防禦設施－兩屬地、禁地

　　宋遼間因久經征戰，實非雙方人民所樂見，且耗費大量國力，故而北宋對此因應之法即為設立緩衝地帶，有「兩屬地（兩輸地）」、「禁地」兩種形式。在河北人口稠密地區設有兩屬地，河東人煙稀少之地設有禁地。北宋河北北部地區，兩屬地之存在與緣邊重要州軍的分佈應是有一致性的關係，以北部沿邊大城雄州來說，以拒馬河分其南北，河之南以容城及歸信由宋所統轄並管理，由遼國向兩屬戶徵收租歲和差役，北宋只徵派差役，雙方以兩屬地做為緩衝帶，以和緩宋遼間之關係。

　　兩屬地之意義，由《包拯集》中可知：

> 臣昨送伴虜使到白溝驛，竊見瀛、莫、雄三州並是控扼之處，其雄州尤為重地。今高陽關一路，全藉塘水為固，然雄州據塘水之地，州城至北界只三十里，路逕平坦絕無蔽障之所，其間居民又係兩地供輸，以至本州衙校及諸色公人等，多是彼中人戶充役。凡欲商量處置事宜，必被窺伺，往往先意漏泄，竊恐浸成大患。若知州、通判、駐泊都監等各得其人，則責以撫馭守邊之術，凡事遞相關防，必無他虞；萬一輕授，即未免為朝廷之憂。緣塘州軍可為邊境之固者，乃北倚雄州為重耳。雖城壁堅峻，而兩界人戶悉處其中，深可為慮也。〔註97〕

〔註97〕（宋）包拯著，楊國宜校注，《包拯集校注》（合肥：黃山書社，1999 年），頁 54～55。

由包拯所提瀛、莫、易三州是邊防重地，其中又以雄州最爲緊要，在防禦設施不足以抵抗外敵，藉由雙方互市或是雙方承認的領地，來降低敵我緊張情勢，兩屬地實爲宋遼在武力僵持下，所達成的和平共處之地，但因人員複雜，且地理位置重要，故在包拯所提奏議中，一再要求愼選官吏治理，可見兩屬地對北宋之重要性。

禁地的形成爲北宋國防政策的錯誤所致，其區域爲河東路北部代州、寧化軍、火山軍、忻州等地。後因對西北用兵及增糧所需而弛禁邊地，民戶得以開墾，故而埋下宋遼間衝突的導火線，雙方在此議題上，爭奪了近三十餘年時間。

在禁地問題方面，由歐陽修所言得知：

> 臣竊見河東之患，患在盡禁沿邊之地不許人耕，而私糴北界斛斗，以爲邊儲，……河東地形山險，輦運不通。邊地既禁，則沿邊乏食，每歲仰河東一路稅賦、和糴、入中，和博斛斗支往。沿邊人戶既阻險遠，不能輦運，遂齎金、銀、絹、銅錢等物，就沿邊貴價私糴北界斛斗。北界禁民以粟、馬南入我境，其法至死。今邊民冒禁私相交易，時引爭鬥，輒相斫射，萬一興訟，遂構事端。其引惹之患一也。今吾有地不自耕植，而偷糴鄰界之物以仰給，若敵常歲豐及緩法不察，而米過吾界則尚有可望。萬一虜歲不豐，或其與我有隙，頓嚴邊界禁約，而閉糴不通，則我軍遂至乏食。是我師饑飽系在敵人，其患二也。代州、岢嵐、寧化、火山四州軍，沿邊地既不耕，荒無定主，虜人得以侵占。往時代州陽武寨爲蘇直等爭界，訟久不決，卒侵卻二三十里。見今寧化軍天池之側，杜思榮等又來爭侵，經年未決。岢嵐軍爭掘界壕，賴米光浚多方力拒而定。是自空其地，引惹北人歲歲爭界，其害三也。禁膏腴之地不耕，而困民之力以遠輸，其害四也。〔註98〕

歐陽修在上奏中提及國境困於糧食不足，需挺而走險，違反禁令與遼交涉貿易，徒增加宋廷困擾，因法令禁止，造成雙方走私不斷，且須仰賴遼之供應。徒具有龐大領土卻不聞問，只會爲遼人所蠶食侵奪。常年的駐軍，招致邊區糧食匱乏，需仰賴外地補充。禁地問題一直是北宋與遼在河東地

〔註98〕（宋）歐陽修，《歐陽修全集》（北京：中華書局，2001 年），卷一百一十六，〈請耕禁地劄子〉，頁 1762～1763。

區的爭執焦點，並持續三十餘年，直到北宋神宗熙寧十年（1077）方才告終。

「兩屬地」及「禁地」爲何時設立的？「兩屬地」未見其詳實記載，但至少於太宗雍熙四年（987）即已有兩屬地。〔註99〕「禁地」出現始於太宗朝之潘美統領河東之時，由韓琦所上奏章得知：

> 先是，潘美帥河東，避寇鈔爲己累，令民內徙，空塞下不耕，號禁地，而忻代州、寧化火山軍廢田甚廣。歐陽修嘗奏乞耕之，詔范仲淹相視，請如修奏。尋爲明鎬沮撓，不克行。及琦至，遣人行視，曰：「此皆我腴田，民居舊跡猶存，今不耕，適留以資敵，後且皆爲敵人有矣。」訂鎬議非是，遂奏代州、寧化軍宜如岢嵐軍例，距北界十里爲禁地，餘則募弓箭手居之。〔註100〕

將邊民內徙，不許宋人入耕，遂造成「禁地」，因此遼人不斷的侵入，招致邊界糾紛，實爲始料未及的。

兩者皆爲宋遼間之緩衝地，兩屬地爲宋遼間之溝通橋樑，包含科徵歲賦、經貿往來，也是諜報消息流通之所，其重要性爲時人所看重，且宋遼雙方的戰略目標是維持勢力均衡，兩屬地就是擔任此一要務，雙方承認所屬權，都未越雷池一步。禁地雖爲北宋邊防要地，實則是在北宋不欲生事的情況下，所採行的變通方法，禁地雖曾維持宋遼間短暫和平，但也因禁地開墾而造成雙方之衝突。禁地非爲北宋單方承認，而是宋遼間共同默契，故而禁地又稱「兩不耕地」，〔註101〕如雙方皆能克制，維持不耕禁令，則可相安無事，但若一方違約，即生邊界糾紛，禁地的開墾往往是爭執的起因。

四、眞宗澶淵之盟前的城防政策與設施

（一）眞宗城池防禦政策

宋初遼軍如南侵，城池爲其前進道路上的最大障礙，可由《遼史》中得知遼軍對應之道：

〔註99〕（清）徐松輯，《宋會要輯稿》（北京：中華書局，1957年），兵二十七之二，頁7274。

〔註100〕《續資治通鑑長編》，卷一百七十八，〈仁宗 至和二年四月丙午〉，頁4316～4317。

〔註101〕《續資治通鑑長編》，卷三百五十五，〈神宗 元豐四年八月辛酉〉，頁7622。

> 既入南界，分爲三路，廣信軍、雄州、霸州各一……各路軍馬遇縣
> 鎮，即時攻擊。若大州軍，必先料其虛實、可攻次第而後進後兵。……
> 至宋北京，三路兵皆會，以議攻取，乃退亦然。……軍行當道州城，
> 防守堅固，不可攻擊，引兵過之。恐敵人出城邀阻，乃圍射鼓噪，
> 詐爲攻擊。敵方閉城固守，前路無阻，引兵進，分兵抄截，使隨處
> 州城隔絕不通，孤立無援。〔註102〕

遼軍在入宋境後，兵分三路，遇一般州縣無防備者即馬上加以攻擊，如重點
防禦城池，則先觀察城池防禦狀況，再決定是否攻擊，等到三路軍兵皆會於
大名府時，再商議是否協同進攻。如遇堅固不可攻擊之州軍，越境而去時因
害怕敵人攻擊，派員騷擾以防敵由後包圍；如敵堅守待援，引兵前進，另派
軍抄截敵方援軍，使敵無法增援。

　　眞宗即位之初，即面臨太宗所遺下之問題，外有強敵環伺，內則水旱蝗
災、民變兵禍不斷，故一切以「安定」爲首要。卻因邊關守將不堪重任，且
遇敵推諉不前，爭功諉過，招致軍心渙散，時任起居舍人李宗諤進言，請眞
宗擇帥安邊，以穩固朝廷軍心爲先：

> 國家馭邊之術，制勝之謀，將帥之短長，兵衛之眾寡，宸算廟謨，
> 盡在吾術中矣。今之言事者，不過請陛下益兵貯糧，分道掩殺，言
> 之甚易，行之則難。始受命則無不以攻堅陷陣爲壯圖，及遇敵則惟
> 以閉壘塞關爲上計，孤君父之重委，致生靈之重困，興言及此，誠
> 可嘆息。自古行軍出師，無不首擇將帥。夫將帥隨材任使，守一郡，
> 控一城，分領驍勇，爭據要害，又豈直三路主帥之名，然後能制六
> 師生死之命乎？今陛下選任非不至也，權位非不重也，告戒非不丁
> 寧也，處置非不專一也；而外敵犯塞，車駕親征，曾不聞出一人一
> 騎爲之救助，不知深溝高壘，秣馬厲兵，欲安用哉？
> 臣以爲臨軍易帥，拔卒爲將，在此時也。有功者拔於朝，不用者戮
> 於市，亦此時也。惟陛下圖之。然後下哀痛之詔，行蠲復之恩。回
> 鸞上都，垂衣當寧，豈不盛哉。〔註103〕

宋眞宗咸平二年（999年），以傅潛爲鎮、定、高陽三路行營都部署。〔註104〕

〔註102〕《遼史》，卷三十四，〈志第四 兵衛志上〉，頁398。
〔註103〕《宋史》，卷二百六十五（列傳第二十四 李昉附子李宗諤），頁9141。
〔註104〕《續資治通鑑長編》，卷四十五，〈眞宗 咸平二年七月壬午〉，頁955。

但當時部署缺失頗大，故有工部侍郎馮拯所提改良方案：

> 備邊之要，不扼險以制敵之沖，未易勝也。若於保州、威虜間，依徐、鮑河爲陣，其表勢可取勝矣。前歲王顯違詔不趨要地，契丹初壓境，王師未行，而契丹騎已入鈔，賴霖雨乃遁去。比王超奏敵已去，而東路奏敵方來，既聚軍中山以救望都，而兵困糧匱，將臣陷歿幾盡，超等僅以身免。今防秋，宜於唐河增屯兵至六萬，控定武之北爲大陣，邢州置都總管爲中陣，天雄軍置鈐轄爲後陣，罷莫州狼山兩路兵。〔註105〕

此時北宋已對遼軍入侵路線有一定認知，藉由眾多城池的層層防禦，以犄角守備爲主，達到防禦縱深的延伸，並了解遼騎兵之作戰能力，有切斷北宋糧草運補之威脅，是以真宗時朝臣對防禦遼之騎兵，已有一定的體會，故能提出縱深防禦的構思。

　　咸平六年（1003）由真宗親自下達戰略部署計畫後，整體戰略構思亦於此時大致底定，完成北方國防線的主軸，故有以下的各項部署及措施：

> 鎮、定、高陽三路兵宜會定州，夾唐河爲大陣，立柵以守。量寇遠近出軍。俟敵疲則先鋒出致師，用騎卒居中，環以步卒，接短兵而已，無遠離隊伍。又分兵出三路：以六千騎屯威虜軍，魏能、白守素、張銳領之；五千騎屯保州，楊延昭、張禧、李懷岊領之；五千騎屯北平塞，田敏、楊凝、石延福領之，以當賊鋒。始至勿輕鬥，待其氣衰，背城以戰。若南越保州，與大軍遇，則令威虜之師與延昭會，使腹背受敵。若不攻定州，縱軼南侵，則復會北平田敏，合勢入契丹界，邀其輜重，令雄、霸、破虜已來，互爲聲援。
>
> 又命孫全照、王德鈞、裴自榮將兵八千屯寧邊軍，李重貴、趙守倫、張繼旻將兵五千屯邢州，扼東西路。契丹將遁，則令定州大軍與三路騎兵會擊之，令普（石普）統軍一萬於莫州，盧文壽、王守俊監之，敵騎北去，則西趨順安軍襲擊，斷西山之路。如河冰已合，敵由東路，則劉用、劉漢凝、田思明以兵五千會普、全照爲掎角，仍命石保吉將萬兵鎮大名，以張軍勢。〔註106〕

〔註105〕《宋史》，卷二八五，〈列傳第四十四　馮拯〉，頁 9609～9610。《續資治通鑑長編》，卷五十四，〈真宗　咸平六年六月己未〉，頁 1196～1197。

〔註106〕《宋史》，卷三百二十四，〈列傳第八十三　石普〉，頁 10472～10473。

由上述引文可看出，以鎮、定、高陽三路兵馬匯集於定州，作為守備基地，並再分兵三路於威虜軍、保州、北平塞，只要遼騎攻擊任何一州軍，其他州軍即馬上增援。另派員把守寧邊軍、邢州，如遼騎引兵退去即由後掩殺。當然還有預備隊於大名府鎮守，以防任何狀況發生。此為接續太宗朝之防禦政策，固守城池，以逸待勞，等敵軍深入後，再於後方出兵攻擊，如契丹繞過既定地點，則展開回繞於敵後（契丹）境內，進行切斷補給線的軍事行動，並採取三面夾擊之態，使遼騎無路可退，頗有「關門打狗」之態出現。

北宋於咸平六年（1003），加強防禦措施之後，就尚書右僕射李沆所言：「設險以制敵，守邊之利也。」〔註107〕以定州的蒲陰縣，當高陽關的會兵之處，為抵抗遼人入侵而出現缺口，由時任閤門祗侯的謝德權提出修補缺失建議：

> 緣邊民庶，多挈族入城居止。前歲匈奴犯境，傅潛閉壘自固，康保裔被擒，王師未有勝捷。臣以為今歲戎人必寇內地，今邊兵聚屯一處，尤非便利，願速分戍鎮、定、高陽三路。天雄城壁闊遠，請急詔葺之，仍葺澶州北城，浚德清軍隍塹，以為備豫。〔註108〕

景德元年（1004）「內侍閤文慶與靜戎、順安知軍事王能、馬濟督其事，而徙普屯順安之西，與威虜魏能、保州楊延昭、北平田敏為掎角。」〔註109〕在安肅軍、廣信軍、保州之間興置稻田，三州軍的地理位置呈三角形，互為掎角之勢，以形成聯防體系。其作戰構思如下：

> 敵騎利野戰，繕完城堡，或非其意，即詔邊臣謹斥候，敵若有事於三城，則併力城望都，以大兵夾唐河，令威虜靜戎順安軍、北平寨、保州嚴兵應援，仍廣開方田以拒戎騎。若猶未也，則以修新寨為名，儲木瓦於定州。〔註110〕

承平時將城池修整以為將來的戰役做準備，並憑藉多次的城池作戰經驗，使得北宋能夠整合出一套完善的對遼防禦機制，如遼騎入侵威虜、順安、保州等三地時，馬上將大軍集結於望都，以龐大軍力駐紮至唐河兩側，並要求沿邊州軍，動員執行防禦或進攻命令，仍以方田為阻礙遼騎進攻之設施，並將各城池所需修繕木材，存於定州統籌運用。

〔註107〕《宋史》，卷三百二十四，〈列傳第八十三 石普〉，頁10473。
〔註108〕《續資治通鑑長編》，卷五十五，〈真宗 咸平六年六月壬戌〉，頁1201～1202。
〔註109〕《宋史》，卷三百二十四，〈列傳第八十三 石普〉，頁10473～10474。
〔註110〕《續資治通鑑長編》，卷五十六，〈真宗 景德元年正月丙申〉，頁1226。

圖二十三：北宋河北四路禦遼圖

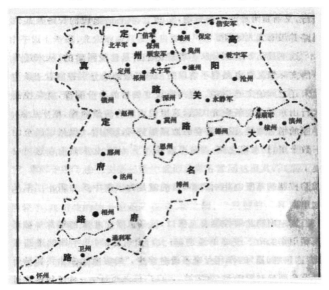

程龍,《北宋糧食籌措與邊防——以華北戰區為例》(北京：商務印書館,2012 年),頁 187。

圖二十四：澶淵之役遼騎入侵圖

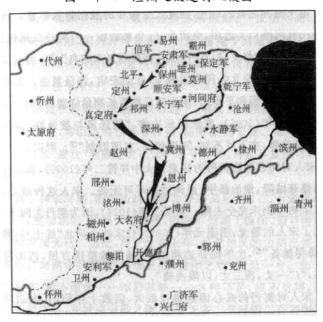

程龍,《北宋糧食籌措與邊防——以華北戰區為例》,頁 67。

（二）真宗城防建設

真宗時城池防禦設施，在本論文為因應城防設施的需求，故在史料上擷取具有獨特或創舉之城防建設，摘要分述如下：

咸平二年（999）十月，遼軍攻遂城，由於內地狹小而無法構築防禦工事，同時未預料契丹會由此進攻，因次無先行集結軍隊佈防，但由「集城中壯丁登陴，賦器甲護守」可知，此時邊防武器是足以供給軍士所用，碰巧遇到大風雪，天氣大寒，以汲水澆灌城池之上，得使攻擊者無法攀爬，契丹遂潰散而去。

真宗咸平五年（1002）順安軍都監馬濟所提出的禦遼設施方案，在最前線的緣邊州縣靜戎軍，開始由東向西引鮑河水，順流至順安軍，又自順安軍以西引流向威虜軍，藉由漕運之水進北宋領土，設置防禦營田，以阻滯遼騎的入侵。〔註111〕

真宗時期由王能所提及新河之北所開設方田，為新的防禦設施，並將工事構築之比例一併提出。以鎖鏈狀的分佈模式，東起順安軍西至威虜軍，並認定對遲滯遼騎突進，必定有效而得以實行。

真宗咸平六年（1003），靜戎軍王能建設方田有成，故上奏提出：

> 靜戎軍王能奏於軍城東新河之北開田，廣袤相去皆五尺許，深七尺，狀若連鎖，東西至順安、威虜軍界，必能限隔戎馬，縱或入寇，亦易於防捍，仍以地圖來上。上召宰相李沆等示之，沆等咸曰：「沿邊所開方田，臣僚累曾上言，朝廷繼亦商搉，皆以難於設防，恐有奔突，尋即罷議。今專委邊臣，漸為之制，斯可矣。乞并威虜、順安軍皆依此施行。且慮興功之際，敵或侵軼，可選兵五萬人分據險要，漸次經度之。〔註112〕」

此所提及的方田，即為利用塘泊之水，做出類似陷馬坑的水田，其長寬為五尺，深七尺，狀若連鎖，只是更深且更具有克敵功效。正因沿邊州軍認可此項設施，不再如太宗朝軍人恥於經營，故而真宗頒布於塘水充沛處，廣置方田，以達限制遼騎進逼，至此以後成為定制，塘泊也就成為防禦遼騎入侵的主要設施。

景德元年（1004）大臣們應已看出戰火將起的先兆，但是北方諸城卻已

〔註111〕《續資治通鑑長編》，卷五十一，〈真宗 咸平五年正月甲寅〉，頁1111。
〔註112〕《續資治通鑑長編》，卷五十五，〈真宗 咸平六年九月甲子〉，頁1214。

殘破不堪，「河朔諸州城壘多圮〔註113〕」。當李允則知滄州時，大力展開疏浚，以湖泊做為抵擋，並重新修整堡寨及官舍，且挖掘深井於城內，人們厭倦工事繁重，而心生怨言，但之後契丹的攻擊，卻因為李允則的先見之明，得以躲入滄州城內，不慮水源被阻斷，並因天寒氣候利用冰石代替砲石，對遼反擊。〔註114〕

景德元年（1004）十月初六，遼軍抵達瀛州城下準備發起進攻，先是藉由瀛州四周所植林木，大肆砍伐，而有擊鼓伐木之聲聞於四野，並且廣泛設立衝梯攻牌等工具，上覆鐵皮，驅使奚人背負防禦弩箭之盾牌，趁夜晚點燃燭火，利用雲梯攻城。宋軍以大石塊及巨木反擊，阻止遼軍攀登城池，遼軍也發動弓弩攻城，箭簇集於城上，如下雨一般，也無法攻下瀛州城，足見北宋的城池防禦工事之完善，是經得起實戰考驗。〔註115〕

在城池個別防禦上，有一點頗值玩味。真宗天禧三年（1019），河北緣邊安撫司曾建言說，「雄州甕城，其地甚廣。本州先有材木，望令漸建屋宇，冀行旅往來，有所障蔽。」〔註116〕本應用於作戰的甕城，卻因太祖時期植林成功，木材供應充足，可在甕城與本城之間，建築樓房，可見其地之大。甕城本為城池防禦的結構之一，當敵入侵時能形成內外夾擊之勢，將敵人包圍殲滅，或者做為進攻時兵力集中之地，亦或是戰敗撤守集結之地，但卻改為提供行旅歇腳及經貿往來的旅館或驛站等建築，可見雄州此時期所承擔之戰略第一線防禦角色，後來已有所更改，轉變為以經貿為主的州縣城治。

第四節　北宋中晚期的城防政策與設施

一、澶淵之盟後至神宗朝的城防政策與設施

（一）澶淵之盟後的城池防禦

1、澶淵之盟後的城池防禦政策設施

黃仁宇在《赫遜河畔談中國歷史》一書曾提到說：「澶淵之盟是一種地緣

〔註113〕《宋史》，卷二百七十四，〈列傳第三十三　翟守素〉，頁9363。
〔註114〕《續資治通鑑長編》，卷五十七，〈真宗　景德元年八月辛亥〉，頁1260。
〔註115〕《續資治通鑑長編》，卷五十八，〈真宗　景德元年十月己酉〉，頁1279。《宋史》，卷二百七十三，〈列傳第三十二　李進卿附子延渥〉，頁9324。
〔註116〕《續資治通鑑長編》，卷九十三，〈真宗天禧三年五月辛巳〉，頁2148。

政治的產物，表示著兩種帶著競爭性的體制，在地域上一度保持到力量的平衡。」〔註117〕由澶淵之盟所劃定之盟約可知：

> 維沿邊州軍，各守疆界，兩地人戶，不得交侵。或有盜賊逋逃，
> 彼此無令停匿。至於隴畝稼穡，南北勿縱驚騷。所有兩朝城池，
> 並可依舊存守，淘壕完葺，一切如常，即不得創築城隍，開拔河
> 道。〔註118〕

在「澶淵之盟」盟約建立後，北宋整個城防部署亦產生新的變化，真宗於澶淵之盟後採純防衛守勢，在真宗由反攻改為守勢的狀態下，其所要建構的，即是防禦陣線的重建，憑藉北宋對遼的多次戰役，將整個戰略主軸從攻擊部署，轉變成防禦態勢，並藉由城池間的聯防已達成禦遼戰略的實現。

在澶淵之盟後北宋國防已確立禦遼防線，現綜合分析如下：〔註119〕

河北國防：東起泥沽口西有霸、雄二州，至白溝河及界河，以北屬遼以南屬宋。自界河西至飛狐口屬遼之線，為宋之河北國防線。兩國交界之區，霸州以東屬低窪沼澤地帶，不利於遼軍軍事行動，因而宋遼戰爭時期最易於進攻之地，為雄州以東至易州間太行山麓地帶，此為最利騎兵出入之低地，而自太宗兩次伐遼失利後，由攻擊轉為防守，遼卻改為以燕京為攻擊發起地，宋朝所採取防禦模式即為自雄、易兩州以南至鎮、定間之縱深地區，以鎮、定為核心常駐重兵於此地防守。並於縱深地帶建城堡群以為防禦，又在易水以南，開陂塘、闢方田，以限戎馬，此即為河北對遼最主要國防線。其東以霸、莫、瀛三州為國防據點作為輔助支援兵力。

河東國防：自飛狐口以南至靈邱屬遼國，西至句注山脈、寧武、岢嵐軍、豐州，達鄂爾多斯右翼前末旗以南，為河東國防線，此線以太原為中心，常駐重兵於此，以雁門關、寧武關、岢嵐軍為河東國防最前線，此線之西北方以府州為中心，豐、麟兩州為國防最前據點，相對應知北方為遼的應、朔等州，而遼對宋的攻擊入侵，以西京大同府為發起地，主力多由雁門關、寧武關進入。北宋於此則築堡寨為防衛。

黃河國防：北宋建都汴京，以洛陽為西京河南府，由太祖一直至徽宗，所建構的假想防線，在對遼、金所做的最後防線，是以黃河為依恃。宋時

〔註117〕黃仁宇，《赫遜河畔談中國歷史》（台北：時報文化出版企業有限公司，民國78年），頁238。
〔註118〕《續資治通鑑長編》，卷五十八，（真宗 景德元年十二月辛丑），頁1299。
〔註119〕《中國歷代戰爭史》第十一冊，頁79～81。

黃河走向為自河南武射縣境東北流，約略循今衛河河道經滑州北、澶州、博州南，即今平原南、商縣南入海。宋人於此線上以北京大名府及澶州、滑州為重心抵抗外敵入侵，在西線以河陽、懷州及孟津為抵抗之重心常駐兵於此，東線則以齊州為據點。在此黃河以北自東而西有滄、貝、深、冀、邢、洺、趙等州，直至河東至潞、晉兩州，為國防前線據點，以加強最後國防抵抗力。

圖二十五：北宋拒遼三道國防線

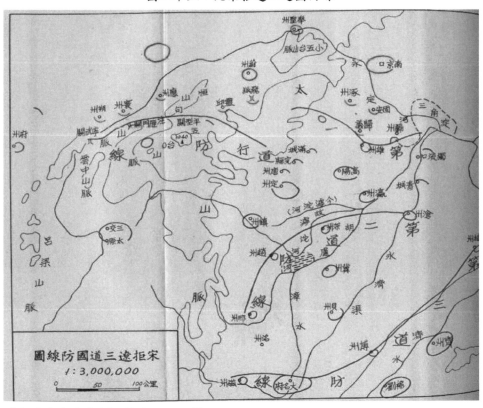

《中國歷代戰爭史》第十一冊，頁 392。

在此三線防禦城池的修築上，真宗朝所採行的為慎築新城、修茸舊城之方針，遂有「上慮河北諸州緣兵罷遂弛備，詔敵樓、戰棚有隳壞者即茸之。〔註 120〕」另有「河北忠順，自太宗朝以瀛莫雄霸州、乾寧順安保定軍家丁置，凡三千人。自淘河至泥姑海口九百里，為二十六寨、一百二十六鋪，沿界河分番巡徼，隸緣邊戰棹巡檢司，自十月悉上，人給糧二升，至二月輪半

營農。」〔註 121〕自太宗到眞宗確立了防禦設施及人員編制其後變化不大。也正是藉由各區域聯防，將大型城池做爲基點，下輔以小型城鎮，藉由要塞化的城鎮網，再配合糧食供應的聯通運輸網，以期做到以時間換取空間，以防禦替代攻擊，依此拖垮敵人。眞宗朝整個城防代表，可由知雄州李允則上奏得知：

> 允則取材木西山，大爲倉廩營舍。始教民陶瓦甓，摽里閈，置廊市、邸舍、水磑。城上悉累甓，下環以溝塹，蒔麻，植榆柳。廣閭承翰所修屯田，架橋引水，作石梁，築構亭榭，列堤道，以通安肅、廣信、順安軍。歲修禊，召界河戰棹爲競渡，縱北人遊觀，潛寓水戰。州北舊設陷馬坑，城上起樓爲斥候，望十里，自罷兵，人莫敢登。允則曰：「南北既講和矣，安用此爲！」命撤樓夷坑，爲諸軍蔬圃，浚井疏洫，列畦壟，築短垣，縱橫其中，植以荊棘，而其地益阻險。因治坊巷，徙浮圖北垣上，州民旦夕登望三十里。下令安撫司，所治境有隙地悉種榆。久之，榆滿塞下，謂僚佐曰：「此步兵之地，不利騎戰，豈獨資屋材耶。」〔註 122〕

李允則先取材木於西山，修整屋舍建構城防，並打通與安肅、廣信、順安軍的聯繫管道，構築城池防禦網，緊接著將廢棄的老舊設施拆除，改爲不利騎兵突進的深溝長渠，同時以荊棘、榆木爲屏障，一可做爲防禦之用，另一爲屋材建築之用，可謂一舉數得。

北宋深知遼騎出征作戰有一定時間、地點等限制，因北方嚴寒不似南方四季如春，故其出兵要守時知節，以免因深入敵境而陷於氣候突變或糧草無法接應的困境，遭致戰馬人員死傷，而其征伐時節如下：

> 其南伐點兵，多在幽州北千里鴛鴦泊。及行，並取居庸關、曹王峪、白馬口、古北口、安達馬口、松亭關、榆關等路。將至平州、幽州境，又遣使分道催發，不得久駐，恐踐禾稼。出兵不過九月，還師不過十二月。皇帝親征，留親王一人在幽州，權知軍國大軍。……若帝不親征，重臣統兵不下十五萬眾，三路往還，北京會兵，進以九月，退以十二月，行事次第皆如之。若春以正月，秋以九月，不命都統，止遣騎兵六萬，不許深入，不攻城池，不伐林木；但於界

〔註121〕《續資治通鑑長編》，卷八十，〈眞宗 大中祥符六年四月庚午〉，頁 1823。
〔註122〕《續資治通鑑長編》，卷九十三，〈眞宗 天禧三年六月丁酉〉，頁 2150～2151。

外三百里內，耗蕩生聚，不令種養而已。〔註123〕

由上所述可發現，遼出兵攻宋以九到十二月爲其最佳出兵時機，北宋則以空間換取時間，層層設置工事抵抗。北宋深知遼騎的後勤補給，不足以支撐久入中原，針對遼騎無法久戰的缺點，以誘敵深入，最後可藉由以戰逼和，達成戰略目的。

2、城池防禦工事的變通建設—地道

受限於澶淵之盟後誓書的規定，宋朝邊境城市的防禦規模有所限縮，即使如此，宋朝仍在誓書規定之外，尋找任何可以加強防務的措施，其中之一就是耗費大量人力物資所建立的地下防禦工事。關於這一點，現存史料中幾無記載，千百年來軍事工程隱蔽於地下，鮮爲人知，隨著大陸考古文物挖掘報告的出爐，部分工程面貌展現出來，可視爲澶約之盟對宋朝防禦體系所帶來影響的實物例證。〔註124〕

遼宋邊關地道遺址，是北宋初期爲防禦遼國南侵而修建的，目前已發現的遺址分布於河北省雄縣、霸州、文安、永清、固安五縣，縱橫東西約六十五公里，南北約二十五公里，縱橫地區總面積達一千三百平方公里，僅在永清縣境內就有三百平方公里。〔註125〕由河北省雄縣所挖掘出的遺址可知，雄縣所分布區域自大台與祁崗延伸至霸州、文安與永清。〔註126〕永清縣地區地道以永清的南關爲中心分別向東南、西南向延伸，直達信安鎮（淤口關）與霸州鎮（益津關）。〔註127〕兩者皆使用巨型青磚砌就，磚大小規格一致（長30cm 寬16cm 高18cm），〔註128〕另內部有迷魂洞、藏兵洞、掩體、翻板、翻眼、放燈處、通氣孔等以防禦爲主體的建構。〔註129〕如敵人進入地道，須由迷魂洞通過，導致迷失方向掉入陷阱之中。翻眼處爲僅容一人通過之通道，且須弓身而行，易被防守士兵出其不意格殺，藏兵洞洞體高大，能容納大量士兵，以收藏兵之用，達出奇致勝功效。地道多建在地勢較高的地方，也因

〔註123〕《遼史》，卷三十四，〈志第四 兵衛志上〉，頁398～399。

〔註124〕劉浦江，〈河北境內的古地道遺跡與宋遼金的戰事〉，《大陸雜誌》，2000 年 101 卷第 1 期，頁 42。

〔註125〕江上舟，〈楊家將與雄縣古地道〉，《鄉音》，2007 年第 11 期，頁 46。

〔註126〕江上舟，〈楊家將與雄縣古地道〉，頁 46。

〔註127〕郭軍寧〈永清地下古戰道考述〉，《軍事歷史研究》，2010 年第二期，頁 174。

〔註128〕郭軍寧〈永清地下古戰道考述〉，頁 174。

〔註129〕趙曉峰《河北地區古建築文化及藝術風格研究》（石家莊：河北大學出版社，2008 年），頁 114。

此可以推斷在這些地道之上，應有相應的地面建築物，做為地道工程的配套措施。

城池的主體建築從來都是最主要的防禦工事，地道則是為防禦輔助之用。以磚修建結構複雜的地道所費的人力物資，遠非一般民間所負擔得起，而挖掘地道且全部按照統一規格燒製的巨型青磚鋪砌，因此如非政府出資，民間無此財力修築。排除人為破壞的因素，經歷千年風雨仍堅固完好的宋代地道，可以推論北宋政府是欲將其建構為永久性防禦工事。此地道能如此歷久未衰，其原因為頂部券頂，牆寬厚，頂部壓力由牆體將壓力導入地下，通道每隔幾公尺就以一小券門支撐頂部，使地道能維持千年之久。〔註130〕

在建構時間上則因推論點而有出入，一為推論是興修於太宗端拱二年（989）至真宗景德元年（1004）這十五年間。〔註131〕另一為盟約訂立後宋遼和平時期所興築。〔註132〕

一般來說，在軍事作戰時期，臨時性地道，往往是一座城池被圍攻許久，雙方膠著不下，進攻方會由地下挖掘地道攻入城內，城內也循著敵人挖掘的方向由內向外挖掘，迎面阻擊。這種性質的地道無法事前計劃而進行挖掘。至於現在發現的宋代地道，顯然不是針對敵人進攻而實施的反制措施，從設置地道的通風口來看，可能從城裏一直延伸到城外，作為在城池被包圍時，從城內發奇兵反攻敵人，或向外求援及接應援兵入城。使用巨型青磚實因如果大規模展開地面軍事工程，容易被契丹發覺，間接影響雙方關係。於是宋朝改建與城池相關配套的地下防禦體系。又因當地土質適於挖掘地道，且如當時雨水較為充沛，河水也易泛濫，故而為了保持地道的堅穩，所以全部使用磚砌，以利永久使用。北宋政府耗費鉅資，所建構如此龐大的地下工程，在目前所知的相關史料中卻未見記載，或因宋遼邊境間諜活動頻繁，若為民用則易為間諜查知，甚至遼代文獻記錄中，亦未提及地道等相關資料。很可能此一大規模工程之開挖及防禦工程屬於軍事機密，目的與彌補邊防不足有關，並藉此建構完整的防禦體系。

〔註130〕趙曉峰《河北地區古建築文化及藝術風格研究》，頁114。
〔註131〕郭軍寧〈永清地下古戰道考述〉，《軍事歷史研究》，2010年第二期，頁175。
〔註132〕苗文君《蕭太后與北宋對遼政策》（台北：國立政治大學政治學系博士論文，民國92年），頁103。

（二）仁宗朝的城池防禦

1、仁宗朝的城池防禦政策

受限於澶淵之盟的種種規範及限制，在議和後的需負擔對遼防禦的城池，亦更形重要，本處將由仁宗朝曾擔任樞密副使包拯所著《孝肅包公奏議》即《包拯集》中所提及，對遼之敵意及舉動而有防禦的州郡：「保州，地具要害，境接敵界，……其安肅軍、廣信軍切須以宿將重兵鎮守控扼，以備侵軼之患。〔註133〕」包拯提及保州為重，實因發生保州官兵造反事件，〔註134〕且其面對遼騎入侵第一線，故而有此說法。

為北宋防秋〔註135〕事宜，包拯提出請添河北入中糧草：「河北沿邊州郡，軍糧未備，屯兵少處，約即二年，如定州屯兵稍重，祇及一年有餘。況中山最是控扼之所。〔註136〕」

正因仁宗朝承平日久，對遼軍兵備已有鬆懈心理，因此歐陽修在其「塞防」中提出：

> 古之制塞垣也，與今尤異。漢、唐之世，東自遼海、碣石、榆關、漁陽、盧龍、飛狐、雁門、雲中、馬邑、定襄，西抵五原、朔方諸郡，每歲匈奴高秋膠折。塞上草衰，控弦南牧，陵犯漢境。於是守邊之臣，防秋之士，據險而出奇兵，持重而待外寇。近世晉高祖建義並門，得戎王為援，既已，乃以幽、薊山後諸郡為邪律之壽。故今劃塞垣也，自滄海、乾寧、雄、霸、順安、廣信，由中山拒並、代，自茲關東無復關險。故契丹奄有幽陵，遂絕古北之隘，往來全師入寇，徑度常山，陵獵全魏，澶淵之役以至飲馬於河，蒸民不聊生矣。非北虜雄盛如此，失於險固然也。〔註137〕

他提到中原王朝與北方遊牧民族之間的對抗，由漢、唐盛世，兵多將猛據要塞屯兵以等外敵侵犯，到五代割燕雲之地給契丹，整個北方邊防盡失，因此

〔註133〕《包拯集校注》，頁36。

〔註134〕「保州雲翼軍殺官吏據城叛」《宋史》，卷十一，〈本紀第十一　仁宗三〉，頁218。

〔註135〕「防秋」：為沿邊州軍城砦，每年自三月後抽減一半兵馬入內地州府就糧，直至九月卻往元駐札處去處，號為防秋。（宋）趙汝愚編，《宋朝諸臣奏議》（上海：上海古籍出版社，1999年），卷一百二十，宋祁，〈上仁宗乞邊兵三月後減半就糧內郡〉，頁1319。

〔註136〕《包拯集校注》，頁53。

〔註137〕《全宋文（34）》，卷七三二，歐陽修，〈塞垣〉，頁403～404。

有日後的遼騎長驅直入，導致有宋遼城下（澶淵）之盟的議定，但並非全是遼國的兵強馬壯，而是北宋喪失戰略地利所致。

（1）仁宗初即位時

北宋至仁宗朝時對遼尚存戒心，在天聖二年（1024），遼聖宗大閱兵馬，將於燕京進行圍捕狩獵活動，仁宗朝臣大為緊張，並以防止黃河氾濫為名，進行各項整軍備戰的措施。明道元年（1031）嚴飭河北「練士馬，葺器械，毋得弛備。〔註138〕」並進一步修整方田，以四面穿鑿溝渠，廣一丈，深兩丈，以阻遼騎入侵。

從仁宗的各項舉措皆在在顯示出北宋君臣對遼的畏懼心理，似有捕風捉影之嫌，徒勞浪費大量兵力防秋。此時所需關注焦點是放置於河北與河東兩地，因此有以下論述的提出：

包拯在其著作中〈論邊將〉一文中提出：「以河北沿邊將帥未甚得人，特乞精選，其代州尤不可輕授。緣代州與雲、應等州相去至近，路又坦平，古今最是難控扼之所。〔註139〕」

另包拯於高陽關都部署時所提出河北防禦政策：「雄、霸、保等州，安肅、廣信、順安等軍，最是切要之地，與北虜接境，路徑平坦，絕無險隘控扼之所，全籍守將得人，以為備禦。〔註140〕」

河東地區以宋恃有山險，故只需扼守關隘即可防禦遼之入侵，由時任戶部副使包拯所言可知：

> 三路素為控扼之所，中則梁門、遂城，南入真定；西則鴈門句注，南入并、代；東則松亭、石關，南入滄州。然松亭以南數百里，水澤艱險，自北界而出者，則塘水足以限其來路。惟鴈門句注背長城而南，東西地里稍廣，宋與遼古今所由出入之路也，或有侵軼，此最可虞。〔註141〕

其後再提出不能因敵之和平通好疏忽武備：

> 緣雲州至并、代州至近，從代州至應州，城壁相望，祇數十里，地絕平坦，此漢與胡古今所共出入之路也。自失山後五鎮，此路尤難控制，萬一侵軼，則河東深可憂也。不可信其虛聲，弛其實

〔註138〕《續資治通鑑長編》，卷一百一十一，〈仁宗 明道元年三月丁酉〉，頁2597。
〔註139〕《包拯集校注》，頁56。
〔註140〕《包拯集校注》，頁58。
〔註141〕《續資治通鑑長編》，卷一百十二，〈太宗 淳化四年〉，頁3991～3992。

備。〔註142〕

河北轉運使的歐陽修也提及：

> 今之議者，方南北修好，恐邊庭生事。然而戎狄之心，桀驁難信，
> 貪我珍幣，蓄養銳兵，伺吾人之憔悴，乘邊境之間隙，出乎不意，
> 因肆猖獗。茲乃不圖豫備疆場，而偷取安逸，弟弟相付，貽後世深
> 患，復如何哉！〔註143〕

「毋恃敵之不來，恃吾有以待之」及「知己知彼，百戰不殆」為老生常談，但是在宋臣眼中卻是不可輕忽之事，雖然山西素有表裡山河之稱，易守難攻，且宋遼間承平日久，但宋臣心中所懸念的還是不可一日無國防。

（2）慶曆增幣前之防禦政策

　　北宋自仁宗朝中期後，其所患不再是遼，而是西北新崛起的勢力西夏及黃河北流與東流之爭，在北宋與西夏元昊爭奪西北之地時，遼興宗趁機派蕭惠陳兵宋境。接著，宋朝與遼協議，以增加歲幣為條件，維持澶淵之盟的和平協議，史稱「慶曆增幣」，如以遼立場來看又可稱為「重熙增幣」。

　　明道元年（1032）十月，德明卒，其子元昊接位，於寶元元年（1038）正式稱帝。北宋因不承認西夏李元昊建國稱帝的合法性，而與西夏展開了長達數年的軍事衝突。北宋與西夏之間發生了康定元年（1040）三川口之役、康定二年（1041）好水川之役、慶曆二年（1042）定川砦之役等三次大規模戰役，都以宋軍失敗而告終。綜觀其因素為宋將領輕敵冒進，糧草未濟，且西夏以騎兵為主力，展現飄忽迅速的作戰攻擊，宋以步兵為核心，移動不利，在西夏騎兵的包圍下，只能結陣防守，最後被殲於曠野。

　　遼帝趁北宋內外交困之際，打算南下侵宋。在徵求張儉的意見後，一面派其弟耶律宗元與蕭惠陳兵邊境製造攻宋的聲勢，一面派蕭英和劉六符於慶曆二年（1042）至宋朝索求瓦橋關南十縣地。先有「契丹謀聚兵幽薊，遣使致書求關南地」，知保州、衣庫使王果向仁宗提出，「契丹潛與昊賊相結，將必渝盟。請自廣信軍以西，緣山口賊馬出入之路，預為控守。」〔註144〕慶曆二年（1042）又有遼使臣劉六符與宋臣賈昌朝的對話如後：「南朝溏濼何為者哉？一葦可杭，投箠可平。不然，決其隄，十萬土囊，遂可踰矣。」

〔註142〕《包拯集校注》，頁74。
〔註143〕《全宋文（34）》，卷七三二，歐陽修，〈塞垣〉，頁404。
〔註144〕《續資治通鑑長編》，卷一百三十五，〈仁宗　慶曆二年二月丁丑〉，頁3220。

〔註145〕當時亦有提議要將此處塘泊之水放乾，做為安置兵士或是糧食供應之用。仁宗詢問王拱辰的意見，得到如後答覆：「兵事尚詭，彼誠有謀，不應以語敵，此六符夸言耳。設險守國，先王不廢，且祖宗所以限胡騎也。」〔註146〕在此又一次提出北宋對遼的主要防禦第一線就是在塘泊。最後宋遼雙方談判，以北宋增加二十萬歲幣予遼告結，此處可知即使在內外交逼之下，「關南十縣」是北宋防禦縱深的延長，攻擊距離越長，守軍越能結陣以待，因此形成歲幣雖可增，但城池是寸步不讓的。

（3）宋遼和平期

在仁宗朝雙方再次誓盟後，宋遼大致維持良好互動，但對於邊界地區，遼騎一直有挑釁的入侵行為出現，藉以試探北宋反應，因此騷擾不斷，故有歐陽修提出，「乞令邊臣辨明地界」之奏章出現，以確保領土的完整性，避免遼有蠶食邊防重地的機會：

> 臣伏見近日北虜於四望口起立寨柵，至於銀坊、冶谷以來侵過南界，壘石為城寨等事。竊以北虜創立寨柵，已違誓書。然猶在彼界內，可以佯為不知，不須緊問。……及已立了寨柵，又不能預防侵界之患，直至囚捉了巡邊指揮使湯則，侵了銀坊以南邊地，大興人夫，壘立城寨，至今終亦不能辨理疆界，拒絕侵凌。……臣近體問得往年雄州西北，亦曾為北戎侵界，立數處鋪屋。當時邊臣萬懷敏，力以公牒，往來爭辨，拆卻鋪屋，北人竟不敢爭。況今來所侵南界百姓見耕種田中，地界分明，易為理會。今來已蒙朝廷差王德基知定州，其人久在雄州，頗諳邊事。伏乞早降朝旨下邊臣，速令止絕，辨理地界，早見分明。兼軍城西北山路險絕，銀坊等口皆可出兵，我於此口扼其險要，是中國必爭之地。彼於今日侵得此一二十里，則險固在彼矣，他日行兵，是彼可以來，我不可往之勢。……仍乞令檢會雄州安撫司等處往年曾拆卻鋪屋行遣，令依此相度施行。所貴邊防不生他患。〔註147〕

遼在雙方交界處，興修堡寨於其境內，雖違背先前「誓書」內容，但北宋無法干預，近日不斷藉口入侵北宋領地，造成北宋邊地頗受損失，數次入侵皆

〔註145〕《續資治通鑑長編》，卷一百三十五，〈仁宗 慶曆二年四月庚辰〉，頁3235。
〔註146〕《續資治通鑑長編》，卷一百三十五，〈仁宗 慶曆二年四月庚辰〉，頁3236。
〔註147〕《歐陽修全集》，卷一百一十八，〈請令邊臣辨明地界〉，頁1816～1817。

因北宋有善盡職守之邊臣，阻止其行爲繼續發生，雖是侵占區域不大，但對於北宋卻是寸土不能失，一失則防禦漏洞大開，而有此奏章出現要求邊臣將地界再行探勘，以使遼無任何藉口挑釁。

在奏章中所提及，整個對遼軍事佈防方面，北宋緊守誓書條約，勿過度觸犯宋遼間和約條文，但在修築城池問題上，一如既往「謹守合約、修繕舊城」，雖面臨遼騎挑釁，但卻能夠緊守誓書內容，並差遣沉毅任事之邊臣，巡撫安邊。故而仁宗逝世時，其訃文送至遼國時，竟「燕境之人無遠近皆聚哭」，連遼主耶律洪基也痛哭道：「四十二年不識兵革矣。〔註148〕」可見仁宗朝宋遼雙方雖在軍事上較勁，卻是相對平和穩定。

宋遼間自眞宗澶淵之盟到仁宗朝的短暫和平，對於宋來說是歲幣與銀絹之利的作用。在和平的背後下，雖宋廷屢次下詔整修邊備，但卻是君臣戒心鬆弛，防務日漸荒廢，而有慶曆四年（1044）韓琦所提的「自河朔罷兵以來，幾四十年，州郡因循，武事廢弛，凡謀興茸，則罪其引惹。〔註149〕」

2、仁宗朝的城防建設

歐陽修在其「塞垣」中提出仁宗朝對遼之防禦以塘泊爲主體：

> 今既無山阜設險，所可恃者，惟夾峙壘，道引河流，固其復水，爲險之勢，就其要害以銳兵，茲亦護塞垣之一策也。今廣信之西有鮑河，中山之北有唐河，盡可開決水勢，修利陂塘。或導自長河之下，金山之北，派於廣信、安肅，達於保塞。或包舉蒲陰，入於陽城。然後積水彌漫，橫絕紫塞，亦可謂險矣。蒲陰、陽城，度其地勢，今塞上之要衝。先是，胡馬將入寇，於茲城駐牙帳數日，伺漢兵之輕重。或我師禦之，乃長驅南下，我師既出，即戎人爲全師歸重之地。此所謂藉賊險而資寇兵，非中國之利。今若修復雉堞，完聚兵谷，與諸城柵，習鬥相聞。鮑、唐二水，交流其下。虜騎縱至，無復投足之地，又焉有擾擾之患？〔註150〕

北宋已喪失燕山之險，如今能做爲屏障者，只有改以河流爲險阻兼以營寨相對望，防備敵軍入侵，這也是構築防禦工事的一種策略，以廣信軍，西

〔註148〕（宋）邵博，《邵氏聞見後錄》（北京：中華書局，2006年），頁5。

〔註149〕《續資治通鑑長編》，卷一百四十九，〈仁宗 慶曆四年五月壬戌〉，頁3601～3602。

〔註150〕《全宋文（34）》，卷七三二，歐陽修，〈塞垣〉，頁404。

有鮑河、定州北有唐河而言，藉由開挖水道以塘水爲連貫廣信、安肅，達於保塞，或是由蒲陰到陽城以積水爲險阻，蒲陰、陽城爲遼騎南下必經之地，遼騎於此地常會探北宋虛實而後進軍，我防敵進、我追敵退，往往耗日費時，浪廢軍糧物資，現今如恢復舊有防禦工事，並做好防衛態勢，使鮑、唐二水交匯於此地，即使是遼騎想要突進也無立足之地，此爲防禦萬全之策。

另在「兵儲」一文之亦提及：「當今之議，要在乎河北、河東、陝西戍兵之地，各特置營田使、副、判官，仍在不兼職。若遇水潦行流之處，廣植秔稻；雖荒隙原田，亦當墾闢，播以五穀。」〔註151〕此處所提水潦行流之處，在河北應屬塘泊之範圍，且以塘泊植稻爲相輔相成之系統。一則可收阻遼騎之攻勢，另一則爲增加糧食收入以供軍隊食用。

（1）慶曆增幣前之防禦設施

宋、西夏交戰使北宋信心大失，但對北方防禦一直是宋隱憂所在，故而在慶曆二年仁宗先下令「詔眞定府、定州、天雄軍、澶州各備兵馬十萬人芻糧二年，及器甲五萬副。」〔註152〕進而要求「河北路提點刑獄，視所部州軍城隍應修者悉修之。」〔註153〕做爲遼若發動攻勢，宋軍將有能力進行持久戰。由以上資料中可看出，在承平日久之下北方的城防是有所鬆懈的。

慶曆二年（1042）三月，遼使抵達汴京，以北宋增築沿邊防禦工事及伐西夏未知會遼方，違背誓書內容爲藉口，要求歸還周世宗時所奪，本屬遼的關南十縣之地。與此同時北宋進行一連串的城防設施的加強如下：「并相視德清軍，澶州、大名府城池，及點檢衣甲器械錢帛糧草軍馬事。……提舉本路修葺城池器械及置堡寨烽火、教閱軍陣、市馬等事。」〔註154〕

在河北、河東的軍事動員之下，外加富弼出使遼國的和談成功，雙方重新協定條約，張方平爲此所提防禦政策如下：

> 西戎出善馬，地形險隘，我騎誠不得與較走集也。多留軍馬，既不足
> 用，徒索芻粟。今方北備契丹，乃是用騎之地，乞以陝西新團士兵，
> 多換馬軍東歸，一以省關中之輓輸，一以備河北之戰守。」〔註155〕

〔註151〕《全宋文（34）》，卷七三二，歐陽修，〈兵儲〉，頁 403。
〔註152〕《續資治通鑑長編》，卷一百三十五，〈仁宗 慶曆二年二月乙未〉，頁 3225。
〔註153〕《續資治通鑑長編》，卷一百三十五，〈仁宗 慶曆二年二月乙未〉，頁 3225。
〔註154〕《續資治通鑑長編》，卷一百三十七，〈仁宗 慶曆二年八月戊子〉，頁 3270。
〔註155〕《續資治通鑑長編》，卷一百三十七，〈仁宗 慶曆二年九月癸亥〉，頁 3291。

在對遼方面則針對誓書再次重申：

> 如關南縣邑，本朝傳守，懼難依從，別納金帛之儀，用代賦稅之物，
> 每年增絹一十萬匹，銀一十萬兩。前來銀絹，般至雄州白溝交割。
> 兩界溏淀已前開畎者並依舊外，自今已後不得添展。其見堤堰水口，
> 逐時決洩壅塞，量差兵夫取便修壘疏導，非時霖潦別至，大段漲溢，
> 並不在關報之限。南朝河北沿邊州軍，北朝自古北口以南沿邊軍民，
> 除見管數目依常教閱，無故不得大段添屯兵馬。如有事故添屯，即
> 令逐州軍移牒關報。〔註156〕

在兩相對比之下，可以看出北宋想藉由此和談，將大量西邊戰馬兵力，抽回
河北地區防禦，遼方也藉由誓書內容再次重申北宋不得輕舉妄動，如有任何
新增軍事部署一定要知會遼，可見「誓書」對北宋是具有約束力的。

（2）慶曆增幣後之城防建設

先於慶曆八年（1048），由判大名府夏竦所提：

> 鎮、定二路，當敵寇之衝，萬一有警，各籍重兵控守要害，迭為應
> 援，若合為一，則兵柄太重，減之則不足以備敵。又滄州久隸高陽
> 關，道里頗近，瀕海斥鹵，地形沮洳，東北三百里，野無民居，非
> 敵人蹊徑，萬一有警，可決漳、御河東灌，塘淀隔閡，敵馬未易奔
> 衝，不必別建一路。惟北京為河朔根本，宜宿重兵，控扼大河，內
> 則屏蔽王畿，外則聲援諸路，請以大名府、澶懷衛濱棣德博州、通
> 利軍建為北京路。〔註157〕

之後又增加「保州沿邊巡檢并雄、霸、滄州界河二司兵馬，自國朝以來，於
諸邊最號強勁，今未有所隸，請以沿邊巡檢司隸定州路，界河司隸高陽關路。」
〔註158〕本為強兵勁旅卻因無統轄單位，造成各行其事，因此將與遼交界之處
的部隊，委由高陽關統籌管理以抗敵。

仁宗有鑑防務需求，最後他決定為：

> 河北兵為四路，北京、澶懷衛德博濱棣州、通利保順軍合為大名府
> 路，瀛莫雄霸恩冀滄州、永靜乾寧保定信安軍合為高陽關路，鎮、
> 邢、洺、相、趙、磁州合為真定府路，定保深祁州、北平廣信安肅

〔註156〕《續資治通鑑長編》，卷一百三十七，〈仁宗　慶曆二年九月乙丑〉，頁3294。
〔註157〕《續資治通鑑長編》，卷一百六十四，〈仁宗　慶曆八年四月辛卯〉，頁3947。
〔註158〕《續資治通鑑長編》，卷一百六十四，〈仁宗　慶曆八年四月辛卯〉，頁3984。

順安永寧軍合爲定州路。〔註159〕

本爲依樞密使夏竦建議，由武臣出任最初所規劃爲四路的都部署，但因發生貝州軍士王則叛亂事件，〔註160〕宋廷在衡量內外部安全及處理危機所需，決定由文臣安撫使兼任都部署，以統轄諸路大軍。

北宋在河北、河東諸路的沿邊或近邊一帶，建置了大批堡、寨、城、鎮、關等軍事防禦設施或據點，州、府、軍境內少則幾處，多則十幾處，形成了自東至西綿延了二三千公里的築城聯防體系。此後成爲北宋定制，一直至北宋亡爲止。

遼之所以失去劫掠北宋的動力，除歲幣增加的誘因外，尙有北宋自行摸索出的禦敵模式。由堅守城池以待敵軍入侵，先是拉長對遼防禦縱深，誘敵深入；後以堅壁清野政策，使遼方的後勤補給線過長，補給無法持久，並趁遼騎疲憊疏忽下，由遼騎後方施以攻擊，乘勢威嚇遼騎退兵。

北宋河北四路之兵，在禦敵及屯糧兼顧下，以縮小戰鬥區塊，得以行使個別力量對抗遼騎兵入侵，對於遼騎如欲強行進攻，可產生一定程度的嚇阻及打擊作用。

遼國在經貿收益與戰事衝突的衡量思考下，孰輕孰重，一看便知。故也樂得，以北宋增加歲幣換取和平，宋、遼也得以在河北地區取得和平共識，因此在仁宗時期，宋、遼間無大規模軍事衝突的產生。

（二）英宗至神宗的城池防禦：

1、英宗朝之城池防禦

（1）英宗時城池防禦政策

基於多次遼入侵警訊皆爲假情報的經驗，〔註161〕北宋也認定遼意在和平，別無他想，故而防務日漸荒廢，軍紀鬆懈，連守將亦多無能怕事之輩，自請調職以避兵禍者不在少數。英宗在位只有四年，此四年實爲接續執行仁宗朝的防禦政策，所在乎的即是選將戍守並拱固防衛及穩定雙方和平關係，一切以不生事爲主體。因此由英宗治平元年可得知，當雄州的前緣縣城歸信

〔註159〕《續資治通鑑長編》，卷一百六十四，〈仁宗 慶曆八年四月辛卯〉，頁3984。
〔註160〕《續資治通鑑長編》，卷一百六十一，〈仁宗 慶曆七年十一月戊戌〉，頁3890～3891。
〔註161〕 如：景祐四年，寶元元年，康定⋯⋯等，接獲北地州軍傳報遼入侵，但皆爲虛驚一場。

及容城有信息傳入契丹追捕盜賊進入宋境，已經爲邊防軍士所逐回。此一事件顯示，英宗朝的處置方式，基本上皆遵循由仁宗朝所遺留下的戍邊規範。如遇遼之盜賊入宋境就馬上逐出，若有在宋境內犯案者，即捕送回本國處理，如果是邊境居民避盜賊而擅入宋境，要求緣邊官兵安撫遣送回遼。〔註162〕

另在對沿邊守臣的挑選，如有敢於任事者，如「趙用」本爲西京左藏庫副使、緣界河巡檢都監，即是由高陽關及河北緣邊安撫司要求下再留任，其原因「才武果敢而熟邊事。」〔註163〕其主要應是熟悉邊事，才武果敢反屬次要，當一切國策以安定爲主軸時，熟悉邊事反而爲第一要務，但求北方穩定，使北宋得以用兵西夏。

還有當時擔任太原府長官的陳升之，向上呈報因母老邁要求調任他州以奉養母親，但爲英宗所婉拒，其原因就是該員擔任邊臣已久熟悉邊情，如再換新手將不易進入狀況故而不允許。〔註164〕

由上述可見北方邊勢雖不若以往之嚴峻，但卻非如所想像樂觀，因所面臨仍是腹背受敵局面，當須用兵西夏，且爲防遼夏合流，因此一定要穩住北方防務，並由對遼歲幣的增加，促使遼放棄南侵意圖，宋廷得以全力應付西夏防務。

（2）英宗時城池防禦建設

由時任參知政事的歐陽修所言：

> 視方今邊備，較彼我之虛實強弱，以見勝敗之形也。自眞宗景德二年盟北虜於澶淵，……上下安於無事，武備廢而不修，廟堂無謀臣，邊鄙無勇將，將愚不識干戈，兵驕不知戰陳，器械朽腐，城郭隳頹。……今則不然。方今甲兵雖未精利，不若往年之腐朽也。城壘粗常完葺，不若往年之隳頹也。土兵、蕃落增添訓練，不若往年寡弱之驕軍也。……臣謂可因此時，雪前恥，收後功，但顧人謀何如爾。若上憑陛下神威睿算，係纍諒祚君臣獻於廟社，此其上也。其次，逐狂敵於黃河之北，以復朔方故地。最下，盡取山界，奪其險而我守之，以永絕邊患。〔註165〕

〔註162〕《續資治通鑑長編》卷二百，〈英宗 治平元年正月甲寅〉，頁4846。

〔註163〕《續資治通鑑長編》卷二百，〈英宗 治平元年二月辛未〉，頁4852。

〔註164〕《續資治通鑑長編》卷二百二，〈英宗 治平元年六月辛亥〉，頁4892。

〔註165〕《續資治通鑑長編》，卷二百四，〈英宗 治平元年正月癸酉〉，頁4936～4937。

由以上資料可知，英宗朝雖嚴守澶淵之盟的誓約，但卻是開始注重防務需求，加強城池的修整、人員的訓練，並為神宗朝立下基礎，且在歐陽修奏疏中可知，在北宋臣僚至英宗時，仍存有收復河朔失地，阻遼於關外的國防思想。

2、神宗朝之城池防禦

（1）神宗時城池防禦政策

神宗時的防禦政策，雖延續前朝措施，但是在神宗初即位時卻是片刻不忘收回燕雲失地，並刻字於收管錢帛於庫藏之上：

> 藝祖嘗欲積縑帛二百萬易敵人首，又別儲於景福殿。元豐初，乃更景福殿庫名，自製詩以揭之曰：「五季失圖，獫狁孔熾，藝祖造邦，思有懲艾，爰設內府，基以募士，曾孫保之，敢忘厥誌。」一字一庫以號之，凡三十二庫。後積羨贏為二十庫，又揭詩曰：「每虔夕惕心，妄意遵遺業，顧予不武姿，何日成戎捷。」〔註166〕

因神宗素有大志，欲完成太祖、太宗時期的未竟之功，〔註167〕但現實情況已不同於宋初，在北宋與遼對立下，神宗朝君臣對遼之恐懼，一直深藏於心中。王安石所提，「累世以來，夷狄人眾地大未有如今契丹。〔註168〕」因此在神宗君臣問對中才會有韓絳等提出：〔註169〕

> 「漢、唐重兵皆在京師，其邊戍裁足守備而已。故邊無橫費，強本弱末，其勢亦順。開元後，有事四夷，權臣皆節制一方，重兵在西北。天寶之亂，由京師空虛，賊臣得以肆誌也。」帝曰：「邊上老人亦謂今之邊兵過於昔時，其勢如倒植浮圖。朕亦每以此為念也。……諸路戍兵，畸零不成部伍，致乖紀律，或互遣郡兵，更相往來，道路艱梗，宜悉罷之，易以上番全軍或就糧兵為戍。」

為求一改前代積習之弊，以王安石為主導的新政於熙寧二年（1069）亦隨之展開。

先是有神宗熙寧二年（1069）重臣所討論的戍邊政策，「國初邊州無警則罷兵，今既講和，而屯兵至多，徒耗金帛。若於近裏糧賤處增募營兵，但令

〔註166〕《宋史》，卷一百七十九，〈志第一百三十二 食貨下一〉，頁4371～4372。
〔註167〕（宋）王銍，《默記》，頁20。
〔註168〕《續資治通鑑長編》，卷二百二十七（神宗 熙寧五年閏七月戊申），頁5276。
〔註169〕《宋史》，卷一百九十六，〈志第一百四十九 兵十〉，頁4899。

往戍極邊，甚爲便計。」〔註170〕在王安石主政下，極力推動裁減冗兵冗員計畫，更致力於提升「將專兵精」的訓練模式，以提高軍備素質，且爲節省經費而先提出保甲之法：

> 精訓練募兵而鼓舞三路之民習兵，則兵可省。臣屢言河北舊爲武人割據，內抗朝廷，外敵四鄰，亦有禦奚、契丹者，兵儲不外求而足。今河北戶口蕃息，又舉天下財物奉之，常若不足。以當一面之敵，其施設乃不如武人割據時。則三路事有當講畫者，在專用其民而已。
>
> 〔註171〕

另一即爲「將兵法」，在省冗兵情況外，爲彌補「將從中御」政策，造成戍邊將士不相熟，軍令無法貫徹一致，是宋軍軍事作戰失利主因之一，故就太宗、眞宗「將從中御」的做法提出改革，欲效法太祖時置邊將，由邊將自專訓練之法：

> 上論及河北財用器械，患契丹之強，自太宗以來不能制。王安石曰：「太祖經略諸僭僞，未暇及契丹，然契丹亦不敢旅拒。自太宗以來遂敢旅拒者，非爲我財用少、器械不足故也，止以一事失計故爾。」
>
> 〔註172〕

因太宗及眞宗朝實施將從中御，使宋軍指揮失當，在對敵作戰時無法靈活運用戰術攻擊敵方，再則冗兵造成耗費軍資，頗有「耗天下之財，養無用之兵」的感觸，所以王安石於神宗朝提出的軍事改革方案，由提高軍士素質，汰弱換強，節省軍費以補國用；各路置將專訓軍士，使兵將相習提昇作戰能力；各路保甲以保丁熟悉軍事訓練，一可爲地方治安維護，二可當敵來襲能馬上加入作戰。神宗也希望將三者相互配合，能對遼、西夏產生抗衡嚇阻作用。

熙寧七年（1074），發生宋遼爭地情事，爲知代州呂大忠所上奏：

> 北人窺伺邊疆，爲日已久，始則聖佛谷，次則冷泉村，以致牧羊峯、瓦窰塢，共侵築二十九鋪。今所求地，又西起雪山，東接雙泉，盡餅形、梅回兩寨，繚繞五百餘里。蔚、應、朔三州侵地，已經理辨，更無可疑，惟瓦窰塢見與北界商量。蕭禧未過界時，臣先奏論，乞朝廷主此定議，禧至，又皆許之，今西陘以東皆有明據，此地不能

〔註170〕《宋史》，卷一百九十三，〈志第一百四十六 兵七〉，頁4801。
〔註171〕《宋史》，卷一百九十二，〈志第一百四十五 兵六〉，頁4773。
〔註172〕《續資治通鑑長編》，卷二百五十，〈神宗 熙寧七年二月辛卯〉，頁6102～6103。

固爭，它處亦恐難保。竊料敵情有可動者一，有不可動者五。狃於
包容，侵侮中國，今若必校，或激怒心，此可動者一。歲得金帛，
與地孰利，萬一絕好，所失則多，此不可動者一也；彼兵雖眾，脆
弱驕惰，應敵者鮮，非咸平、景德間可比，此不可動者二也；城池
不固，械器不精，以守必危，以戰必敗，此不可動者三也；山後之
民，久苦虐政，皆有思中國之心，邊釁一開，必防內變，此不可動
者四也；北人最畏西夏，復有達靼之隙，果欲長驅，豈無牽制之慮，
此不可動者五也。彼主柔而少斷，母老子孱，縱有諫臣，恐未能用。
今者彼使再入，必未肯先輸屈伏之言，俟其情意稍開，且以胡谷、
義興冶、大石、茹越、麻谷五寨、治平二年侵築十五鋪，度山勢立
界，或更增以瓦窰塢，如王僅、靳宗臣之議，則我無屑就之愧，彼
有可去之名。蕭禧使還，不遂其意，萬一張大兵勢，測我淺深，乞
指揮諸路帥臣，但爲備禦計，一切勿校。〔註173〕

以北宋內部本身所面臨城池不固、器械不備，外加對遼方國力條件的綜合分
析，故而勸諫神宗不要更改先前規範，務求沉潛安穩爲主。

（2）神宗時城池防禦建設

神宗熙寧六年（1073），遼騎進逼，爭代北地，神宗自知本身實力不足，
且對西北用兵之際，希望能夠鞏固盟約換取和平，在徵詢韓琦的意見時，韓
琦認爲政府諸多舉措不當，易招致遼疑懼，如在沿邊遍植榆柳，創立保甲，
修築城池，開淘壕壍，增強守備，設置將兵等，因此要求神宗有所節制，但
這些設施還是以防禦爲主體。

神宗熙寧七年（1074）三月，遼派遣蕭禧來要求分劃河東地界問題，蕭
禧針對雄州城池修建提出抗議，認爲「雄州展托關城，違誓書。」蕭禧辭行
之際，神宗對蕭禧解釋：

雄州外羅城，乃嘉祐七年因舊修葺，原計六十餘萬工，至今已十三
年，纔修五萬餘工，即非創築城隍，有違誓書，又非近年事，北朝
既不願如此，今示敦和好，更不令接續增修。〔註174〕

〔註173〕《續資治通鑑長編》，卷二百六十，〈神宗　熙寧八年二月壬申〉，頁 6334～
6335。

〔註174〕《續資治通鑑長編》，卷二百五十一〈神宗　熙寧七年三月丙辰〉，頁 6121～
6123；〈神宗　熙寧七年三月癸亥〉，頁 6135～6136。

神宗說明此項工程爲先前已修葺，現今只是修補，並無任何違背宋遼間的條約，希望遼方不要有太多猜測，如果造成遼國的忌諱，將不再進行修補工程。

另在神宗熙寧十年（1077）奏書得知：〔註175〕

> 定州路都監何澤言：「緣邊山口鋪無捍禦之備，近聞敵入滄州小南河寨殺傷老幼，剽奪器甲。乞應緣邊堡寨委安撫司增築。或北界來問，即以小南之事爲辭，最爲得策。」上批：「緣彼攻劫，因而整完，其於事機誠不可失。令諸路安撫司相度施行。」

由前所述可知，北宋在對遼一直戒愼恐懼，除要面對遼之質疑外，尚需藉著雙方小規模衝突爲藉口，以建設防禦堡寨，神宗所謂「機不可失」，可看出北宋邊防之無奈。

神宗朝城防守備政策，可以沈括所提可用者三十一件事爲代表，〔註176〕他先提出定州塘泊防禦政策，已注入新水並廣開稻田，使塘水瀰漫其間，讓定州城池不再受遼騎干擾，再者是欲依靠西山險阻之地興建堡寨，以安置收容爲遼所侵逼的民眾，但爲沈括所反對提出「同安逸、共患難」，並指出如敵來即撤，日後還有誰肯爲此死守家園、護衛國土。且「得民心者得天下」，若設置關隘保家衛民，收同仇敵愾之效，可使萬民一心，一致抗敵。

在礦冶開墾方面，要求審愼勿冒進，且不能公開轉包已收其利，其看法乃是礦冶皆在遼宋交界，如成市鎮，必聚居群眾，外加駐防守軍，所需後勤花費不可謂不大，且遼不知北宋銀錢採礦提煉技術，一旦習得此術，那之前所繳「歲幣」，將爲遼所看輕，要有何物能再上繳？這也是沈括所擔憂之處。

契丹掠奪北宋領地時，宋人所呈現即爲「人爲刀俎、我爲魚肉。」沈括即建議以「坊市法」爲守禦政策，以鄉閭族黨爲守備核心，嚴加管控邊防出入。並對黃河守備有所要求，預防敵用火攻燒毀澶州城的溝通橋樑。且請將定州北邊之林木砍伐，以防止爲敵所用，變爲攻城器具。針對宋、遼之優缺點作一比較，「北人習騎戰，中國利彊弩。」這是環境使然，但北宋除需訓練精良外，尚需要有做爲攻防的武器可用，達武器技術面之增長，而有「挽彊未必能貫革，謂宜以射遠入堅。」

〔註175〕《續資治通鑑長編》，卷二百八十一，〈神宗　熙寧十年四月丙午〉，頁6896。
〔註176〕《續資治通鑑長編》，卷二百六十七，〈神宗　熙寧七年八月癸巳〉，頁6542～6543。

二、北宋末期的城防政策與設施

（一）哲宗至徽宗的城池防禦

1、哲宗的城池防禦政策

宋哲宗在位期間，中書舍人呂陶出使契丹歸來，上疏請求加強邊備，宋哲宗非常高興說道：「臣僚言邊事，惟及陝西，不及河北。殊不知河北有警，則十倍於陝西矣！卿言甚善。〔註177〕」可見在北宋君主心中，遼國才是潛在的首要敵人，西夏的威脅不過遼的十分之一而已。侍御史王巖叟則說：

> 伏以國家之勢，倚以為重在三路，而三路常受天下之弊，臣竊以為
> 歎息。試例近事一二，以明其偏。始初刺強丁為義勇，非百姓之樂
> 也，而三路當之；後變義勇為保甲，教之以兵，人人之所共苦也，
> 而三路當之。大兵西討，深入絕境，陝西、河東之民身亡家破，室
> 廬為空，而諸路不預也。大河橫流，瀰漫千里，河北之人，流離狼
> 狽，獨被大害，而諸路不預也。夫以天下之大，不能無非常之事，
> 而非常之事常在於三路。雖陛下今日以至靜為功，以不貪為德，而
> 羌人反覆，盟好誰能保之？緩急之變，所不可知，一有震驚，則三
> 路先當其擾矣，此非臣之過論也。臣按祖宗之法，坊郭戶既不責之
> 以應役，又不迫之以輸錢。非私於坊郭之民也，平時優游以養其力，
> 為緩急用耳。今三路坊郭之家，兵興、河決之餘，困窮艱乏，非諸
> 路比。〔註178〕

在北宋城防上以河北、河東、陝西三者最為吃重，北宋為防禦西夏及遼騎入侵，動員此三路軍民協防，但卻造成農時不調，河北有黃河氾濫之飢荒遍野；河東、陝西則因大軍深入，全賴支援州的糧食補給，居民苦不堪言，外加兵凶戰危，造成一片殘破景象，王巖叟因之為三路百姓請命。此說法也間接證明北宋所有防禦是以河北最為優先的。

紹聖四年（1097），為了霸州榷場之地，遼國所修建橋樑一事，引起朝野爭議。哲宗為免遼人擔心北宋背盟，命邊將不干涉遼人建築橋樑，打算遼人離去後予以拆除。

〔註177〕《宋史》，卷三百四十六，〈列傳第一百五 呂陶〉，頁10980。

〔註178〕《續資治通鑑長編》，卷三百九十八，〈哲宗 元祐二年四月己亥〉，頁9715、9714。

哲宗元符元年（1098），宋深請求開塘泊、種榆柳及修河北城牆。〔註179〕此一要求，再次驗證北宋末年武備不修之因，本爲北宋邊防的既定政策，卻要再次請求施行，可見整個工事設施的毀壞嚴重程度，在哲宗朝也一直未能有效解決。

元符二年（1099），雄州知州張赴要求增修外羅城，樞密院表示：「外羅城，昨熙寧泛使蕭禧來理會，尋有詔許以不增修。」〔註180〕此爲遼人抗議而禁止雄州修城措施。但數日後哲宗又下詔河北安撫使所轄各州，可用特定款項作爲修茸城牆及軍械之用。〔註181〕又過幾天，哲宗又聽從樞密院建議，指示「緣邊諸州軍寨城壁樓櫓」、「備城軍器」等物品年久失修，令三年內修繕完畢。〔註182〕」凡此種種命令，多有相互矛盾，前後不一的衝突，一方面顯示宋廷非不重視邊防工事，實因政策牴牾，捉襟見肘，難有成效出現。從真宗到哲宗晚期，近一百年的時間，宋人都面臨防禦工事或修或停的角力。不過根據資料記載，有時採取不同方式，反達到強化城池建構的成效。如利用契丹違反誓書的行爲，加強自身的國防建設。

2、哲宗的城池防禦建設

哲宗親政後曾試圖整頓河北軍備，但積弊太久以及遼的壓力，使得政策反覆難明，工程也未見成效。在無力整修之下，邊臣多得過且過，此時整個邊防體系逐漸毀壞，由右司諫王覿所言：「河北塘泊之險，以大河橫流，漲爲平路者數百里，敵騎之來將通行而無礙矣，而莫有任其責者。」〔註183〕本爲嚇阻遼騎入侵的第一線防禦工程，卻因年久失修，蕩若平地，使遼騎長驅直入，竟無負責之人，做好萬全防禦工作，並疏通流道，使其恢復應有功能，實爲邊臣責任。

哲宗元祐八年（1093），蘇軾出任定州路安撫使、知定州。此時河北軍備衰敗情形日益惡化。上任之後，蘇軾發現定州內部軍紀問題重重：〔註184〕

〔註179〕《續資治通鑑長編》，卷五百一，〈哲宗 元符元年八月戊子〉，頁11935。
〔註180〕《續資治通鑑長編》，卷五百六，〈哲宗 元符二年二月甲申〉，頁12058。
〔註181〕《續資治通鑑長編》，卷五百六，〈哲宗 元符二年二月丁酉〉，頁12068。
〔註182〕《續資治通鑑長編》，卷五百七，〈哲宗 元符二年三月甲子〉，頁12084。
〔註183〕《續資治通鑑長編》，卷三百九十八，〈哲宗 元祐二年三月己亥〉，頁9713～9714。
〔註184〕（宋）蘇軾，《蘇軾文集》（北京：中華書局，1986年），卷三十六，〈乞降度牒修定州禁軍營房狀〉，頁1021～1023。

> 如甲杖庫子軍人張全，一年之間，持杖入庫，前後盜銅鑼十二面，
> 監官明知，並不申舉。又有帳設什物庫子軍人田平等，二年之間，
> 盜帳設什物八百餘件，銀二百五十餘兩，恣意典賣。……城中有開
> 櫃坊人百餘戶，明出牌牓，召軍民賭博。……雲翼指揮使孫貴，到
> 營四箇月，前後歛掠一十一度，計入己贓九十八貫八百文。

此時不只是武器、裝備毀損，軍紀也蕩然無存，實因北宋承平日久，軍士又
為一般人所不願從事之職業，故而有俗諺「好鐵不打釘；好男不當兵」之說
出現，如對遼邊防軍紀如此之敗壞，平時訓練成效如何即可得知。

　　哲宗元符元年（1098）哲宗詔命河北諸路安撫司指揮轄下各州軍，整修
城壁以及防守器具，不得張皇。〔註185〕在加強城防還是可以進行，卻不能明
目張膽，因宋遼間盟約尚在，且北宋此時尚有「恐遼症」，怕遼國藉口北宋修
葺城池起而挑釁。

　　哲宗元符二年（1099）河北城池失修的報告，陸續到達中央，即如河北
緣邊安撫司報告所說：

> 緣邊諸州軍寨城壁樓櫓以承平日久，寖以頹圮，至於備城軍器，亦
> 各並不依式排垛，遂於去年內下緣邊諸州軍寨，取到防城什物，動
> 使各具見闕名件萬數浩瀚，其見在數內，亦有損壞朽爛不堪施用之
> 物不少，邊防緩急必致闕誤〔註186〕

發現所有防禦器具已腐朽殆盡，此時任何邊臣都了解問題嚴重，故向中央反
映狀況，請求協助更換武器，修葺城池，才有隨後詔書曰，「詔河北沿邊州城
壁、樓櫓、器械、各務修治，有不治者罪之。〔註187〕」

（二）徽宗朝之城池防禦

1、徽宗的城池防禦政策

　　由《文獻通考》可知：「崇寧大觀以來，蔡京用事，兵弊日滋，至於受逃
亡收配隸猶恐不足，政和之後久廢蒐補軍士，死亡之餘，老病者徒費金穀，
少健者又多冗佔階級，既壞紀律，遂亡。〔註188〕」徽宗朝整個河北城防，呈

〔註185〕《續資治通鑑長編》，卷五百一，〈哲宗 元符元年八月戊子〉，頁 11935～
　　　　11936。
〔註186〕《續資治通鑑長編》，卷五百七，〈哲宗 元符二年三月甲子〉，頁 12084。
〔註187〕《宋史》，卷一百九十七，〈志第一百五十 兵十一〉，頁 4917～4918。
〔註188〕〔元〕馬端臨，《文獻通考》（台北，新興書局，民國47年），卷一百五十三，
　　　　〈兵五〉，頁 1340。

現一觸即垮的崩潰狀態，但積習已深，無法可救。

　　綜觀北宋邊防，既要求地方官員整飭軍備，又不許其張皇生事，要如何拿捏二者間的尺度，一直是北宋在宋遼邊境州縣的防務難題。

　　軍事上的弔詭之處在於最好的防禦就是攻擊，北宋終於在女眞攻遼下，不先衡量自身軍隊的作戰能力，與金簽定盟約，派趙良嗣與金談判夾攻遼國。宋對金所提要求，滅遼之後，金得遼中京，宋得遼南京，宋將給遼之歲幣轉讓給金。

　　宣和五年（1123）四月，幾經交涉後簽訂誓約，宋朝終於如願以償，得到了燕京及薊、景、檀、順、涿、易六州，然金軍撤離前，將燕京一掃而光，席捲而去，燕京幾成一座空城。北宋此時所取回的是無任何資源的空城，但國防基本政策是正確的，卻因無法馬上駐重兵固守，且糧食補給困難，反造成兵力配置的問題，最終竟喪失河北之地。北宋方面因政策的反覆，又陰結遼國以共謀反抗，而有「共滅大金」之言，〔註189〕給金人入侵的藉口，金兵再度揮軍南下。

　　此時在河東地區防禦以固守三鎮爲主，太原實爲屏障北宋之鎖鑰，劉安世曾謂：

> 太祖、太宗，嘗親征而得太原，正以其控扼二邊、謂遼人、夏人也。
> 下瞰長安謂開封。纔數百里，棄太原則長安京城不可都也。及靖康
> 之禍，金人要割三鎮地，三鎮，太原、河間、中山也，李綱等以河
> 東爲國之屏蔽，張所亦言河東爲國之根本，不可棄也。時張孝純固
> 守太原，女眞攻之不能克。及太原陷，敵騎遂長驅而南矣。〔註190〕

北宋本可藉由固守太原，得以延緩金之入侵，進謀反攻機會，然因河東、陝西精銳部隊，在河北大戰中傷亡殆盡，造成無力防守太原，雖有知太原張孝純等死守抗金，竟陷彈盡糧絕而被迫開城投降。

2、徽宗的城池防禦建設

　　當徽宗聯金滅遼政策擬定後，委由童貫出任部隊統帥。宣和四年（1122）四月，童貫至高陽關路，欲發動進攻而著手準備。長期以來河北軍隊訓練不精，軍事裝備毀損的狀況，此時曝露無遺，童貫向徽宗報告中指出：

> 河朔將兵驕惰，不練陣敵，軍須之用，百無一有，如軍糧雖曰見在，

〔註189〕〈宋〉邵伯溫，《邵氏聞見錄》（西安：三秦出版社，2005年），頁56～57。
〔註190〕《讀史方輿紀要》，卷四十，〈山西二〉，頁1806～1807。

> 粗不堪食，須旋舂簸，僅得其半。又多在遠處，將輸費力。軍器甚
> 關，雖於太原、大名、開德支到封樁，各件不足，或不適用，至於
> 得地，版築之具並城戍守禦之物，悉皆無備。蓋河朔二百年未嘗講
> 兵，一旦倉促責備頗難。〔註191〕

由於河北地區的軍方人事，如挑選將材至河北防禦，似乎不被朝廷所重視。一方面中央選拔河北軍事將領的標準，不似陝西路嚴格，另一方面由於軍事活動限制過多，動輒得咎的情況下，使得優秀軍事將領亦不以河北作為升遷目標。宋遼雙方盟約限制了河北地區的軍事整備，長期無法有效訓練軍隊，造成隊伍士氣不佳，優秀將領欠缺，兵卒戰技下降，也間接影響了武器防具的保養與更新。官員的不稱職，還可以更換，並處罰不如期完成整備者。然而面臨錢糧不濟，人才闕如等無奈，從元符二年所頒詔書可知：

> 河北修城池樓櫓，仍令安撫轉運司體量兵官不得力者，具名奏差人
> 替。……或非時催督責限修葺了當，每歲差官點檢，有不如法及稽
> 違，重行停替。……河朔連歲霖雨，城池多隳壞，累督責修葺，而
> 財力不給，又官吏多不職。〔註192〕

歸根究底，澶淵之盟的約束，令河北地方官員綁手綁腳，成為地方軍事訓練和裝備日趨頹敗之主因。

北宋曾先後與遼、金對峙，真定、河間、中山，號為河北三鎮。宋高宗時李綱曾說：「三鎮，國之屏障，割之何以立國。」〔註193〕陳東亦沉痛呼籲：「蓋河北實朝廷根本，無三關（居庸關、紫荊關、倒馬關）四鎮（太原、河間、真定、中山），是棄河北，朝廷能復都大梁乎？」〔註194〕北宋在失燕雲天險後，在河北以三鎮為屏障，北守三關，西連太原而阻雁門，尚可勉強維持國境線的防衛；捨棄三鎮則北騎急驅可直達黃河而臨汴梁，雖有此認知，但是在國內積弊已深，不能改善軍政衰敗的局面，根本無力抵禦勢頭強勁的金軍的攻擊，終於步向亡國之路。

〔註191〕〈宋〉徐夢莘，《三朝北盟會編》（上海：上海古籍出版社，2008年），〈卷六政宣上帙六〉頁40。
〔註192〕《續資治通鑑長編》，卷五百十一，〈哲宗 元符二年六月壬午〉，頁12161。
〔註193〕李綱所說三鎮實為河東太原，河北中山、河間：皆為抵禦北方外族重要軍事抽區。《宋史》，卷三百五十八，〈列傳第一百十七 李綱上〉，頁11244
〔註194〕《宋史》，卷四百五十五，〈列傳第二百一十四 忠義十〉，頁13360。

圖二十六：北宋城池防禦區域分布圖

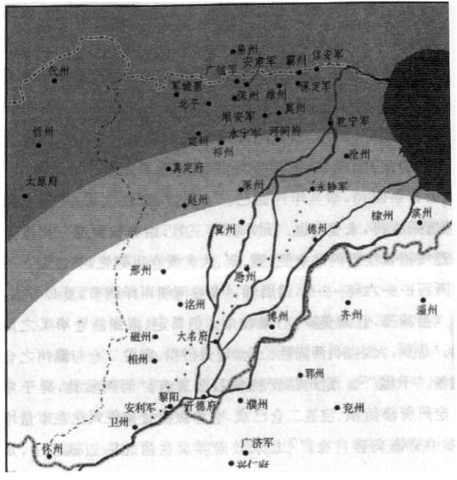

程龍，《北宋糧食籌措與邊防——以華北戰區為例》，頁 165。

三、城池防禦整體設施與守城人員功效

（一）城池防禦整體設施

　　北宋在城池管理的行政設置上，亦是依循前朝，由工部負責全國城池建設。〔註195〕整體城防設施可由馬繼業，《宋代城池防禦探究》、黃登峰，《宋代城池建設研究》兩位的論文得到清楚概念，本節是在兩者立論基礎上做一敘述，並配合相關史料，將北宋城防設施的整體概念進行釐清，約略加以增補，將整體防禦架構做一呈現。

〔註195〕《宋史》，卷一百六十三，〈志第一百一十六　職官三〉，頁 3862。

1、警戒設備

（1）烽火台

烽火台是當時重要的預警設施，所處之地爲「高山四顧險絕處置之，無山亦於孤回平地置之。」〔註196〕型制以「台高五丈，下闊兩丈，上闊一丈，形圓。」〔註197〕與烽火台相應的是城牆上建有類似的警報設施，與城池四周的烽火台串連成緊急通報系統，故有「卻敵台上建侯樓，以跳板出爲櫓，與四處烽戌成晝夜瞻視，以備警急。」〔註198〕

（2）望樓

另外設有望樓，在敵人包圍城池時，施行方式如下，「牙帳前立百尺竿，上置板屋，四面開門，狀如斗。令人上望賊，賊有所攻，隨其方面以小白旗招之。眾賊往來，聚散遠近，皆審而觀之，以告於下。」〔註199〕由小白旗之左右擺動以告知防禦部隊敵人的動向。

2、外圍設施

（1）弩台

由《虎鈐經》中可知，爲強化城池防禦縱深的工事，弩台與城池間隔約百步之遙。「高下與城等，去城百步，每台相去亦如之。下闊四丈，高五丈，上闊二丈。」〔註200〕並配有弩等遠射武器，爲城池防禦的第一線陣地。可對已攻入欲攀爬城牆之敵軍，進行側後攻擊，並與主城形成交叉火網以殲滅敵軍。弩在《武經總要》中是城防重要設施之一。北宋對於弓弩的使用，僅在《武經總要》中就包含有弓四種，弩十二種（包含六種弩床）。

弩台與城池相連，爲重要的防禦設施，其形制如下：

> 上狹下闊，如城制，高與城等，面闊一丈六尺，長三步，與城相接。
> 每台相距亦如是。上通閣道。台上架屋，制如敞棚，三面垂以濡氈，
> 以遮垂鐘板，亦備繩梯。內容弩手一十二人，棚上三面立牌。遮箭
> 棚亦容弓弩手一十二人。〔註201〕

〔註196〕（宋）許洞《虎鈐經》，〈烽火台第六十一〉，程紅素主編，《中國歷代兵書集成（二）》（北京：團結出版社，1999年），頁558。
〔註197〕《虎鈐經》，〈烽火台第六十一〉，頁558。
〔註198〕《虎鈐經》，〈烽火台第六十一〉，頁557。
〔註199〕《虎鈐經》，〈望樓第六十二〉，頁558。
〔註200〕《虎鈐經》，〈望樓第六十〉，頁559。
〔註201〕《武經總要》，前集卷十二，〈守城〉，頁1034。

（2）護城壕

華北地區缺雨水，故以護城壕爲主體，非爲江南地區之護城河，護城壕爲城池防禦第一道防線，其原則爲「壕面各隨其地爲闊狹，大要在面闊底狹，其深及泉，使箭砲難及即住。」〔註202〕基本的深度及寬度爲「面闊二丈，深一丈，底闊一丈。」〔註203〕

（3）羊馬牆

羊馬牆位於城壕內側，戰爭時爲對敵軍堅壁清野，除居民入城內躲藏外，牲畜亦須有藏匿或關欄之所，其「高一丈以下，八尺以上」，〔註204〕另有一說爲「狹即一丈或八尺皆可，寬不可逾兩丈。」〔註205〕它與城池主結構甕城是相對應的，且羊馬牆在前，主城牆於後，亦可形成上下交叉火網作用，且可預留伏兵，以待敵入侵後發動反制。

3、城牆

（1）甕城

爲避免城門直接遭受敵軍攻擊，於外緣增添一道防禦圍牆，型制爲方形梯型或圓形，以圓形居多。高厚跟主城一樣，只是在側邊開一門以便進出，也有開兩門者。

（2）女牆及馬面

《武經總要》所提，「凡城上皆有女牆，每十步及馬面，皆上設戰棚、敵團、敵樓。」〔註206〕可知女牆與馬面的重要性。女牆又可稱爲「雉堞」、「垜口」、「俾倪」，乃城牆間隔一定距離所修築的防禦工事，可作爲防守方掩護躲藏之用。馬面亦可稱爲「敵台」、「行城」，爲城牆外附的狹長平台，城牆與馬面間可使用弓弩等遠程兵器，進行交叉火網攻擊，對付欲攀爬城牆或以攻入城池底下之敵軍，使城牆守備更加完善。

〔註202〕《武經總要》，前集卷十二，〈守城〉，頁1032。
〔註203〕《虎鈐經》，〈築城第五十六〉，頁557。
〔註204〕《武經總要》，前集卷十二，〈守城〉，頁1032。
〔註205〕《金湯借箸十二籌》，〈牛馬牆宜備〉，頁2888。
〔註206〕《武經總要》，前集卷十二，〈守城〉，頁1032。

圖二十七：甕城（外圍半弧形）女牆（成山字狀中有白色空隙者）馬面（梯形長立者）

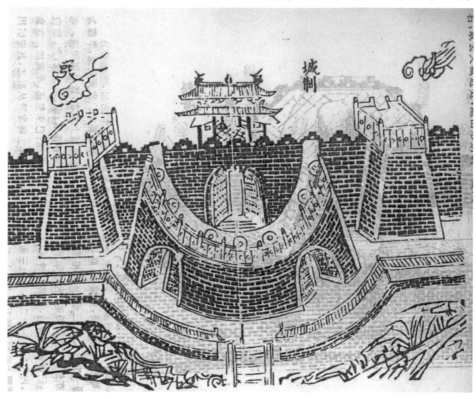

曾公亮、丁度，《武經總要》，頁 1032。

（3）敵樓、戰棚、白露屋

　　敵樓、戰棚、白露屋等防禦工事，為守城士兵的掩蔽處。敵樓，「前高七尺，後五尺，每間闊一步，深一丈。其棚上下約容二十人。」〔註207〕戰棚形制與敵樓相同，兩者皆可供士兵藏身之用。物料搭建是「上施搭頭木，中設雙柱，下施地栿，仍前出三尺。常法，一間二柱，此用四柱，以備矢石所摧，上密布椽，覆土厚三尺，加石炭泥之，被以濡氈，及椽栿之首並以牛革裹之，以防火箭。」〔註208〕戰棚之間，臨時修築的白露屋，為警戒觀望之用。「以江竹或榆柳條編如穹廬狀，外塗石灰，有門有竅，中容一人，以為候望。每敵樓、戰棚上五間置一所，於兩旁施木拒馬，篦籬笆，隱人於下，持泥漿麻搭，以備火攻。」〔註209〕

〔註207〕《武經總要》，前集卷十二，〈守城〉，頁 1035。
〔註208〕《武經總要》，前集卷十二，〈守城〉，頁 1036。
〔註209〕《武經總要》，前集卷十二，〈守城〉，頁 1035。

圖二十八：敵樓、戰棚、白露屋

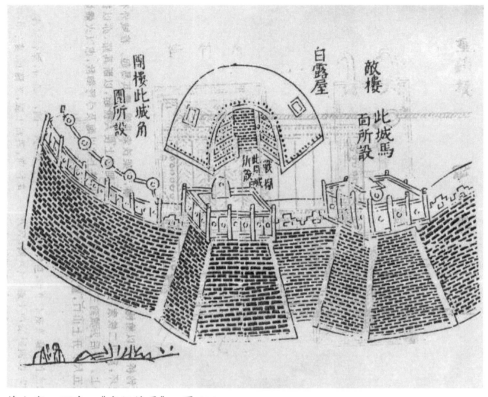

曾公亮、丁度，《武經總要》，頁 1035。

4、守城原則和戰術

（1）守城原則

　　《武經總要》中提出，守城主要原則有五，「一曰城隍修，二曰器械具，三曰人少而粟多，四曰上下相親，五曰刑嚴賞重。」並且能得到各種助益「太山之下，廣川之上，高不近旱而水用足，下不近水而溝防省，因天財，就地利，土堅水流，險阻可恃，兼此形勢，守則有餘。」〔註210〕將整個守城所應注意事項皆記錄於書中，也是北宋仁宗朝對歷代軍事守城方法的總結。

　　《武經總要》中提出守城疏忽所招致的五種敗因：

> 凡守城之道有五敗：一曰壯大、寡小、弱眾，二曰城大而人少，三曰糧寡而人眾，四曰蓄貨積於外，五曰豪強不用命。加之外水高而城內低，土脈疏而池隍淺，守具未足，薪水不供，雖有高城，宜棄

勿守。〔註211〕

此所提出皆是以人心繫向為主，並搭配糧草充裕，方可堅守，一旦違背這些原則，後果實不堪設想。

（2）守城戰術

《武經總要》針對守城戰術亦有所說明，由此可知，自太宗末期至澶淵之盟的防守要則，一直被奉為圭臬：

> 凡守之道，敵來逼城，靜默而待，無輒出拒，候其矢石可及，則以術破之。若欲主將自臨，度其便利，以強弩叢射，飛石並擊，斃之則軍聲阻喪，其勢必遁。若得敵人稱降及和，切勿弛備，當益加守禦，防其詐我。若敵攻已久，不拔而去，此為疲師，可躡而襲之，必破，此又寄之明哲，見利而行，不可羈以常檢也。〔註212〕

北宋與遼相對抗的戰役中，最令後代所熟悉者即為「澶淵之役」，從以上所提：先是誘敵深入，進而弩石齊射，且有主將親臨，最後以敵作戰日久，糧草不繼，亟思收兵北返，再從後攻擊。此書為仁宗朝集兵學之大成，由此也可知北宋對遼的國防思想架構。最後保留戰場指揮官的靈活性，要求依當時狀況做出最有利於軍事決策，不要墨守舊法，未能進取。

遼和西夏經常佯裝敗北引誘宋軍出城，然後利用騎兵優勢，在運動戰中圍殲宋軍。他們所依恃的是大量、優質的戰馬，有著為數眾多的騎兵部隊，擅長在平原地區發起攻擊。進攻時強勢威猛，轉移時移動迅速，靈活機動是契丹騎兵的長項。正因為追求高機動性，所以後勤供應相對較為薄弱。守城戰即是針對此特性而展開，北宋的守城戰主要以增加防禦縱深來佈局，避免孤城困守。宋軍一般在行軍要衝地區進行城寨群建設，並組成城池聯防體系，相互支援協同作戰，讓敵軍無法完成大規模包圍。

北宋在城防戰術方面最大的特色，是強調守備為上，藉堅固的城牆作依托，使敵人無論實行任何攻堅戰術皆無法入侵，再對攻城之敵進行夜襲、劫寨等反制突襲，此乃以步兵為主的宋軍慣用手法。

（二）城防設施的損害問題

城池修築完工後，日常維護的工程，亦需耗費大量人力、物料。北宋時期河北地區多地震、水災，故而在維護上困難重重。北宋對遼所構建的城池

〔註211〕《武經總要》，前集卷十二，〈守城〉，頁 1032。
〔註212〕《武經總要》，前集卷十二，〈守城〉，頁 1032。

除日常修繕外，所面臨大規模損毀，不外乎如下例幾種情形：

1、軍事入侵

雍熙四年（987），遼軍大舉入侵攻陷深、邢、易三州，正因宋遼間戰役不斷，且對城池破壞甚巨，自劉廷讓敗於君子館，河朔諸州城壘多圮。〔註213〕故太宗下令繕治河北諸州、軍城隍。〔註214〕

2、天然災害

（1）地震

在敵軍入侵下，再遇上天災人禍，可謂禍不單行，北宋眞宗時即面對過此項危機。邊肅於守邢州時發生遼軍大舉進逼，先是地震造成城池損毀，進而敵軍入侵，對城池防守者造成莫大的威脅與壓力，而有「會契丹大入，先是地層震，城堞摧圮，無守備，帝在澶州，密詔肅：若州不可守，聽便宜保他城。」〔註215〕

（2）水患

眞宗太中祥符四年（1011 年）八月，河決通利軍，合御河，壞州城及傷田廬。〔註216〕慶曆六年（1046 年）秋七月，河東經略司言雨壞忻、代等州城壁。〔註217〕

（3）風災

沈括《夢溪筆談》提到，熙寧九年（1076）恩州武城縣有旋風自東南來，望之插天如羊角，大木盡拔。俄頃，旋風捲入雲霄中。既而漸近，所經縣城，官舍居民略盡，悉捲入雲中。……縣城悉為丘墟，遂移今縣。〔註218〕

（三）守城人員的配置

北宋最精銳的部隊是禁軍，但因邊防線綿長，在戰略考量下，將地方武力的廂軍做為禁軍的預備隊，如禁軍有素質不佳者即轉為廂軍，稱為落廂〔註219〕。《宋史》所記載，北宋兵源具多樣化特性，除禁軍外，其他軍

〔註213〕《宋史》，卷二百七十四，〈列傳第三十三　翟守素〉，9363.
〔註214〕《宋史》，卷五，〈本紀第五　太宗二〉，頁80。
〔註215〕《宋史》，卷三百一，〈列傳第六十　邊肅〉，頁9983。
〔註216〕《宋史》，卷八，〈本紀第八　眞宗三〉，頁150。
〔註217〕《宋史》，卷十一，〈本紀第十一　太宗三〉，頁222。
〔註218〕《夢溪筆談》，卷二一，〈異事〉，頁204。
〔註219〕淮建利，《宋朝廂軍研究》（鄭州：中州古籍出版社，2007 年），頁53。

種皆素質欠佳。廂軍的組成分佈廣泛，此節敘述以廂軍中專事修築城垣的壯城、牢城兵及鄉兵中的強壯義勇爲主。目前相關論著上已有淮建利，《宋朝廂軍研究》、符海朝，〈城池修築與宋遼外交〉，柯弘彥，《宋朝廂軍的職務功能及其類型》、馬繼業，《宋代城池防禦探究》、孫遠路，《北宋的強壯和義勇》等，皆具有參考價值。另外值得一提的即爲北宋鄉兵，在對城池修補，及防禦建構上，亦做出一定貢獻，在翁建道，《北宋西北地區的鄉兵》有相關的描述。

1、守城人員的來源與組成

（1）廂軍招募與配隸

A、招募：

北宋招募從軍子弟不外乎以下模式「募土人就所在團立，取營伍子弟聽從本軍，募饑民以補本城，以有罪配隸給役。……伉健者遷禁衛，短弱者爲廂軍。」〔註220〕

招募上又可分爲招募饑民、營伍子弟、因事招募、缺額補充……等。招募上會依個人意願入伍，但也有強制徵招並刺字的情況，王曾瑜《宋朝軍制初探（增訂本）》有詳細描述。〔註221〕

B、配隸：

即是配軍，是宋朝兵制中的特點，「以有罪配隸給役。」將獲罪之罪犯充軍抵役期，在宋代有其定制的，如《水滸傳》的林沖被刺配充軍，入牢城營。將罪犯刺編後，即爲刺編管人，這也是宋朝廂軍配隸的獨特現象之一。但無論是自願或強刺，皆是爲拓展廂軍員額的措施。

C、禁軍落廂：

是指不合格的禁軍，降爲廂軍的情況，這也是爲了爲替禁軍縮編及保持旺盛戰力所做的運用。相反的如廂軍表現優異，亦可升入禁軍。

（2）廂軍配置及人員多寡

A、廂軍配置：

廂軍兵科繁多，分屬於騎兵、步兵、水軍、雜役軍等多種，任務涵蓋由「工作、榷酤、水路運送、通道、山險、橋梁、郵傳、馬牧、隄防、堰埭」

〔註220〕《宋史》，卷一百九十三，〈志第一百四十六 兵七〉，頁4799。
〔註221〕王曾瑜，《宋朝兵制初探：增訂本》（北京：中華書局，2011年），頁263～264。

等類〔註222〕，可其包含範圍廣泛。他們配置是在「諸州之鎮兵」之下〔註223〕，所轄番號在淮建利，《宋朝廂軍研究》、柯弘彥，《宋代廂軍的職務功能及其類型》的論著中皆有完整說明。

人員配置方面，皇祐五年（1053），統轄并州的韓琦提出，「請置壯城兵士，以五百人爲額。」〔註224〕元豐三年（1080），神宗下詔「敕諸路已置壯城兵士，其有城壁樓櫓去處，以城圍大小分爲兩等，大城五十人，小城三十人，專充修城，不許招揀塡別軍分。」〔註225〕此時各州壯城兵員最多以五百人爲限度，並依城池大小，派遣壯城兵士亦有一定原則。

B、廂軍人員多寡：

在北方軍事壓力下，廂軍於邊境禦遼人數，應不會少於二十萬人，由太祖開寶一直至仁宗慶曆年間，廂軍呈現快速成長，特別是太宗與眞宗對遼作戰時期，人數以倍率發展，至仁宗略有下降。一直到神宗熙寧年間，總數約在五十萬上下。〔註226〕至哲宗朝，根據呂大防奏章「具出天下禁軍、廂軍人數，禁軍五十五萬餘人，……廂軍二十餘萬人。」〔註227〕可知廂軍至北宋末期應是維持在二十萬上下。

（3）鄉兵的組成及配置

A、鄉兵的組成：

在防守城池上，因沿邊防線千里，禁軍、廂軍人員不足，故以鄉軍爲防守主力，「鄉兵者，選自戶籍，或土民應募，在所團結訓練，以爲防守之兵。」〔註228〕強壯、義勇爲其統稱，其在河北地區由來已久，自五代時瀛霸諸州已設置「強壯」。〔註229〕慶曆二年（1042），「籍河北強壯，得二十九萬五千，揀十分之七爲義勇，且籍民丁以補其不足。河東揀籍如河北法。」〔註230〕可見義勇是由強壯所分割出來，組成核心皆爲本地壯丁，由於邊防兵員眾多，軍費支出龐大，爲此廣設義勇，而有「義勇爲河北伏兵，以時講習，無待儲廩，

〔註222〕《宋史》，卷一百八十九，〈志第一百四十二　兵三〉，頁4644。
〔註223〕《宋史》，卷一百八十九，〈志第一百四十二　兵三〉，頁4639。
〔註224〕《續資治通鑑長編》，卷一七四，〈仁宗　皇祐五年五月丁巳〉，頁4210。
〔註225〕（宋）趙彥衛，《雲麓漫鈔》（北京：中華書局，2007年），頁218。
〔註226〕《續資治通鑑長編》，卷九十三，〈神宗熙寧四年三月辛丑〉，頁5348。
〔註227〕《續資治通鑑長編》，卷四七二，〈哲宗元祐七年四月辛丑〉，頁11274。
〔註228〕《宋史》，卷一百九十，〈志第一百四十二　兵四〉，頁4705。
〔註229〕《宋史》，卷一百九十，〈志第一百四十二　兵四〉，頁4711。
〔註230〕《宋史》，卷一百九十，〈志第一百四十二　兵四〉，頁4706。

得古寓兵於農之意。惜期束於列郡，止以爲城守之備。」〔註231〕因半農半兵，義勇所需支出的經費，遠較正規軍爲少，且只於農閒時校閱，相比之下，類似現今的徵兵制度，鄉軍具地緣性，熟知週邊自然環境，故能於敵來犯時，發揮守土禦敵的功效。

B、鄉兵的功用：

王曾瑜在《宋朝軍制初探（增訂本）》中提出，鄉軍在河北、河東地區的分佈範圍廣大，且無需政府供給薪餉。鄉軍沿襲後周軍制，北宋後又陸續增加不同番號之鄉軍，因而有河北、河東神銳；河北、河東忠勇；河北、河東強壯；河北忠順；河北、陝西強人；河東陝西弓箭手；河北、河東、陝西義勇，其中河北河東的神銳與忠勇，河北忠順在北宋前期或中期陸續廢止，河北、河東強壯，河北、河東、陝西義勇等，最後又於神宗朝併入保甲。

整體來說北宋各州郡幾乎都有鄉軍，他們以守禦城池爲第一要務，且皆爲重要城池，河北忠順「自太宗朝以瀛莫雄霸州、乾寧順安保定軍置忠順，凡三千人，分番巡徼，隸沿邊戰櫂巡檢司。自十月悉上，人給糧兩升，至二月輪半營農。」〔註232〕河北、河東強壯「寇至悉集守城，寇退營農。」〔註233〕河北陝西強人、砦戶、強人弓手「無事散處田野，寇至追擊。」〔註234〕以上可知調度鄉兵是有一定規範，定於農閒時期，冬藏後至隔年播種期開始前，始可以點兵教閱，其餘須不違農時，但如敵人入侵，即應馬上展開協同作戰，這亦是北宋抵擋契丹的預備兵力。

2、守城人員與城防設施建設關係

廂軍工作種類繁多，如以近代兵種而言就是工程兵科，《宋史》中即提及「諸路廂軍名額猥多，自騎射至牢城，其名凡二百二十三。」〔註235〕廂軍中專門負責城池建設和日常維修者爲壯城和牢城軍，與其他廂軍的區別之處，在於爲了保證城池的完善，壯城軍不負責其他雜役。由「壯城專治城隍，不給他役，別爲一軍。」〔註236〕可知其重要性。壯城、牢城在北宋北方地區皆有設置。

〔註231〕《宋史》，卷一百九十，〈志第一百四十二 兵四〉，頁 4706～4707。
〔註232〕《宋史》，卷一百九十，〈志第一百四十二 兵四〉，頁 4710。
〔註233〕《宋史》，卷一百九十，〈志第一百四十二 兵四〉，頁 4711。
〔註234〕《宋史》，卷一百九十，〈志第一百四十二 兵四〉，頁 4710。
〔註235〕《宋史》，卷一百八十九，〈志第一百四十二 兵三〉，頁 4644。
〔註236〕《宋史》，卷一百八十九，〈志第一百四十二 兵三〉，頁 4644。

（1）日常維護

在河北池城日常維修中，由熙寧三年（1070）神宗皇帝所下詔可知「河北及熙河路修城壘，河北所募兵五千人。」〔註237〕可見城池修築所需人力眾多。

英宗治平年間「陝西州軍悉置壯城如河北，以備繕完城壘之役。」〔註238〕此時已將防禦重心由北轉向西北，對付敵人由遼轉為西夏，因此才會下達要求城池修整的妥善率。

不過河北乃天下根本，位置極為重要，且在日常維修任務及防遼入侵戰役上，廂軍佔有很重的份量，故有歐陽修所提出「況除定州外，瀛、雄、祁、霸等州修城處，亦須向秋，見用強壯，一二年內，期可了當。」〔註239〕

（2）勞役不均問題

由於兵員人力不足，常有地方州縣官違背農時徵招廂軍或是鄉軍，進行各項工程，因不堪重役之下，人民怨聲載道，故而有各種的禁令詔書，不斷要求修築城池時，不得增加人民負擔，由當時下達的奏議可知，慶曆二年（1042年），宋仁宗頒布《禁河北籍彊壯修城詔》，「河北諸路州軍自修城，籍強壯，刺義勇，頗防農時。應見役去處，並令放免。」〔註240〕此詔令明確要求不得在農忙期間違背農時強行徵招壯丁修城，所有違背詔書的工事，都要馬上改正，讓人民返回其原本職務。

城池建設的工作量繁重異常，因此當某地修築城池人手不足時，會由其他地區調動人力進行整修，由歐陽修所上奏章可知「岢嵐軍地接草城川口，無險可恃，而城小壕淺，須合增城浚壕。其降指揮下河東，那打百草廂軍及本軍係役兵士，早并力修葺。」〔註241〕

歐陽修就勞役不均在《乞免差人往岢嵐軍築城札子》提出：

> 伏緣本路除祁、瀛、定、雄、霸等州見闕修城兵士處外，近又節次據滄、博州狀申，為河水之汎漲，向著緊急，乞差人夫兵士應副功役。……兼本路役兵多，惟河上及修城、西山采木等處各有人數，

〔註237〕《宋史》，卷一百八十九，〈志第一百四十二 兵三〉，頁4643。

〔註238〕《宋史》，卷一百八十九，〈志第一百四十二 兵三〉，頁4643。

〔註239〕《全宋文（33）》，卷六九五，歐陽修，〈再奏免差人往岢嵐軍築城箚子〉，頁18。

〔註240〕《全宋文（45）》，卷九六六，宋仁宗，〈禁河北籍彊壯修城詔〉，頁63。

〔註241〕《全宋文（32）》，卷六九一，歐陽修，〈論西北事宜札子〉，頁323。

> 河上既不可抽那，若抽河北修城兵士與河東修城，又兩處事體不異。
〔註242〕

針對調派人員由河北去河東修繕城池，歐陽修頗不以為然，並舉出河北修繕人員已不足，且勞役繁多，且修河修城伐木各有特定人員，如果這些人員都不可調動，那為何要抽調河北兵士去河東從事勞役。

他在另一奏章又再次建議：

> 況北虜縱有事宜，必先河北，河北重地，莫如定州。今定州所修城
> 池，將元記工料及見役人數，亦須五六年方了。今若更抽減人往河
> 東，即河北完緝禦備，全然弛廢。〔註243〕

在文中將對遼軍務一並帶上，藉由定州之重要及禦遼的防秋工作，皆與強壯有關聯，藉此告知朝廷孰輕孰重。

北宋整個城池防禦就城防本身設施來說，陳規的《守城錄》可看出端倪，並由其區分得知舊制如下：

> 城門舊制，門外築甕城……甕城上皆敵樓，城上有敵樓……城高數
> 丈，舊制皆有門樓，別無機械不可禦敵……城門外壕上，舊制多設釣
> 橋，本以防備奔衝，遇有寇至拽起釣橋，攻者不可越壕而來……干戈
> 板，舊制用鐵葉釘裹，置於城門之前，城上用轆轤車放，亦是防過衝
> 突……城身舊制多是四方，攻城者往往先務攻角，以其易為力也。……
> 女頭牆，舊制於城外邊約地六尺一個，高不過五尺，做山字樣。兩女
> 頭間留女口一個。女頭上立狗腳木一條，掛搭皮，竹皮箇篙牌一片，
> 遮隔矢石。……馬面，舊制六十步立一座，跳出城外不減二丈，闊狹
> 隨地利不定，兩邊直覷城腳。其上皆有樓子，所用木植甚多，若要畢
> 備，需用毡皮掛搭。……羊馬牆，舊制州郡或無之，其有者亦皆低薄，
> 高不過六尺，厚不過三尺，去城遠近，各有不同。……城郭，舊制只
> 是一重，城外有壕，或有低薄羊馬牆者。……修城，舊制多於城外腳
> 下，獲臨壕栽了叉木，名為鹿角。〔註244〕

〔註242〕《全宋文（33）》，卷六九五，歐陽修，〈乞免差人往岢嵐軍築城箚子〉，頁16
　　　　～17。

〔註243〕《全宋文（33）》，卷六九五，歐陽修，〈再奏免差人往岢嵐軍築城箚子〉，頁
　　　　17～18。

〔註244〕（宋）陳規著；林正才注譯，《守城錄》（北京：解放軍出版社，1990年），
　　　　頁62～80。

陳規雖強調「以固爲本」的防禦設施，在守城錄中提出自己看法，並將北宋城池作一番改良修正，雖獨木難撐大局，北宋還是以亡國告終，不過他的著作卻受南宋所注重，對日後城池的興修有很大的貢獻。由上所述可以看出北宋邊防城池，如非重要府、州、軍等城，所建構的城防設施是薄弱且易於攻擊的。遼軍如入侵，應爲遼所一擊即潰的。北宋所立下之防禦體系，是在整個大環境下，所做出的因應方案，就本章節來看，藉由穩固重要城市，堅守待援，並誘敵深入，由後切斷遼軍補給，造成進攻騎兵斷糧，實爲這時期的軍事創舉，不能因長期的成見予以貶低，而需放大格局，考量當時國際情勢（北宋、遼、西夏、大理……等國），能以雄厚經濟力量，以撐待變，並透過外交力量，完成宋遼友好交流，保全軍民於戰亂中，且其所構築的防禦系統具有嚇阻作用功效，第一層在河北地區將有水地作爲塘泊，無水地植林以禦敵，再藉由第二層各州軍城池，完成防禦縱深的延長，並能確保層層抵抗，削弱敵軍入侵力道，最後倚靠黃河作爲保衛都城最後屏障，三者環環相扣，使北宋在澶淵議和後，能繼續維持百多年國祚，其邊防戰略所帶來的貢獻不可謂之不大。

第四章　北宋對遼的塘泊水利設施

　　何謂塘埭（泊）呢？由閻沁恒所說，蓄水爲塘，興堰成埭，兩字皆爲水利設施。「塘埭」爲宋代塘泊、塘淀、塘濼、陂澤、陂淀及陂塘的泛稱，原意爲儲水或注水入低下之地，用以飼養蠶蛤，栽植莞蒲，以疏導河水和灌溉民田。塘埭不僅只出現於於北宋河北地區的北、東部，江南一帶也隨處可見，但用於軍事一途者惟有在河北北部及東部的塘埭。〔註1〕它是以溝渠河泊陂澤與方田相連，結構成一防禦水網，以遏阻敵兵戎馬。〔註2〕

　　何以要興修塘泊？由秦漢迄五代，一直以長城爲抵擋北方游牧民族利器，北宋因喪失燕雲地理的防禦優勢，「河北……古之障塞，以盧龍山鎮爲限，五代以來陷于北土，今定州至西山，滄州距東海，地方千里，無險阻可恃。〔註3〕」在缺乏自然地理的燕山屏障，長城亦陷於遼之掌握中，造成傳統國防線的南移。北宋無長城可供依恃，整個華北平原即變爲騎兵長驅直入之地。契丹騎兵戰馬對氣候環境有特別要求，喜晴朗乾燥天氣，忌雨濘潮濕。因爲戰馬行走奔跑時，其四蹄乃圓柱型，能接觸地面面積狹小，且須承擔自身及騎士重量，在奔騰時地形以平坦乾硬最佳，如轉換爲泥濘淤泥地，將導致馬蹄深陷泥土中，無法自拔，成爲騎兵行軍之大忌。

　　北宋有鑑於此，提出以塘泊替代長城的構想，且塘泊日後功用，除防禦契丹入侵外，尚有農耕推展功效，亦可運送各項軍需物資。塘泊之功用

〔註1〕閻沁恒，〈北宋對遼塘埭設施之研究〉，《國立政治大學學報》（台北：政治大學，民國52年），第8期，頁247。

〔註2〕黃繁光，〈論宋眞宗對遼作戰與陣圖使用的關係〉，頁301。

〔註3〕曾公亮、丁度，《武經總要》，頁1111～1112。

一直至北宋末，哲宗朝右司諫王覿言：「河北塘泊之險，以大河橫流，漲爲平路者數百里，敵騎之來將通行而無礙矣，而莫有任其責者，此邊吏之不肅也」〔註4〕他認爲宋末塘泊無防禦功能，非塘泊本身因素而是邊臣怠惰所致。

北宋初，困於北方已無險可守，遂利用界河〔註5〕以南，由淀泊沼澤所組成的沿邊窪地，攔蓄海河水流，製造大片塘泊，作爲抵擋遼國騎兵入侵的天然防線，取代原本長城防禦。並屯墾種稻，以達「實邊廩」與「限戎馬」雙重功能。〔註6〕太宗淳化四年（993），由何承矩主持興建塘泊設施，調鎮兵一萬八千人，從順安軍以東修堤堰約六百里至霸州，並設置斗門進行調節，引水灌溉周邊農地。〔註7〕真宗時工程向順安西面擴展，自安肅東入雄州，西至威虜軍。〔註8〕仁宗時又引曹河、鮑河、徐河等水源，擴充塘泊的數量與面積。〔註9〕神宗熙寧年間，又引滹沱、葫蘆、漳、淇、易、永濟、唐、沙等河流，形成三十處由大小澱泊所組成的澱泊帶，西起保州，東至滄州泥沽海口，約八百里。〔註10〕這些塘泊由河北屯田司及沿邊安撫使管理，水位的深淺需定期向朝廷報告，可見其重要性。現今的白洋澱、東澱以及天津以南各個窪地，依稀可見北宋修建塘泊所留下來的遺址，至今仍保有蓄水灌溉的功能。〔註11〕

〔註4〕《續資治通鑑長編》，卷三百九十八，〈哲宗 元祐二年四月己亥〉，頁 9713～9714。

〔註5〕宋遼兩國交界，以海河流域之白溝河（拒馬河）爲界，稱爲界河。

〔註6〕《宋史》，卷一百七十六，〈志第一百二十九 食貨志上四〉，頁 4263。

〔註7〕《宋史》，卷一百七十六，〈志第一百二十九 食貨志上四〉，頁 4264。

〔註8〕《續資治通鑑長編》，卷五十五，〈真宗 咸平六年十月甲子〉，頁 2609。

〔註9〕《續資治通鑑長編》，卷一百十二，〈仁宗 明道元年八月壬午〉，頁 1214。

〔註10〕「至熙寧中，又開徐村、柳莊等瀵，皆以徐、鮑、沙、唐等河、叫猴、雞距、五眼等泉爲之眼，東合滹沱、漳淇易白等水並大河，於是自保州西北沈遠瀵，東盡滄州泥沽海口，凡八百里，悉爲潴潦，闊者有及六十里者，至今倚爲藩籬。」（宋）沈括，《夢溪筆談》（北京：北京燕山出版社，2009 年），〈權智〉，頁 127。

〔註11〕何乃華、朱宣清，〈白洋淀形成原因探討〉，《地理學與國土研究》第 10 卷第 1 期（石家莊：地理學與國土研究編輯部，1994 年）頁 54。

圖二十九：塘泊防線圖

中國兵工程學院中國築城史研究課題組《中國築城史》（北
京：軍事誼文出版社，1999 年），頁 170。

　　北宋對遼的國防線，河北塘泊及河東林木應為第一線防禦工事，又以河
北為重。故河北塘泊修建為北宋歷朝君主所重視，自太宗期即加以注意，眞
宗簽訂「澶淵之盟」後，河北塘泊亦加以開展，爾後由北宋中期所引爆的回
河之爭，雙方對黃河北流與東流各有立場，爭論不下，塘泊於持黃河東流立
場者口中，斥為無用，徒勞民傷財。持北流議論者，塘泊乃阻擋遼國鐵騎南
侵的一大重要工事，縱觀雙方說法，且查證史料，塘泊對北宋禦遼呈現了一
定的成效，非如東流者所提勞民傷財。整個塘泊設施應自神宗後才荒廢下來，
除黃河北流後對遼軍務日漸鬆弛，也因河北路久無戰事，邊防懈怠文恬武嬉，
以致邊防守備及作戰能力，逐年下降，無怪乎於徽、欽二宗時對金作戰時，
河北軍兵不堪一擊，需調河東及陝西兩路精兵，至河北作戰，等到此二路為
金兵所敗，整個北宋王朝即告崩毀。

在約米尼《戰爭藝術》中所提及，「若是一個國家的邊境上面，具有組織良好的障礙物體系，無論它們是天然還是人工的，例如高山、大河或是人爲的要塞，那麼這個國界本身，就可以當作是一種永久性的防線。〔註12〕」

另又提出河川防禦的重要性不外以下幾點〔註13〕：

1、當部隊要渡過大型的河川時，他們一定要選擇良好的渡河點，和構築必要的防禦工事。

2、一個軍隊只有在遭遇頓挫之後，或是實力眞正不如對方的時候，才可以採取守勢。在守勢作戰中，應儘量的利用天然和人工的各種障礙物，以及一切足以抵銷敵人優勢的方法，以來加強自己的防禦力量。

3、河川實在只是一種優良的補給線，而對於一條良好作戰線的建立，是一種強力的輔助工具，但是本身卻並不是一條作戰線。

4、防止敵人渡河只應以少數兵力看守整個河岸，切忌處處設防。

另一位軍事學家克勞塞維茨《戰爭論》所提出防禦方式，則較爲能展現北宋防禦的意圖：〔註14〕

1、氾濫地方面，進攻方只能沿著有限的幾條通道行進，這些通道都位於相當狹窄的堤壩上，左右兩側都有水渠，因而形成一條危險的隘道。

2、氾濫地防禦方也受到限制，對各個地段只能採取最被動防禦，因而只能寄望於被動的抵抗。

3、氾濫地適用一個國家只有在耕作發達，人口稠密的前提下，才有可能做到這點，通道和封鎖通道的陣地，自然比在其他戰略部署中要多的多，且防禦正面不應當是寬闊的。

4、沼澤地與窪地通常都很寬，防守通道的哨位，絕對不存在被進攻方火力壓制的危險；這種沼澤地與窪地（很寬的）可以列入世界上最堅固的防線。

5、河川（黃河）直接防禦，即阻止敵人渡河。

由以上兩位軍事學家所提出，北宋的戰略構想，實爲依靠北、東部低窪地區的塘埭建設，而拱衛京師的重點則是憑藉黃河天險，北宋所提出防禦部署與兩位西方軍事學家，相距約八百年，但北宋的塘埭設施實屬創舉，爲克

〔註12〕 《戰爭藝術》，頁98。
〔註13〕 《戰爭藝術》，頁71、78、80、192。
〔註14〕 克勞塞維茲著，楊南芳等譯，《戰爭論（下）》（台北：結頭鷹出版社，2001年），頁413、429～431。

服喪失燕山天險、長城的不利因素，累積前人經驗所建構之防禦設施，與後代軍事戰略家的防禦計畫相對應後，北宋先進的概念實不遑多讓，他們善加利用黃泛區不適人居泥濘遍布的艱困地形，製造出阻礙遼騎入侵的防禦設施，這亦是北宋軍事思想下，「以步制騎」防禦戰略所規劃的成果之一。

第一節　北宋塘泊的興築

一、宋之前的防禦建構

　　五代之前，除因自然地理環境燕山山脈阻擋北方遊牧民族入侵，且握有長城防禦以限華夷。中國自秦時期對外方針，即以長城爲區隔胡漢之分，秦朝於始皇二十六年（公元前 221），對於南北方做出一條分界線，「地東至海暨朝鮮，西至臨洮、羌中，……北據河爲塞，並陰山至遼東」〔註 15〕，以長城作爲保護農業民族的屏障，修築長城爲北界，抵禦匈奴。〔註 16〕

　　由《魏書》「高閭、孫欽傳」〔註 17〕所說：北方遊牧民族，其所擅長的是平原騎兵作戰，並且所欠缺的是攻城能力，如果能以守城戰來壓制游牧民族的騎兵，即使是遊牧民族兵馬眾多，也不能對我方造成威脅；游牧民族其家業是不離身旁的，行軍打仗也是如此，因此古人征伐北方遊牧民族，只是將其驅離領土以外，歷朝各代能成爲邊患者，就是因游牧民族掌控騎兵的迅捷及飄忽無常的優勢所致。由前朝雄才大略君王的長城構工可以知道，天險非自身所能主導，地勢在於以山川丘陵爲憑藉，藉此構築長城以防禦北方遊牧民族入侵，且在其周邊險要控扼之處營建堡寨，利用弓弩爲防禦武器，當敵人入侵時，憑藉武力捍衛自身城池，如此北方鐵騎既無法攻城，也無法掠奪，待糧食耗盡，只好敗走。

　　正因如此，可以知道漢人對於北方游牧民族，所採取的爲防守方式，以長城作爲第一道防線，由《遼史》兵備志記載得知：「其南伐點兵，多在幽州

〔註 15〕　（漢）司馬遷，《史記》（台北：鼎文書局，民國 84 年）卷六，〈秦始皇本紀第六〉，頁 239。

〔註 16〕　南戍五嶺，塹山填谷，西起臨洮，東至遼東，徑數千里。故大人見於臨洮，明禍亂之起。（漢）班固，《漢書》（台北：鼎文書局，民國 84 年）卷二十七下之上〈五行志第七下之上〉，頁 1472。

〔註 17〕　（北齊）魏收，《魏書》（台北：鼎文書局，民國 69 年）卷五十四〈列傳第四十二〉，頁 1201。

北千里鴛鴦泊。及行，並取居庸、曹王峪、白馬口、古北口、安達馬口、松亭關、榆關等路。」〔註18〕其進軍路線為突破長城關口而南下，但自後晉石敬瑭割「燕雲十六州」給游牧民族契丹（遼）之後，整個以長城為胡漢地理分界的藩籬被打破，包含地理位置優越的「五關」，亦淪為契丹之手，整個北方對外族屏障盡失。有「自飛狐以東，重關複嶺，塞垣巨險，皆為契丹所有。燕薊以南，平壤千里，無名山大川之阻，番漢共之。此所以失地利，而困中國也。」〔註19〕在遼國取得燕雲地區之前，遼軍向中原挺進時都要強攻長城關隘，遼取得燕雲後，與宋人征戰時，卻能從這一線，輕易出入中原。

因燕雲防禦優勢的喪失，一直困擾著宋朝國政及防禦政策。觀察遼、宋之間，遼軍事力量暫居上風，北宋經貿活動頗具優勢，綜合國力評估，雙方實力在伯仲之間，但北宋因缺乏產馬地，無騎兵之利，〔註20〕故使遼在冷兵器時期，得以發揮騎兵優勢，以武力威脅北宋國防安全。北宋自太祖、太宗朝完成南方底定，至太宗兩次北伐失敗後，即不再言收復燕雲失地，〔註21〕到了真宗朝澶淵之盟後，更是確定對遼以防衛為主軸，直至徽宗時因金兵興起聯合金人滅遼而有所轉變。

契丹因中原地區，五代相互征伐不斷，藉由鷸蚌相爭，坐收漁翁之利。才有日後石敬瑭以割讓燕雲之地作為換取王位的條件，契丹也得以乘勢立國為遼，造成北宋初得天下，即呈現宋、遼天下分治的局面產生。

（一）宋遼對峙下的地理分界

從遼太祖立國一直至北宋創建，中原一直處於分裂割據的局面，遼憑藉優勢武力逐漸往南擴張勢力。遼太祖神冊二年（917），因後唐將領周德威「恃勇不修邊備，遂失渝關之險。契丹每芻牧於營、平之間。」〔註22〕遼兵趁機攻佔榆關，即今山海關，從此遼人據有長城重要關隘「渝關」，控制了營、平二州。

〔註18〕 《遼史》，卷三十四，〈志第四 兵衛志上〉，頁398。

〔註19〕 《續資治通鑑長編》，卷三十，〈太宗 端拱二年正月乙未〉，頁667。

〔註20〕 「夫冀北、燕、代，馬之所生，胡戎之所恃也，故制敵之用，實資騎兵為急。」《續資治通鑑長編》，卷二十九，〈太宗 端拱元年十二月〉，頁659。

〔註21〕 「國家若無外憂，必有內患，外憂不過邊事，皆可預防。惟姦邪無狀，若為內患，深可懼也。帝王用心，常須謹此。」《續資治通鑑長編》，卷三十二，〈太宗 淳化二年八月丁亥〉，頁719。

〔註22〕 （宋）司馬光，《資治通鑑》（台北：洪氏出版社，民國62年）卷二六九，〈後梁紀四 均王貞明三年〉，頁8813。

　　遼太祖神冊三年（918），攻下營州，取得南下根據地。盧文進降遼後，據有平州一帶。〔註23〕太宗耶律德光，兵援石敬瑭滅後唐，雙方談判條件爲後晉割讓燕雲等地予遼，更進而使中原暴露於北方遊牧民族的威脅下。

　　宋太祖因北宋初建國，國力不足以支持北伐，迨平定南方割據政權，雖與遼國一直維繫和平共處關係，但他沒有放棄奪回燕雲的打算。由《澠水燕談錄》中所載可得知：

> 太祖討平諸國，收齊府藏儲之別府，曰封樁庫，每歲國用之餘，皆入焉。嘗語近臣曰：「石晉割幽燕諸郡已歸契丹，朕憫八州之民久陷夷虜，俟所蓄滿五百萬緡，遣使北虜以贖山後諸郡，如不我從，即散府財募戰士以圖攻取。」〔註24〕

宋太宗時，兩次向遼用兵，卻先後敗於高梁河、岐溝關之役而返。在此之後即改由遼國向北宋陸續發動攻擊，眞宗景德元年（1004），遼軍兵臨澶州城下，幸賴北宋領導階層處置有方，將士用命，簽定「澶淵之盟」，使遼宋關係達成一百多年的和平共存。

　　遼的南進和對燕雲的穩定經略，改變了自古中原王朝和北方游牧政權的政治地理。在五代十國的割據和更易中，契丹人突破了長城限制，把宋遼邊境向燕山以南推進，北宋的疆域則向南內縮。宋遼改以太行山爲界，呈現了東西不同的地理形勢，太行山以西，高山峻嶺，重巒疊嶂，難於進攻，易於防禦，人行山以東則是一望無際，有利遊牧民族騎兵的作戰。

　　太行山以東，在宋之前南北分界主要爲長城帶東段，長城帶北部的內蒙古高原地面平整，成爲了天然的軍事屛障。人工修築的長城更加強了這一地帶的防禦功能。所以說長城是分隔南北的界線。

　　遼國跨越了長城，據有了山前之地後，北宋門戶大開，與遼國沿邊之間已無險可守，平遠廣野，易於遼國騎兵馳逐往來，遼人可選擇多點，向北宋發動進攻。北宋處處面臨來自遼國入侵的危險，其防禦成爲重要的問題。歐陽修在〈塞垣〉中提出：

> 今劃塞垣也，自滄海、乾寧、雄、霸、順安、廣信、由中山拒關、代，自茲關東無復關險。故契丹奄有幽陵，遂絕古今之隘，往來全

〔註23〕《資治通鑑》，卷二七十，〈後梁紀五　均王貞明三年〉，頁8818。

〔註24〕（宋）王闢之《澠水燕談錄》（北京：中華書局，1981年），頁3。（宋）歐陽修，《歸田錄》（北京：中華書局，1981年），頁41。

師入寇，徑度常山，陵獵全魏，澶淵之意以至飲馬於何，蒸民不聊
生矣。非北虜雄盛如此，失於險固然也。今既無山阜設險，所可持
者，惟夾峙壘，道引河流，故其復水，爲險峻之勢，就其要害屯以
銳兵，茲亦護塞垣之一策也，今廣信之西有鮑河，中山之北有唐河，
盡可開決水勢，修利陂塘。或道自長河以下，金山以北，派於廣信、
安肅，達於保塞。或包舉蒲陽，入於陽城，然後積水瀰漫，橫絕紫
塞，亦可謂險矣。〔註25〕

因北宋天險已失，邊境呈現漏洞，北宋所能設想的國防建設，在陸上則是扼
要害屯重兵抵禦，近河川即爲塘泊，並由歐陽修所言，可知塘泊被時人比擬
爲天險的重要守備設施。

北宋亦於遼滅後，尚妄想金能依雙方協約中的條款，歸還之前北宋歷朝
皆無力收回的燕雲十六州，並借由收復失地，重新規劃長城防禦，以免再招
異族入侵。但終北宋一朝，既無能也無力復興燕雲失地，甚而連防線都退至
淮水以南，徒留懷鄉憂民之人無限感慨。

二、北宋塘泊的興修起因

河北的地勢平坦，地形上西高東低，北宋的防禦構思爲沿界河東下，將
宋遼邊境，以保州爲分界，東從泥姑河海口，西至保州數百公里塘水瀰漫，
遼騎兵難通，保州以西至太行山下並無塘水，近二百里無險可守。當時即有
規劃藉由地利所建構的禦遼措施，但尚未將塘泊防禦付諸實行。

北宋塘泊興建的起因不外乎以下各點：

1、河北爲北宋諸路中經濟較發達地區，尤其是以絲織業爲主，乃北宋經
　　濟命脈之一。〔註26〕

2、北宋保州爲趙氏祖陵所在，具有政治性指標。〔註27〕

3、河北爲防禦遼入侵第一國防線。

由以上因素可知，宋對遼的塘泊防禦有其政治及經濟目的，藉由塘泊的
興築以確保國脈的延續。

〔註25〕　《全宋文（34）》，卷七三二，歐陽修，〈塞垣〉，頁404。

〔註26〕　「河北路：繭絲、織紝之所出」。《宋史》，卷八十六，〈志第三十九　地理志二〉，
　　　　頁2130。

〔註27〕　左侍禁、雄霸等路走馬承受林伸言：「國朝上世陵寢在保州保塞縣東，猶有天
　　　　子井，御城花卉爲飾」。《續資治通鑑長編》，卷一百九十四，〈仁宗　嘉祐六年八
　　　　月乙丑〉，頁4699。

　　究其塘泊興築原因，爲北宋的河北地區除西部太行山憑藉地勢險阻，
軍事武力不易入侵。東部地區四野平坦，遼騎可策馬長驅直入。太行山以
東至保州，此處一直是遼宋雙方爭奪之重點，也是《讀史方輿紀要》中所
提及的：

> 宋置保塞軍，爲備邊要地。時易州既沒於契丹，軍城以西，塘水差
> 少，於是廣植林木，以限朔騎奔衝。蓋府境自西而北而東雖多層巒
> 列嶂，而步騎易於突入，自東而南地尤坦平，滱、易諸川塘濼之利，
> 皆在安州以東，故宋人保塞之備，比諸邊爲尤切。〔註28〕

正因此地對北宋的重要性，故有「府重山西峙，群川東匯，宣府、大同爲
之屏障，倒馬、紫荊爲之阻隘。聯絡表裏，翊衛京師，誠重地也」〔註 29〕
之稱呼。

　　太宗朝時，由於歷經「高梁河」、「岐溝關」兩次北伐的失敗，並挑起遼
國展開報復行動，南下攻宋，期間歷經不下十次以上大小戰役，宋人一邊防
禦遼入侵，一邊不斷加強對遼國的防禦工事。設法延遲阻礙遼騎進逼，並派
重兵把守宋遼之間的孔道。除屯駐大軍外尚有各種抵抗措施，在北宋所謂「設
險以固國」的戰略構想，應爲眞宗朝君臣間的對話。眞宗詢問宰相呂蒙正意
見時所說：「太宗朝，翰林天文官孫士龍嘗請於北邊置方田，及令民疏溝塍，
可以隔礙胡馬」〔註30〕由眞宗所提問題，可知此防禦設施太宗朝即已提過。
興建塘泊、屯田者的主要理由有二，一則可以擴大農業收入；另一則爲設險
以阻契丹。宰相呂蒙正的回答，太宗朝因環境未成熟，遭受諸多反彈聲浪，
即工程龐大，勞民傷財，得不償失，另一是設險以守國當是示弱，爲武臣所
不恥云云。〔註31〕

　　知滄州節度副使何承矩，向朝廷上奏在河北緣邊修築塘泊屯田之利。關
於此次上奏，在《宋史》有記載：

> 臣幼侍先臣關南征行，熟知北邊道路、川源之勢，若於順安砦西開
> 易河蒲（今高陽縣南浦口）口，導水東注至海，東西三百餘里，南

〔註28〕《讀史方輿紀要》，卷十二，〈北直三〉，頁 507～508。
〔註29〕《讀史方輿紀要》，卷十二，〈北直三〉，頁 507。
〔註30〕《續資治通鑑長編》，卷五十一，〈眞宗 咸平五年四月乙酉〉，頁 1126。《宋會
　　　　要輯稿》兵二十七之七，頁 7250。
〔註31〕「太宗已命方田使副，而中外咸以爲動觸勞費，恐無所利。當時武臣輩亦恥
　　　　於營葺，遂罷之。」《續資治通鑑長編》，卷五十一，〈眞宗 咸平五年四月乙
　　　　酉〉，頁 1126。

> 北五七十里，兹其陂澤，可以築堤儲水爲屯田以助要害，免蕃騎奔
> 軼，俟其歲間，塘注關南諸泊，定水播作稻田，其緣邊州軍地臨塘
> 水者，只留壯城軍士，不煩發兵廣戍，收水田以實邊，設險固以防
> 塞，春夏課農，秋冬備寇，縱膽師旅，不失耕耘，不費國用，不勞
> 民力，如此則虜弱我強，彼勞我逸，以強備弱，以逸待勞，制匈奴
> 之術也，順安以西至西山道路百里以來無水田處，亦望遣兵戍以練
> 其精銳，擇其將領以去其冗繆。……水田之盛，誠可以限戎馬，而
> 省轉粟之費，實萬世之利也。〔註32〕

何承矩自年少所得到的經歷，深知以順安軍爲區別，其東地勢低漥，藉由
導水爲塘泊，建構長三百餘里，寬五、七十里的人工湖，利用塘泊的儲水
功能，可做爲屯田種稻之用，並以此做爲防禦，使遼騎兵無法突奔，轉移
攻擊方向。塘泊的益處一則收倉廩實邊，一則藉諸泊禦敵，且無需重兵千
里把守；順安軍西面無塘水處，委派精兵把守，善選將領固防，以備敵軍
來襲。水田的利用可限制遼騎的進逼，又能省下糧食北運的費用，實在是
福國利民之事。

　　經歷太宗朝二次北伐失敗之後，北宋最擔憂者就是遼的報復與入侵，但
一直摸索應如何抵擋，知雄州何承矩於眞宗即位後不久，即提出自己的對遼
防禦構想：

> 山陵水泉，地陣也。……今用地陣而設險，以水泉而作固，建爲陂
> 塘，互連滄海，縱有敵騎，何懼奔衝。昨者，戎人犯邊，高陽一路，
> 東負海，西抵順安，士庶安居，即屯田之利也。今順安西至西山，
> 地雖數軍，路才百里，縱有邱陵岡阜，亦多川瀆泉源，儻因而廣之，
> 制爲塘埭，則可戢敵騎、息邊患矣。〔註33〕

由其所提出將塘泊做爲防禦的規劃，引發眞宗在河朔地區修築塘水阻擋遼
兵，爲此事曾言：「今若行此，亦治敵之長策，然河朔屢有差役，不可重勞，
宜喻有司徐經度之。」〔註34〕在眞宗所應對其內容可看出，塘泊是一種試驗
性質的工程，是否可成尚未可知。

　　眞宗朝欲興修塘泊以禦敵，起初實爲見招拆招，因河北已駐紮重兵，宋、

〔註32〕　《宋史》，卷二百七十三，〈列傳第三十三 何繼筠傳附何承矩傳〉，頁9328。
〔註33〕　《續資治通鑑長編》，卷四十七，〈眞宗 咸平三年四月庚戌〉，頁1009～1010。
〔註34〕　《續資治通鑑長編》，卷五十一，〈眞宗 咸平五年四月乙酉〉，頁1126。

遼雙方軍隊一直僵持不下，跨地遠征的北宋，在物資運補上，需耗費龐的大人力物力運輸，長久之下龐大的軍用開支，非北宋財政經濟所能負擔，故而眞宗提出其防禦構想：

> 今河北已屯大兵，而邊將屢奏敵未有隙，且聚軍虛費，則民力何以充給？朕竊思之，不若因其所制置以爲控扼之利。靜戎、順安軍先開營田河道，可以扼黑盧口、三臺、小李路，又得通漕極邊。當令承此開浚，使及軍城。敵或撓吾役，即合兵擊殺。李沆等咸曰：「設險興功，守邊之利。沿邊守臣，苟漸爲之制，以增邊備，善莫大焉。」上曰：「營田河道，自來建議，多爲將帥所沮，皆云甲馬雄盛，不宜示弱。殊不知不戰而屈人兵，法之善者。況國家訓卒練兵，大爲之備，亦非全恃此險。」沆曰：「功之難成，蓋人人互執所見。參驗而行，實爲至便。」〔註35〕

爲了不再因聚集重兵千里佈防，白白消耗國力，所以有利用地形環境之法出現，在靜戎及順安軍駐紮地區先開河道營田，可管控三路遼入侵地帶，並且藉由通漕運，將物資北運。初時推動頗多阻礙，因守邊將領認爲與遼軍主力決一勝負才是強者作爲，不想藉由塘泊之力以對遼示弱，故有李沆對此問題採取先做並實施，再行觀察後效的方式出現。

眞宗咸平六年（1003），靜戎軍王能開闢方田有成，上奏提出：

> 靜戎軍王能奏於軍城東新河之北開田，廣袤相去皆五尺許，深七尺，狀若連鎖，東西至順安、威虜軍界，必能限隔戎馬，縱或入寇，亦易於防捍，仍以地圖來上。上召宰相李沆等示之，沆等咸曰：「沿邊所開方田，臣僚累曾上言，朝廷繼亦商搉，皆以難於設防，恐有奔突，尋即罷議。今專委邊臣，漸爲之制，斯可矣。乞并威虜、順安軍皆依此施行。且慮興功之際，敵或侵軼，可選兵五萬人分據險要，漸次經度之。」〔註36〕

此處所提及的方田，即爲利用塘泊之水，做出類似陷馬坑的水田，〔註37〕其長寬爲五尺，深七尺，狀若連鎖。方田發展過程，王曉波《宋遼戰爭論考》〔註38〕有詳實考證。方田與屯田皆爲遼騎入侵的阻礙設施。只是方田更具有

〔註35〕《續資治通鑑長編》，卷五十五，〈眞宗　咸平六年八月甲戌〉，頁 1210～1211。
〔註36〕《續資治通鑑長編》，卷五十五，〈眞宗　咸平六年九月甲子〉，頁 1214。
〔註37〕一種防禦工事，要隘處掘土爲坑，以使敵兵馬陷入，內中有鹿角槍、竹籤。
〔註38〕王曉波，《宋遼戰爭論考》（成都：四川大學出版社，2011 年），頁 84～89。

防禦性，正因沿邊州軍認可此項設施，不再如太宗朝軍人恥於經營，故而眞宗頒布，於塘水充沛處，廣置方田，以達限制遼騎突衝，至此後成爲定制，將塘泊作爲抵擋遼騎的主要工事就此開展。

三、北宋塘泊的建構與分布

北宋塘泊建構應由太宗朝，制置河北緣邊屯田使何承矩，〔註39〕「發諸州鎮兵萬八千人給其役，凡雄莫霸州、平戎破虜順安軍興堰六百里，置斗門，引淀水灌溉。」〔註40〕以此爲起點，開始延伸拓展，並確認爲北宋禦遼基本設施。

景德元年（1004），北宋的塘泊又從安肅軍向西延伸到保州，北宋的塘泊工程大致上已完成建構。從地理上來講，保州以西地區臨近太行山，地勢高仰，不適修築塘泊；另一因素，即爲景德元年（1004）澶淵之盟遼宋議和後，誓書中明確規定：「不得創築城隍，開掘河道。」〔註41〕遼宋間的軍事平衡形成，遼國以誓書約束北宋不再擴展塘泊，北宋如約禁止一切違背誓書之情事發生，因此在眞宗景德四年（1007）有如下對話：

> 雄州李允則於城外疏治渠田，邊臣奏渠通界河，慮爲戎人所疑。陳堯叟請亟罷之。上曰：「決渠障邊，乃防遇所須，然誓書舊約不可不守也。」
>
> 壬寅，詔自今緣邊城池，依誓約止行修葺外，自餘移徙寨柵，開復河道，無大小悉禁止之。〔註42〕

塘泊起迄在《宋史》、《武經總要》、《續資治通鑑長編》略有不同，現以《續資治通鑑長編》爲準，分述如下：〔註43〕

（1）東起滄州黑龍港口，西至乾寧軍，東西長一百二十里，寬九十至一百三十里，水深五尺。

（2）東起乾寧軍，西至信安軍，東西長一百二十里，寬三十至五十里，水深六尺或丈餘。

〔註39〕 （宋）陳師道，《後山叢談》（北京：中華書局，2007年），頁22。

〔註40〕 《續資治通鑑長編》，卷三十四，〈太宗 淳化四年三月壬子〉，頁747。

〔註41〕 （宋）葉隆禮《契丹國志》（上海：上海古籍出版社，1985年），卷二十，頁190。

〔註42〕 《續資治通鑑長編》，卷六十五，〈眞宗 景德四年五月壬寅〉，頁1455。

〔註43〕 《續資治通鑑長編》，卷一百十二，〈仁宗 明道二年三月己卯〉頁2607、2608，《宋史》，卷九十五，〈志第四十八 河渠志五〉，頁2358～2359。

（3）東起信安軍永濟渠，西至霸州莫金口，東西長七十里，寬五十至六十里，水深六到七尺。

（4）東北起霸州莫金口，西南至保定軍父母砦，東西長二十七里，寬八里，水深六尺。

（5）東南起保定軍，西北至雄州，東西長六十里，寬十五至二十五里，水深八到九尺。

（6）東起雄州，西至順安軍，東西長七十里，寬三十至四十五里，水深六、七尺或一丈。

（7）東起順安軍，西經邊吳淀至保州，東西長三十餘里，寬一百五十里，水深一丈或一丈三尺。

（8）東起安肅、廣信軍之南，東至保州西北，東西長二十里，寬十里，水深五尺。

（9）保州以西，有西塘泊，東西長十里，水深三至五尺。

整個塘泊工程至保州西部，因地勢突起，塘水不可達，有主張另立堡寨以資防備的奏章，〔註44〕可知整個華北地區，只要水量豐沛地勢平坦或低窪處，皆是塘泊的範圍地。

整個塘泊東起滄州西至保州，由滄州、乾寧軍、信安軍、霸州、保定軍、雄州、順安軍、安肅軍、廣信軍、保州等河北沿邊十州軍，〔註45〕形成了「河北塘濼，東距海，西抵廣信、安肅，深不可涉，淺不可舟，故指為險固之地」〔註46〕的塘泊防禦地區。熙寧八年（1075）時，又在定州北修建水田，使塘泊的建構又向西延伸。〔註47〕

北宋從開始修築塘泊起，就與屯田緊密相聯，北宋在河北大興以禦遼為目的的屯田。溝洫縱橫也成為遏制遼騎侵略的障礙。塘水之間分布著水陸屯田，屯田之間綿延無盡，水渠相連，塘泊和屯田及榆塞並稱為河北之險，是一個為防禦遼國騎兵突入的人工設險系統。

〔註44〕《全宋文（27）》，卷五七九，郭諮〈大水禦戎之要奏〉，頁228。

〔註45〕神宗朝無滄州而有莫州，應於黃河北流有關「莫霸保雄州、安肅廣信順安信安乾寧保定軍，皆並邊阻溏濼。」《續資治通鑑長編》，卷二百十一，〈神宗　熙寧三年五月癸巳〉頁5120。

〔註46〕《宋史》，卷九十五，〈志第四十八　河渠五〉，頁2363。

〔註47〕《全宋文（77）》，卷一六八六，沈括〈乞詳酌河北西路邊防數事奏〉，頁258。

圖三十：北宋整體防禦體系圖

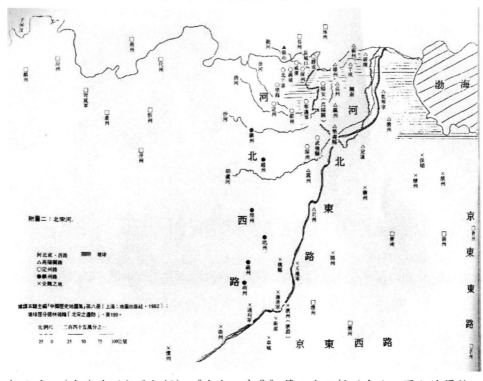

柳立言，〈宋遼澶淵之盟新探〉，《宋史研究集》第二十三輯（台北：國立編譯館，民國 84 年）

第二節　宋遼對峙時期的塘泊防禦成效

一、北宋初期塘泊防禦成效

（一）太祖至太宗時期

　　綜觀史料記載，太祖朝應無任何塘泊設施出現，由太祖立國的國策到所有北伐計畫中皆未提及塘泊問題，可知太祖當時尚未有此一選項出現。但不論其目標為何？主要目標還是恢復燕雲之地，以天然國界燕山為防禦的指標，將長城作為分隔夷夏的人工設施，另由王安石與宋神宗的對話亦可知：

> 王安石與上論塘泊，上以為王公設險守國，安石曰：「誠如此，周官亦有掌固之官，但多僑民囗，特以為囗，乃此訓也。太祖時未有塘

泊，然契丹莫敢侵軼。」上曰：「與之和。」安石曰：「彼自求和，
非求與之和也。周世宗即不曾與之和，然世宗能拓關南地，彼乃不
能侵軼。〔註48〕」

宋人設險阻擋遼國的建議，查閱史料上的記載，最早應於瑞拱二年（989）提
出：

自雄州東際於海，多積水，契丹患之，不得肆其擾突；順安軍西
至北平二百里，其地平曠，歲常自此而入。議者謂宜度地形高下，
因水陸之便，建阡陌，浚溝洫，益樹五稼，可以實邊廩而限戎馬。
〔註49〕

此因太宗北伐失利，導致反攻爲守的防禦佈局出現，不過卻困於主戰勢力
太大，且當時情況未達緊要，被負責營造的左右諫議大夫陳恕、樊知古反
對，〔註50〕最後胎死腹中而未成行。

但到了淳化四年（995），何承矩至滄州後，即建議屯田，究其原因爲：

河朔頻年霖雨水潦，河流湍溢，壞城壘民舍，處處蓄爲陂塘，妨民
種藝。

於是，承矩請因其勢大興屯田，種稻以足食。會臨津令黃懋亦上書，
請於河北諸州興作水田，懋自言閩人，「本鄉風土，惟種水田，緣山
導泉，倍費功力。今河北州軍陂塘甚多，引水漑田，省功易就，三
五年內，公私必獲大利。〔註51〕

此處謂公私必獲大利，所指即是農作物收成增加，地方州軍糧食自給自足，
人民可以安飽，國家財政收支提升，同時兼顧到對遼防禦，可說一舉數得。
但卻遭受各種流言蜚語交相指責，反對聲浪頗大，且武臣亦認爲將領應於沙
場建功立業，而非務農，藉由屯田來削弱遼之騎兵進攻，進行消極抵抗，種
稻一度未能成功，最後歷經各項非議下完成，有「莞蒲、蜃蛤之饒，民賴其
利。」〔註52〕

〔註48〕《續資治通鑑長編》，卷二百四十五，〈神宗 熙寧六年五月甲子〉，頁5958。
〔註49〕《宋史》，卷一百七十六，〈志第一百二十九 食貨上四〉，頁4263。《宋史》，
　　　　卷九十五，〈志第四十八 河渠五〉，頁2364。
〔註50〕「極言非便。行數日，有詔令修完城堡，通導溝瀆，而營田之議遂寢」《宋史》，
　　　　卷一百七十六，〈志第一百二十九 食貨上四〉，頁4263。
〔註51〕《續資治通鑑長編》，卷三十四，〈太宗 淳化四年三月辛亥〉，頁747。
〔註52〕《宋史》，卷一百七十六，〈志第一百二十九 食貨上四〉，頁4264。

（二）真宗時期

1、真宗朝之塘泊

（1）澶淵之盟前的塘泊防禦

在澶淵之盟前宋遼間較重要戰事，由至道元年（995）的契丹寇雄州，至景德元年（1004）遼軍南下直逼澶州城池止。期間共六次戰役，除至道元年（995）由雄州入境，其餘皆從保州以西犯宋，這些地區正是無塘泊防禦之處。〔註53〕

在第六次時，眞宗景德元年（1004）接獲沿邊守軍（威虜軍、莫州）通報，遼率大軍約十六萬人南侵，〔註54〕爲因應遼國的攻擊，眞宗提出：

> 敵騎利野戰，繕完城堡，或非其意，即詔邊臣謹斥候，敵若有事於三城，則併力城望都，以大兵夾唐河，令威虜靜戎順安軍、北平寨、保州嚴兵應援，仍廣開方田以拒戎騎。若猶未也，則以修新寨爲名，儲木瓦於定州。〔註55〕

此時北宋已廣開與塘泊相輔相成的方田作爲防範措施。同時儲備充分的作戰物資於定州抗敵。北面都鈐轄嚴承翰亦提出補充政策：

> 請自嘉山東引唐河三十二里至定州，釃而爲渠，直蒲陰縣東六十二里，會沙河，經邊吳泊入界河，可行舟楫，不唯易致資糧，兼可播種其旁，且設險以限戎馬，從之。〔註56〕

其後整個戰略防禦廣收成效，而有「保州屯田，漸見功緒。若墾闢不已，必大有成。」〔註57〕又提出自北平寨築隄導河水灌入才良淀，「上以北面功役煩重，漸及炎夏，慮長吏不能優恤，又閱北面地圖，才良淀勢極卑下，至夏秋積水，不假人力，故有是詔。」〔註58〕此時因國防經費不足，無法支撐修建塘泊，故而順勢利導，以最少支出來達成塘泊的構築，完成禦遼設施。

在景德元年（1004）六月，興築之塘泊已相繼完工，由眞宗提出總結，

〔註53〕陶玉坤《遼宋關係研究》（呼河浩特：內蒙古大學博士學位論文，2005年），頁53。

〔註54〕《續資治通鑑長編》，卷五十六，〈眞宗 景德元年正月丙申〉，頁1226。

〔註55〕《續資治通鑑長編》，卷五十六，〈眞宗 景德元年正月丙申〉，頁1226。

〔註56〕《續資治通鑑長編》，卷五十六，〈眞宗 景德元年正月壬子〉，頁1228。

〔註57〕《續資治通鑑長編》，卷五十八，〈眞宗 景德元年四月辛未〉，頁1234。

〔註58〕《續資治通鑑長編》，卷五十六，〈眞宗 景德元年四月壬午〉，頁1235。

因而有以下所言：

> 今年北面防秋兵馬，已各有制置。順安、靜戎軍，先開河道屯田，
> 導治溝洫，以爲險阻。蓋欲保庇邊民，俾其耕殖，今聞戎人欲自西
> 路入寇，必先分兵埋塞此溝洫河道，靜戎、順安軍屯兵既少，難於
> 赴援。若果爲敵所埋塞，即異時修復，倍爲煩費。況此設險之計，
> 蓋邊臣上言，因從其請。朕嘗諭之，若鬥寇犯邊，須別爲備禦，此
> 險亦不足恃。平時賊騎偵邏，即有所限隔，自訖役以來，邊民得遂
> 耕種，頗亦安堵。朕熟計此，若必須固護河渠，即至時令莫州部署
> 石普移兵馬屯村西，寧邊軍部署楊延朗壁靜戎軍之東，兩軍屯田，
> 庶獲無虞，且可以斷黑蘆口萬年橋敵騎奔衝之路，及會諸路兵犄角
> 追襲。其地里稍遠難於守護處，縱爲賊所埋塞，異時修復，人亦自
> 無異議，卿等以爲如何？或難於分兵，守護亦無固必也。」李沆等
> 咸以爲便。庚辰，詔諭延朗及普等，仍益延朗兵滿萬人，務申嚴斥
> 候，以備侵軼。又詔北面緣邊州軍，河渠隄堰及屯田溝洫宜令所在
> 常切固護，毋使墮廢。〔註59〕

北宋此時逐漸發展出一套抵擋遼騎入侵的基本架構，主要憑藉塘泊河道的人
爲工事，但恐邊軍人數較少，如遭敵人將塘泊所填塞，無法馬上疏通，因此
在已構築的塘泊工事後，於重要地段建造堅固的城池堡寨，如順安、靜戎兩
軍，並將莫州及寧邊軍部隊移往兩地駐防，以備遼騎突奔，且兩軍互爲犄角，
而黑蘆口爲敵必經之地，可阻截遼騎的進犯，其主要戰略構思即是在塘泊防
禦不足處或是敵騎易於侵犯處，所設想的補強計畫。

正因有此配套措施，所以在十月遼軍大舉入侵下，北宋的邊防不至於遭
受鐵蹄蹂躪。但卻在整體大環境的考量下，包含武力是否足以抵抗、內部紛
爭及黃河水患問題，皆讓眞宗思量再三，簽下日後爲人所詬病的澶淵之盟，
但眞宗朝對北方防禦的設施，在經驗法則下的累積，使宋遼雙方能和平共處
近一百多年，是具有一定貢獻的。

（2）澶淵議和後對塘泊的限制及遵循

塘泊爲北宋對遼國的防禦設施，因此遼國對此工事有疑慮，故在景德元
年（1004），澶淵議和時，王繼忠就告知曹利用遼國的擔心，「南朝或于緣邊
開移河道，廣浚壕塹，別有舉動之意。因附會利用密奏，請立誓書，并乞遣

〔註59〕《續資治通鑑長編》，卷五十六，〈眞宗 景德元年六月丁丑〉，頁 1241～1242。

近上使臣持誓書至彼。」〔註 60〕此項通知，非爲擔憂宋對遼有所圖，而是藉由誓書來箝制北宋對遼防禦設施的增擴，進而遏止北宋有志之士提議對遼的反攻，其後於同年在雙方互換誓書上提出：

> 沿邊州軍，各守疆界，兩地人戶，不得交侵。或有盜賊逋逃，彼此無令停匿。至於隴畝稼穡，南北勿縱驚騷。所有兩朝城池，並可依舊存守，淘壕完葺，一切如常，不得創築城隍，開拔河道。
> 〔註 61〕

藉由誓書的條約確立，宋遼雙方一切依誓書進行，北宋更是深怕違逆遭受遼的指責報復，景德四年（1007）雄州李允則於城外疏治渠田，邊臣奏渠通界河，慮爲戎人所疑，陳堯叟請亟罷之。上曰：「決渠障邊，乃防遏所須，然誓書舊約不可不守也。」〔註 62〕由上例可知，北宋方面極力禁止任何挑釁行爲出現，即使是防禦設施的興築，亦擔憂成爲遼人興師問罪的藉口，所以禁止任何積極的防禦作爲。

咸平六年（1003）「詔靜戎、順安威虜軍界並置方田，鑿河以遏敵。」〔註 63〕在不增加造成遼人入侵藉口的防禦塘泊下，發展出一套可做爲後世依循準則。大中祥符七年（1014），「河北緣邊安撫使上制置緣邊浚陂塘築堤道條式、畫圖，請付邊郡屯田司提振遵守。從之。」〔註 64〕藉由文字配合圖示，將塘泊的製作及各項功用作一介紹，以便做依循的條件。

塘泊在眞宗朝爲時人倚爲長城者其原因，可由仁宗朝富弼所提河北守禦十二策中禦策中可知：

> 大抵敵騎率由西山下入寇，大掠州郡，然後東出雄、霸之間。景德前，二州塘水不相接，因名東塘、西塘。二塘之交，蕩然可以爲敵騎歸路，遂置保定軍介於二州，以當賊衝。厥後開道不已，二塘相連，雖不甚浩淼，而賊路亦少梗矣。然窮冬冰堅，旱歲水竭，亦可以濟，未爲必安之地。雖然，但少以兵控扼之，則敵騎無以過矣。

〔註 60〕 《續資治通鑑長編》，卷五十八，〈眞宗 景德元年十二月癸未〉，頁 1291。
〔註 61〕 《續資治通鑑長編》，卷五十八，〈眞宗 景德元年十二月辛丑〉，頁 1299。《契丹國志》，卷二十，〈契丹回宋誓書〉頁 193。
〔註 62〕 《續資治通鑑長編》，卷六十六，〈眞宗 景德四年五月庚子〉，頁 1455。楊家駱主編，《宋大詔令集》（台北：鼎文出版社，民國 61 年），頁 661。
〔註 63〕 《續資治通鑑長編》，卷五十五，〈眞宗 咸平六年九月甲子〉，頁 1214。
〔註 64〕 《宋會要輯稿》（兵）二七之一七，頁 7255。

　　自餘東從姑海，西至保州一帶數百里，皆塘水瀰漫，若用以為險，

可以作限。……今敵若寇邊，必由廣信西而來。〔註65〕

由以上說明可以得知，原本雄、霸兩州間不相連的塘泊，其中間坦途本為遼騎所歸返之路，後於兩塘水間設立保定軍為關隘，將遼軍北返之路阻隔，因此遼騎此後只能從廣信軍以西無塘水處入侵，北宋只需藉由少量軍力把守關隘，即可達成限敵出入的防禦建設，又可節省軍用耗費，避免冗兵過多的出現。塘泊的充分利用，雖有結冰的不利影響，但終究瑕不掩瑜，因而建構出北宋所需之防禦體系。

圖三十一：北宋遼騎入侵北返圖

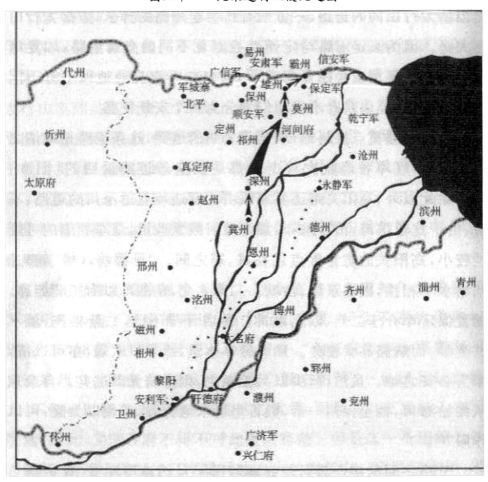

　　程龍，《北宋糧食籌措與邊防——以華北戰區為例》，頁 190。

<hr>

〔註65〕　《續資治通鑑長編》，卷一百五十，〈仁宗 慶曆四年六月戊午〉，頁 3648。

二、北宋中期塘泊防禦成效

（一）仁宗朝

仁宗寶元元年（1038）曾發生大旱，造成塘泊缺水枯涸，河北屯田司於石塚口導百濟河水，以注緣邊塘泊，但卻因所經河道破壞民田，造成人民損失，故上奏要求減免田租稅收。〔註66〕雄州葛懷敏所遭遇的是塘泊乾涸，又擔心契丹使者準備至宋，雄州為必經之途，故將界河水引導至塘泊，使塘泊恢復舊觀一如往常。兩人所做的抉擇，〔註67〕雖將民生與國防同時考量，但仍不得不做出損毀民田以資禦敵的抉擇，主要著眼在如何以塘泊阻止契丹騎兵入侵。

另一實例為西夏與北宋於慶曆二年（1042）所發生的戰役，大臣郭諮奏報「恐契丹背盟犯界，請決御、洨、葫蘆、新、唐五河，使之北出，則深、冀、瀛、莫諸州皆在水東，足以限隔敵騎。」〔註68〕他又提出：

> 「決黎陽大河，下與葫蘆、滹沱、後唐河相合，以注塘泊，混界河，
> 使東北抵於海，上溢鵝鶊坡，下注北當城，南視塘泊，界截敵疆，
> 東至海口，西接保塞。惟保塞正西四十里，水不可到，請立堡寨，
> 以兵戍之。」詔儲用興役，會契丹約和而止。〔註69〕

在此時已可知道，仁宗朝確定以塘泊為防禦主軸，但還擔心塘泊水量不足，引其他河水灌注，確保塘泊功能不減，維持防禦一定效用。

遼本想於宋夏交戰之際，取漁翁之利，故於慶曆二年（1042），「遣南院宣徽使蕭特末、翰林學士劉六符使宋，取晉陽及瓦橋以南十縣地；〔註70〕且問興師伐夏及沿邊疏浚水澤，增益兵戎之故。」〔註71〕一方面取回關南之地，以確保領土穩固；另一方面指摘北宋乃事件製造者，遼只是取回應有之地。遼在對宋國書上提出的猜疑問題「營築長堤，填塞隘路，開決塘水，添置邊軍」。〔註72〕可見塘泊對遼具有一定功用。另在劉六符到北宋後，向接伴使賈

〔註66〕《宋史》卷九十五〈志第四十八 河渠五〉，頁2360。

〔註67〕河北屯田司言，欲於石塚口導百濟河水以注緣邊塘泊，請免所經民田稅，從之。時歲旱，塘水涸，知雄州葛懷敏慮契丹使至測知其廣深，乃擁界河水注之，塘復如故。李燾《續資治通鑑長編》卷一百二十二，〈仁宗 寶元元年十一月己未〉，頁2887。

〔註68〕《續資治通鑑長編》，卷一百三十六，〈仁宗 慶曆二年五月甲辰〉，頁3247。

〔註69〕《續資治通鑑長編》，卷一百三十六，〈仁宗 慶曆二年五月乙巳〉，頁3248。

〔註70〕《後山叢談》，卷一，頁22～23。

〔註71〕《遼史》，卷十九，〈本紀第十九 興宗二〉，頁227。

〔註72〕《續資治通鑑長編》，卷一百三十五，〈仁宗 慶曆二年三月己巳〉，3230頁。

昌朝談塘泊問題：「南朝塘濼何爲者哉？一葦可杭，投箠可平。不然決其堤，十萬土壤，遂可逾矣。〔註73〕」此爲誇大威脅之語，果若如此，遼騎早於宋夏交戰之時，便可逕攻北宋，不須語出恐嚇。

　　北宋面臨遼的威脅，當時眾議紛紛而有將塘泊放水使其乾涸以駐養軍隊，但卻遭到翰林學士王拱辰反對，而提出遼朝藉由誇大武力行使兵法詭道讓北宋自毀長城，主動放棄塘泊的防禦，此說法深得仁宗皇帝所認可。〔註74〕也因爲關南地之爭也使北宋認識到和盟狀態下遼國對北宋的威脅，因此並沒有停止塘泊的修築，只是轉趨地下化。〔註75〕

　　歐陽修於慶曆四年（1044）對塘泊影響提出自身看法：

> 當今之議，要在乎河北、河東、陝西戍兵之地，……若遇水潦行流
> 之處廣直粳稻；雖荒隙原田亦當墾辟播以五穀，今河北保塞，……
> 悉有水地基址，……或曰：亦嘗有人建議，良以漑導之時，瀕水之
> 地，恐害及民田，由是而止。斯乃腐儒之見爾，非經遠之士也。夫
> 利害相隨，古猶未免。若利害相半憚，於改做猶可，苟利七害三，
> 當須擇地而行，豈可以小害而妨大利哉？〔註76〕

在塘泊防禦及民生耕種問題上，歐陽修認爲應以全民利益爲基礎，不能因少部分人之損失，放棄事關國防大計，塘泊的興築。

　　另張方平在慶曆年間對仁宗的上奏中明確指出塘水的成效，以塘水廣闊，遼人望而卻步，且除塘水外尚須靠州軍的協同防禦方保萬無一失。〔註77〕

　　仁宗慶曆五年（1045）由楊懷敏之奏章可知「前轉運使沈邈開七級口泄塘水，臣已亟塞之。知順安軍劉宗言閉五門幞頭港、下赤大渦柳林口，漳河水不使入塘，臣已復通之，令注白洋淀矣。」〔註78〕此處所提及劉宗言閉五

　　　對此次北宋因增塘而導致遼國索要關南十縣之事，直到以後宋人還以此爲
　　　鑒，由禮部尚書蘇轍言：「……慶曆中，契丹欲渝盟，先以增塘泊爲中國之曲，
　　　今乃招來其屬國（指高麗），使每歲入貢，其曲甚於塘泊。」《續資治通鑑長
　　　編》，卷四百八十一，〈元祐八年二月辛亥〉，頁11438。

〔註73〕《續資治通鑑長編》，卷一百三十五，〈仁宗　慶曆二年四月庚辰〉，頁3235～
　　　3236。

〔註74〕《續資治通鑑長編》，卷一百三十五，〈仁宗　慶曆二年四月庚辰〉，頁3236。

〔註75〕約既定，朝廷重生事，自是每邊臣利害，雖聽許，必戒之以毋張皇，使敵
　　　有詞。《續資治通鑑長編》卷一百五十六，〈仁宗　慶曆五年七月壬子〉，頁3793。

〔註76〕《全宋文（34）》，卷七三二，歐陽修，〈兵儲〉，頁402。

〔註77〕《全宋文（37）》，卷七八八，張方平，〈請選擇河北沿邊守臣事奏〉，頁98～99。

〔註78〕《續資治通鑑長編》，卷一百五十六，〈仁宗　慶曆五年七月壬子〉，頁3793。

門幞頭港、下赤大渦柳林口，漳河水不使入塘，眞正原因乃是塘水滿溢造成招賢鄉六千戶爲水所擾，因此封閉漳河不使其注入塘泊。但楊懷敏的心態卻是有所爭議的，不知是以國防爲重而犧牲大眾黎民生計以維護國家長治久安，亦或是以個人榮辱爲導向，不顧百姓經濟民生。綜觀史料楊懷敏雖其心態可議，但其所爲卻爲北宋國防及人民皆所要承受的「必須之重」。

皇祐元年（1049）戶部副使包拯提出禦邊之策：

> 三路素爲控扼之所，中則梁門、遂城，南入眞定；西則鴈門句注，
> 南入并、代；東則松亭、石關，南入滄州。然松亭以南數百里，水
> 澤艱險，自北界而出者，則塘水足以限其來路。〔註79〕

將防禦區分爲三個區塊，東邊至松亭及石關，以南至滄州，期間塘水瀰漫，如果遼騎由北而南，正可以限制其由來方向。

包拯亦曾說過：「今高陽關一路，全藉塘水爲固。〔註80〕」可見於仁宗朝對塘泊的設施防禦應爲最完善及明確的。

另由張方平所言：「河朔之兵不啻三十萬，邊境千里，塘水居其八，得以專力而控要害。〔註81〕」以邊境千里之廣所佈防的兵員之眾多，如再依仗塘水的屏障，即可以專心固守要害之地以爲防禦。

塘泊的增加在北宋仁宗朝爲主要政策之一，且是在宋遼雙方默契下增長的，「今塘水東西三百餘里，多於先朝也。……契丹自知顧塘水之限，貪金繒之利，而不敢動者，五十年於今矣。〔註82〕」仁宗朝的塘泊較眞宗朝有所增長，且具一定成效。

在仁宗嘉祐四年（1059）因水患問題而有疏濬塘泊之議提出：

> 奉詔疏導緣邊積水，而順安軍牙家港十洪橋石水限地近北界不可
> 開。今欲調丁夫疏石塚等六口，以分邊吳諸淀夏秋漲水。乾寧軍自
> 東明港至獨流寨，凡有水口三十三，自可發泄水勢。莫州會賓口、
> 北堤口、泄水口、洛陽口并順安軍塘北護城堤，可令本處歲治之。
> 其塘泊高仰之地，聽人耕種夏田。」故命問專領之。〔註83〕

〔註79〕 《續資治通鑑長編》，卷一百六十六，〈仁宗 皇祐元年三月庚子〉，頁 3991～
3992。

〔註80〕 《包拯集校注》卷一〈請選雄州州官吏〉，頁 55。

〔註81〕 《張方平集》，頁 320。

〔註82〕 《續資治通鑑長編》，卷一百七十九，〈仁宗 至和二年五月癸亥〉，頁 4335～
4336。

〔註83〕 《續資治通鑑長編》，卷一百九十，〈仁宗 嘉祐四年八月己丑〉，頁 4590。

由上述可發現，塘泊的統整有專職官員負責，且爲免遼國藉口質問，特別交代地近北界的塘泊區域不得導引洩水，最後結果是在塘泊高仰處可爲耕種，此時可看出北宋的水利工程的進步，已有引水向上的技術，另外已做好了初步塘泊防禦，非如塘泊初建時期，只能於緣邊軍州平坦之處廣設塘泊以爲防禦，朝地勢高仰之處興築，這亦是契丹所不南侵與貪圖歲幣的原因之一。

嘉祐六年（1061）知河北刑獄張問，提出修整塘泊一舉數得之法：「奉詔相度河北八州軍塘濼，今若就塘出土作堤，以畜西山之水，則涉夏大河雖溢，而民田無衝浸之害。請下逐處，歲以時修築。〔註 84〕」藉由分段修築，且取用塘泊內的淤土，來做防護堤防，既可省時省力，也可以提防河水溢出之害，此一提議爲仁宗所允可。

（二）神宗朝

塘水多日結冰問題，一直困擾北宋防禦計畫。因應此一缺失，東頭供奉官趙忠政建議：「若自滄州東接海，西徹西山，倣齊、棣植榆柳桑棗，候數年閒可以限戎馬，然後召人耕佃塘濼，益出租，可助邊儲。」〔註 85〕以滄州爲近海低漥地段，且多日嚴寒而冰凍，致敵有可趁之機，造成北宋防禦上的漏洞。賴以禦敵的塘泊，面臨多日結冰及枯水期因素，而有以上所提議。

在《張方平集》中〈請委夏竦經置河東事〉「河北有塘水之險，城池樓櫓堅完，糧糧蒭藁有備，至於器械防守之具甚設，而有河、洛以通漕輓，其控禦之勢皆有素也。」〔註86〕另於〈請選擇河北沿邊守臣事〉：

> 陳頃年奉使，見北邊塘水渺渺如江湖，間有淺深，舟車皆不可渡，蓋占北疆三分之二，敵心依依，南望而跼蹐，亦知此爲憚也。……其塘北州軍，若雄、霸州、廣信、順安、安肅、永靜等軍，尤爲要害。何哉？有此州軍，則塘水之險爲我有。無此州軍，則塘水之險翻爲敵用。自慶曆二年爲敵要盟，更易誓書，緣邊州軍不得添屯兵馬。邇來諸州軍戍守漸虛，臣計河北備豫之策，莫此爲大。〔註87〕

張方平因見塘泊的寬廣而極力鼓吹以其爲防禦主軸，並配合沿塘泊所設雄，

〔註84〕《續資治通鑑長編》，卷一百九十四，〈仁宗 嘉祐六年七月己丑〉，頁 4690。
〔註85〕《續資治通鑑長編》，卷二百三十五，〈神宗 熙寧五年七月辛卯〉，頁 5707。
〔註86〕《張方平集》，頁 322。
〔註87〕《張方平集》，頁 323。

霸州及廣信、順安、安肅、永靜等軍的協防作戰模式，並以此加大防禦體系，將塘泊之險為北宋所獨占。這與克勞塞維茨《戰爭論》所提出氾濫地防禦方式雷同，「進攻方只能沿著有限的幾條通道行進，這些通道都位於相當狹窄的堤壩上，左右兩側都有水渠，因而形成一條危險的隘道。」〔註88〕並藉此屏障以被動轉為主動，有「毋恃敵之不來，恃吾有以待之」的充足準備。

神宗朝雖已與遼和平共處約五十年，但恐懼依然還在，故而不忘隨時派遣人員察看塘泊建設：

> 詔令皇城使程昉、河北緣邊安撫司屯田司同相度滄州界塘泊利害，
> 先是，議者以河朔地平，自保塞東雖以塘泊隔敵騎，而西至滿城僅
> 二百里，乃無險可恃，故向者敵入寇嘗取道於此，謂宜植榆為塞，
> 異時可依為阻固，以禦奔突之患，故有是詔。〔註89〕

在神宗要求程昉查看塘泊使用狀況前，有大臣上奏發覺如前代一樣問題，即保塞軍向西至滿城無塘泊可守，請求種植林木以為防禦。神宗知悉但卻未能深信，故而遣程昉前往察看，陪同者為河北緣邊安撫司屯田司，可知當是專門執掌塘泊的官員，在此北宋利用另一項限制遼騎兵突衝的利器，「榆塞」防禦。

自熙寧六年（1073）正式將河北路分為河北路東、西二路。河北西路察訪使沈括提出塘泊防禦的佈陣：

> 本路防邊事，重兵皆在定州，言邊備者惟以北平為兵衝，其保州
> 杜城以東有塘水之難，謀者未嘗為意。……近歷視邊境，竊見保
> 州以東、順安軍以西，有平川橫袤三十餘里，南北逕直，竝無險
> 阻，不經州縣，可以大軍方陣安驅，自永寧軍以東直入深、冀，
> 行於無人之地，定州但守杜城以西，兵未及移，則敵騎已越高陽
> 矣。或敵人自定州入寇，定兵必依西山扼其歸路，彼則束甲徑趨
> 順安，定人雖眾，兵不及施而敵已出塞。……相度得保州西至九
> 頃塘度七里以來，及保州東陽村隄以東至臧村隄度三十里，慶曆
> 中皆曾築隄壅水，遺跡尚存，若少加補完，西納曹、鮑諸水，則
> 杜城以東塘險相屬，敵騎出入，惟有北平一路。定州之兵依險為
> 陳，犄角牽制，滹沱橫潦為難，則可以制其前；塘河之流可決，

〔註88〕《戰爭論（下）》，頁101。
〔註89〕《續資治通鑑長編》，卷二百四十，〈神宗 熙寧五年十一月甲子〉，頁5834。

則足以斷其後。有以待敵而致其必來，此必勝之術也。今具圖進
呈，其詳悉地步別具條。」〔註90〕

神宗時塘泊已開始淤積，在河北西路以保州以東，順安軍以西變爲平坦曠野，
造成遼騎得以長驅直入，定州部隊尚未移動，遼騎已經略過高陽關而去。如
果遼人由定州入侵，防守定州軍士，一定由太行山扼其北歸之路，但遼騎早
以輕裝束甲，由順安軍防守地北返。因此在保州以西、杜城以東，疏濬塘泊，
則遼騎只剩北平一路可走，再由定州加以牽制，就能收防禦之效。加上塘泊
河流縱橫，先收禦遼之效，如眞入侵則可決河，斷其北歸之路。

　　沈括上此奏章後，神宗持懷疑態度改派屯田司閻士良前往察看，「保州西
至九頃塘，及保州東陽村隄以東至臧村隄，若增接修完，櫃蓄諸河，以成險
阻，委實利便。……其地內亦可尋舊田屯分水河，沿河種稻，漸成險固，或
當緩急壅決諸河，以制奔突。」〔註91〕所得情況如沈括所言一般。塘泊的興
築及屯田之因，是以防禦遼的入侵爲主要，且是北宋一直遵循的。

　　北宋對遼沿邊州軍在防禦上所依恃者以塘泊爲第一道防線，一旦有任何
問題，皆列入重大疏失，由熙寧九年（1076）高陽關路安撫司所言可知：

　　　信安、乾寧軍塘濼昨因不修，獨流決口，至今乾涸。乞於樸椿堰南
　　　引御河水注入。」上批：「聞近歲塘水有極乾淺處，當職之官頗失經
　　　治，可于兩路各選委監司一員，以巡歷爲名，點檢具闊狹深淺，畫
　　　圖以聞。〔註92〕」

其後續發展爲「已差官修築河北破缺塘隄，收櫃水勢，其信安軍等處因塘水
減涸退出田土，已召人耕佃者，並令起遣。仍差河北東路提點刑獄韓正彥同
屯田都監謝禹珪檢括畫圖以聞。〔註93〕」在此可看出北宋皇帝自眞宗起除須
面對遼入侵問題並以塘泊做防禦的第一線主力，其對塘泊重視由「畫圖以聞」
即可得知，自身無法至現場察看，藉由畫圖及臣子口述，已達到實際掌握塘
泊情況，而做出合理判斷。

　　在地勢高仰之地，塘水不及處，也有相關應變方法，知代州劉舜卿所提
及：

〔註90〕《續資治通鑑長編》，卷二百六十，〈神宗　熙寧八年二月壬申〉，頁 6349～
　　　　6350。
〔註91〕《續資治通鑑長編》，卷二百六十，〈神宗　熙寧八年二月壬申〉，頁 6350。
〔註92〕《續資治通鑑長編》，卷二百七十六，〈神宗　熙寧九年六月癸卯〉，頁 6750。
〔註93〕《續資治通鑑長編》，卷二百八十，〈神宗　熙寧十年正月甲子〉，頁 6852。

　　準詔相度代州城壕，取平壕中隄隔，通作一重，引河水入壕，不惟功大，兼東北勢高峻，引水不至，止依舊重數可爲隔限。」從之。仍依端拱二年十一月辛丑詔，河北緣邊城壕中墠削如斧刃，五路州軍準此。〔註94〕

因地勢高仰引水爲塘泊確有不便，故將護城外緣的壕溝爲屏障，其內設置應是以木頭、竹子一端削尖，置放於壕溝中，待敵進攻時阻礙前進速度的防禦性工具。

　　神宗元豐元年（1078）「命知定州韓絳提舉營置保甲等處經制水塘。初，有旨借定州封樁錢萬緡，委同提點制置屯田閻士良，置保州東楊等村淤下地，種稻作塘陂，扼西山路，令安撫使司通管。〔註95〕」此時防禦重點已確定爲保州以西，藉由設置塘泊控制遼騎兵進出通道，並減輕軍事上之壓力。

　　再於元豐二年（1079）向西拓展塘泊水利至定州，「保州、廣信、安肅、順安軍興置水利。令定州路安撫使兼本路制置屯田使，以定州路制置屯田使司爲名。……應係興置水利州軍，並逐州軍知州、通判兼管勾本州軍屯田公事。〔註96〕」而在領銜督導屯田職官名分亦擔憂遼人生疑，更在官職名稱上頗有計較「其雄、保州通判驟領其事入銜，則與北界公文往還，須當繫書，慮北人疑爲生事，蓋緣誓書不得增展溏濼。且令雄州、保州具自來知州、通判與北界公牒往還如何結銜以聞。〔註97〕」

　　藉興置保州、廣信、安肅、順安軍邊地水利，並連結這些水利（塘泊）設施，形成「尋訪得定州界，西自山麓，東接塘淀，綿地百餘里，可以瀦水，設爲險固，願聽營葺。……仍以引水灌田陂爲名。」〔註98〕借用「引水灌田陂」之名，是避免遼趁勢指責北宋違反誓書約定，乃以灌漑田地爲藉口，進行防禦設施的興修。

　　神宗元豐時期所串聯的州、軍界塘泊，究其原因應爲北宋已對西夏用兵，無多餘能力再顧及遼國，且在宋遼對峙下最具守備成效，且耗費兵力最少者即爲塘泊，藉由塘泊的屯田，使沿邊州軍能衣食自給，無須再加重北宋國防負擔，此爲一舉數得之利，一直是北宋自眞宗以來一直念茲在茲的大事。

〔註94〕　《續資治通鑑長編》，卷二百七十七，〈神宗 熙寧九年八月乙酉〉，頁6774。
〔註95〕　《續資治通鑑長編》，卷二百九十三，〈神宗 元豐元年十月壬寅〉，頁7146。
〔註96〕　《續資治通鑑長編》，卷三百一，〈神宗 元豐二年十月壬寅〉，頁7327。
〔註97〕　《續資治通鑑長編》，卷三百十三，〈神宗 元豐四年六月甲申〉，頁7596。
〔註98〕　《續資治通鑑長編》，卷三百一，〈神宗 元豐二年十月壬寅〉，頁7329。

熙寧年間，遼國再次提出重劃河東地界問題，遼宋關係緊張，繼慶曆年間的關南爭地後，又出現新危機。熙寧五年（1072），請堰水決御何引西塘水灌滄州北三塘等塘泊。〔註 99〕熙寧八年，閻士良言保州可「櫃蓄諸河，以成險阻。」詔允之。〔註 100〕可見塘泊是北宋對遼的防禦重心之所在。

三、北宋晚期塘泊防禦成效

（一）哲宗朝

「哲宗元祐以後，朝廷方務省事，水利亦浸緩矣。」〔註 101〕使得哲宗朝所需面臨的是回河問題及塘泊淤積，因黃河北流所造成的塘泊淤積，至哲宗朝全面爆發，造成國防線上的嚴重漏洞，從侍御史王巖叟及右建議大夫梁燾奏章上可略窺一二，王巖叟憂心說：

> 北塞之所恃為險者在塘泊，黃河堙之，猝不可濬，浸失北塞險固之利，一也。橫遏西山之水，不得順流而下，瀦溢於千里，使百萬生齒居無廬，耕無田，流散而不復，二也。乾寧孤壘危絕不足道，而大名、深、冀腹心郡縣，皆有終不自保之勢，三也。滄州扼北人海道，自河不東流，滄州在河之南，直抵京師，無有限隔，四也。并吞御河，邊城失轉輸之便，五也。河北轉運司歲耗財用，陷租賦以百萬計，六也。六七月之間，河流暴漲，占沒西路，阻絕北使，進退有不能，兩朝以為憂，七也。〔註 102〕

梁燾則分析：

> 夫北塞之所恃以為險者在塘泊，若河流湮沒，水勢進退卒不可濬，浸失前日之利，一也。橫遏西山之水，不得順流而下，瀦溢於千里，使百萬生靈居無廬，耕無田，流散而不得復，二也。大名、深、冀、高陽當河之衝，腹心郡縣有終不自保之勢，三也。滄州扼北人海道，自河不東流，滄州在河之南，直抵京師，無有限隔，四也。并吞御河，邊城失轉輸之便，五也。河北轉運司歲耗財用，陷租賦以百萬計，六也。〔註 103〕

〔註 99〕《續資治通鑑長編》，卷二百四十八，〈熙寧六年十二月癸酉〉，頁 6053。
〔註 100〕《續資治通鑑長編》，卷二百六十，〈熙寧八年二月辛卯〉，頁 6350。
〔註 101〕《宋史》，卷九十五，〈志第四十八 河渠五〉，頁 2374。
〔註 102〕《續資治通鑑長編》，卷三百九十九，〈哲宗 元祐二年四月己巳〉，頁 9732。
〔註 103〕《續資治通鑑長編》，卷三百九十九，〈哲宗 元祐二年四月己巳〉，頁 9733。

他們兩人皆提及爲黃河改道北流所造成塘泊損毀，防禦城市均面臨黃河危害，王巖叟所提第七條謂「六七月之間，河流暴漲，占沒西路，阻絕北使，進退有不能，兩朝以爲憂。」可見夏季雨量豐沛河水大漲，非只北宋受害，對遼國亦有影響，但因資料的不完全，無法一窺究竟。不過由這兩人的陳述，北宋末期所需承擔的經濟壓力非常龐大，宋廷財政收支應實有捉襟見肘之感。

哲宗元祐四年（1089）尚書省提出：「大河東流，爲中國之要險。自大吳決後，由界河入海，不惟淤壞塘濼，兼濁水入界河，向去淺澱，則河必北流。若河尾直註北界入海，則中國全失險阻之限，不可不爲深慮。」〔註104〕

哲宗元符元年（1098）檢討塘泊淤積問題，由工部提出塘泊固定深淺要求「河北屯田司令：塘水深淺，季申工部。乞今後塘泊州、軍，於次季孟月保明所管地分塘水增減尺寸，徑報屯田司。候到，立便差官檢覆訖。」〔註105〕另對於管理單位亦再次重申專責機構管理，其原因爲塘泊整修業務權責不明，故樞密院有此命令：

> 塘濼係河北屯田司及沿邊安撫司職事，及河北轉運使兼都大制置。
> 昨因李仲提舉開修御河，其間有經歷塘濼地分，與禦河接近，可以
> 因便修葺去處，令計會屯田司那融功力修葺。……緣塘濼本非提刑
> 司職事，及轉運司係當職官，合令專一提舉管勾。」詔令河北路轉
> 運司及緣邊安撫司同共提舉，其李仲更不管勾。〔註106〕

由上述引文可見哲宗朝時期對塘泊管理及提議興修單位爲轉運司及緣邊安撫司。

（二）徽宗朝

北宋至徽宗朝時，大部分塘泊皆已毀壞，且塘泊興修與民爭利，加上宋末經濟壓力龐大，各州軍爲求增產，往往自毀長城，故徽宗在大觀二年（1108）十二月下令：

> 瀦水爲塘，以備汎濫，留屯營田，以實塞下，國家設官置吏，專總
> 其事。州縣習玩，歲久隳壞。其令屯田司循祖宗以來塘堤故跡修治
> 之，毋得增益生事。大抵河北塘濼，東距海，西抵廣信、安肅，深

〔註104〕《續資治通鑑長編》，卷四百二十五，〈哲宗 元祐四年四月庚午〉，頁 10280。
〔註105〕《續資治通鑑長編》，卷四百九十四，〈哲宗 元符元年二月己丑〉，頁 11748。
〔註106〕《續資治通鑑長編》，卷四百九十四，〈哲宗 元符元年二月庚寅〉，頁 11749。

不可涉，淺不可舟，故指爲險固之地。其後淤澱乾涸，不復開浚，

官司利於稻田，往往泄去積水，自是堤防壞矣。〔註107〕

並在下達此項詔令後，要求屯田司重新將太宗朝的塘泊加以浚通，但還是畏懼遼人壓力，而要求不得「增易更改」並將屯田司位階上提，比照提點刑獄，且排序還在提點刑獄之上，可見對塘泊防禦的重視。〔註108〕

宣和五年（1123）宋金談判中，宋人幻想得到燕雲後，還要在燕地興修塘泊。「仍開掘涿、易兩河塘濼，連接沮洳，直抵雄霸，彼來則御之，退則備之。」〔註109〕

宣和七年（1125）金兵已揮軍南下，北宋尚且寄望於塘泊的功效，而有「爲河北路雖雄、霸州至順安軍界有塘濼。」〔註110〕

從太宗到徽宗朝，塘泊設施在對遼防禦的重要性上，一直是北宋君臣，所念茲在茲的。北宋末抗金名臣李綱，不斷提出各項有關塘泊防禦的建言，即可看出塘泊的重要性。先是北方防線出現漏洞時，須增強塘泊防禦措施的提議：

河北塘濼，東距海，西抵廣信、安肅，深不可涉，淺不可行，所以

限隔胡騎，爲險固之地，而比年以來，淤澱乾涸，不復開濬。……

又自安肅廣信以抵西山，地勢低下處可以增廣。〔註111〕

因塘泊的重要性被放大，故上奏要求塘泊再度修復，而有奏章不斷的呈遞，且皆爲欽宗所接受，〔註112〕在宋金談判下將割河北之地與金人，提出「河北、燕山接境，惟賴塘泊爲固，今悉以與之則險阻之地盡在彼，何以立國？」〔註113〕另又提出「幽燕割而險阻之地悉歸於虜中，今知所恃者不過塘濼耳。自雄霸以達畿甸，平原易野，健馬疾馳，不半月可至。」〔註114〕李綱所著眼點是河北地形利於騎兵作戰，而其背後所憂慮的是，北宋軍力的不足及訓

〔註107〕《宋史》，卷九十五，〈志第四十八　河渠五〉，頁2363。

〔註108〕《全宋文（164）》，卷三五七一，宋徽宗〈屯田司修完塘堤御筆〉，頁183。

〔註109〕秦緗業、黃以周等編《續資治通鑑長編拾補》（上海：上海世紀出版股份有限公司，2006年），卷四十六，頁472。

〔註110〕徐夢莘《三朝北盟會編》（上海：上海古籍出版社，2008年），頁169。

〔註111〕趙汝愚編，《宋朝諸臣奏議》（上海：上海古籍出版社，1999年），卷一百四十二，〈上欽宗論備邊禦敵八事〉，頁1612～1613。

〔註112〕《全宋文（169）》，卷三六九一，李綱〈乞修塘濼箚子〉，頁167。《全宋文（169）》，卷三六九五，李綱〈乞修復塘濼舊制箚子〉，頁250。

〔註113〕《全宋文（169）》，卷三六八九，李綱〈論禦寇用兵箚子〉，頁137。

〔註114〕《全宋文（172）》，卷三七五二，李綱〈制虜論（一）〉，頁83。

練不精，無法與金人抗衡，故將其防禦線拉至塘泊，以收阻扼之效，並趁此將北宋軍事戰力全面提升以禦敵鐵騎入侵。

　　北宋塘泊防禦政策，不論是否如前人所言，塘泊雖然作為抵擋遼國的重要設施為北宋所看重，但是塘泊本身也有著侷限性，同時在河北緣邊開塘引水，佔用了大量耕地，給河北農業帶來了不利的影響，且有與民爭地之譏。但是不論反對塘泊修築者再如何反對，北宋王朝還是維持其一貫初衷，由仁宗為了塘泊興廢眾說紛紜，莫衷一是中得到解答：

> 天聖已後，相仍而不廢，仍領於沿邊屯田司。而當職之吏，各從其所見，或曰：「有兵將在，敵來，何所事塘？且邊吳澱西望長城口，尚百餘里，皆山阜高仰，水不能至，敵騎馳突，得此路足矣，塘雖距海，亦無所用。夫以無用之塘，而廢可耕之田，則邊穀貴，自困之道也。不如勿廣，以息民為根本。」或者則曰：「河朔幅員二千里，地平夷無險阻，賊從西方入，放兵大掠，由東方而歸，我嬰城之不暇，其何以禦之？自邊吳澱至泥姑海口，縣亙七州軍，屈曲九百里，深不可以舟行，淺不可以徒涉，雖有勁兵，不能度也。東有所阻，則甲兵之備，可專力於其西矣。孰謂無益？」論者自是分為兩歧，而朝廷以敵性荒忽無常，阻固終不可以廢也。[註115]

塘泊之無法廢止，不為別的，究其原因是北宋軍力無法與北方遊牧民族匹敵，先有遼後有金，同時毫無任何天然地理屏障，也沒有人工長城得以護衛，只能退而求其次藉由消極防禦的塘泊來阻止讓騎兵的攻擊，宋遼初期歷經幾次戰爭，只有至道元年（995）遼兵欲從雄州攻宋，但並沒有得逞，被何承矩阻擋於雄州之外。其他幾次南侵，遼軍皆由保州以西地區入宋，這些地區正是無塘泊防禦之處。

　　在冷兵器時代能做到全面守勢作戰的國家亦只有北宋，且國祚長達一百六十多年，這足資證明塘泊防禦的效用，國防安全與民生經濟的權衡上，神宗之前選擇了防禦為優先，藉塘泊以固國。神宗時期是個轉折，以民生興利為主，放淤塘泊，大量屯田，後至徽宗因沿邊將帥的怠惰，塘泊淤積已無防禦功效，導致金兵鐵騎南下，竟造成亡國的成因之一。

〔註115〕《續資治通鑑長編》，卷一百十二，〈仁宗 明道二年三月己卯〉，頁2608。

第三節　塘泊與土地利用的關係

一、塘泊建構與屯田、方田的形成

由太宗朝「自雄州東際於海，多積水，契丹患之，未嘗敢由此路入，每歲，數擾順安軍。議者以爲宜度地形高下，因水陸之便，建阡陌，浚溝洫，益樹五稼，所以實邊虜而限契丹。」〔註116〕自此屯田及方田之利，開始納入北宋防禦戰略架構中。

北宋的屯、方田禦遼防線，因河北駐紮重兵，但軍需糧餉須由轉運而來，耗時費工，「河北諸水，有通轉餉者，有爲方田限遼人者。」〔註117〕且北宋中期人口大量增長，爲使河北就糧軍兵能夠有充裕糧食供給，除藉有屯田籌措軍糧以實邊效用外，尚有方田做爲防禦阻礙，其總結作用即爲蓄水以限戎馬。

河北地區的屯田，由資料顯示是柴成務提出，〔註118〕但明確計畫者應爲太宗朝的何承矩所提議爲始，淳化四年（993），何承矩在河北地區開始修築塘泊廣興水田。北宋興構屯田種稻，由何承矩主持，閩人黃懋具體實施，以「築隄儲水爲阻固，其後益增廣之。凡並邊諸河，若滹沱、葫蘆、永濟等河，皆匯於塘。」〔註119〕其後河北沿邊塘泊州軍相繼建水田，當時在塘泊周圍的屯田，雖說是水陸營田，但水田居多。〔註120〕在河北沿邊州軍水稻的種植日益廣泛，這是塘泊工程下的直接產物。北宋初對於屯、營田的分別是以「屯田以兵、營田以民」，爾後因種田須民協助，民眾的營田又須軍隊保護，兩者的區別亦形縮減。北宋的屯田防線與塘泊防線大體成一致性，因而在修塘開陂時也相對以興修屯田，兩者起了相輔相成的作用。

二、塘泊之田的利用

在塘泊工程中，由於開渠和蓄水，壓縮了大量耕地，在沿邊十州軍千里國境地帶，有三分之二的塘泊之地，塘泊縱深十里到一百五十里不等，在塘泊河渠之間爲大量水陸營田，又以水田爲主，水渠溝洫縱橫，也占用了耕地

〔註116〕《宋史》，卷九十五，〈志第四十八　河渠五〉，頁2364。
〔註117〕《宋史》，卷九十五，〈志第四十八　河渠五〉，頁2364。
〔註118〕《全宋文（3）》，卷五五，柴成務〈乞河北緣邊營置屯田奏〉，頁318。
〔註119〕《續資治通鑑長編》，卷一百十二，〈仁宗　明道二年三月己卯〉，頁2608。
〔註120〕眞宗咸平五年，順安軍兵馬都監馬濟復請自靜戎軍東，擁鮑河開渠入順安軍，又自順安軍之西引入威虜軍，置水陸營田於渠側。濟等言：「役成，可以達糧漕，隔遼騎。」《宋史》，卷九十五〈志第四十八　河渠五〉，頁2365。

面積，其中的方田更是溝洫占田。歐陽修言：「河北之地，四方不及千里，而緣邊廣信、安肅、順安、雄、霸之間盡爲塘水，民不得耕者十八九。」〔註121〕包拯也說：「延邊沃壤，又盡爲陂塘。」〔註122〕塘泊是蓄水而成，由於水源及氣候的變化，其盈縮不定，深淺也常常發生波動。屯田，雖名爲屯田（農田水利設施），實爲防禦遼國騎兵的設置，水渠溝洫也要經常疏通。塘泊和屯田的維護是北宋在河北禦遼的要務，因此非常注重塘泊和屯田的維護。

眞宗咸平年間，北宋擴大塘泊地段，主要是順安軍以西至保州地段。因保州東部地段禦遼已見成效，故進而推廣至保州以西地區，「今順安西至西山，地雖數軍，路才百里，縱有邱陵網阜，議多川瀆泉湧，儻因而廣之，制爲塘埭，則可戢敵騎，息邊患矣。」〔註123〕

眞宗咸平六年（1003）十月，王能奏於軍城東新河之北開方田畢功。同時命靜戎、順安、威虜軍界並置方田。〔註124〕從順安軍又向西延擴到安肅、廣信二軍。其後隨著對遼戰事的緊鑼密鼓展開，北宋開始積極重視塘泊的防禦作用。同年保州置水陸屯田。〔註125〕

在景德元年（1004）正月，遼兵抵涿州之時，眞宗：「令威虜靜戎順安軍、北平寨、保州嚴兵應援，仍廣開方田以拒戎騎。」〔註126〕

景德二年，北宋朝廷曾言，澶淵議和之前，「北面緣邊屯田，水陸兼種，甚獲其利。」〔註127〕還有其他證明。「詔河北緣邊屯田務，水陸田並令民租佃，本務兵士令逐州軍收爲廂軍，監官悉罷。從河北屯田司請也。初，河北屯田司每歲以豐熟所入不償所費，屢以爲言。至是，乃從之。」〔註128〕

一直至景德二年（1005）藉由塘泊興修所帶來的效益，得到證實，而有以下詔令提出：

> 定、保、雄、莫、霸等州，順安、平戎、信安等軍，知州軍，並兼制置本州屯田事，舊兼使者，仍舊。先是，北面緣邊屯田水陸兼種，甚獲其利，自來雄州長史兼領使名，其諸州即別命官主領，至是戎

〔註121〕《歐陽修全集》卷一百十八，頁1827。
〔註122〕《續資治通鑑長編》，卷一百六十六，〈仁宗 皇祐元年三月庚子〉，頁3994。
〔註123〕《續資治通鑑長編》，卷四十七，〈眞宗 咸平三年四月壬子〉，頁1010。
〔註124〕《續資治通鑑長編》，卷五十五，〈眞宗 咸平六年十月甲子〉，頁1214。
〔註125〕《續資治通鑑長編》，卷五十五，〈眞宗 咸平六年十月庚辰〉，頁1215。
〔註126〕《續資治通鑑長編》，卷五十六，〈眞宗 景德元年正月丙申〉，頁1226。
〔註127〕《宋會要輯稿》，（食貨）六三之四一，頁6007。
〔註128〕《續資治通鑑長編》，卷二百二十，〈神宗 熙寧四年二月戊寅〉，頁5360。

虜通好，帝慮平寧之後，建成弛慢，故有是詔。〔註129〕

自澶淵之盟後宋遼雙方相安三十餘年，開封府推官、監察御史王沿為河北轉運副使向仁宗上奏說到：

> 自北人通好三十年，二邊常屯重兵，坐耗國用，而未知所以處之。
> 請教河北疆壯，以代就糧禁卒之闕，罷招廂軍，以其冗者隸作屯田，
> 行之數年，漸成銷減，而疆壯悉為精兵矣。〔註130〕

神宗熙寧八年（1075），沈括察訪河北，與定州薛向自定州北部開種稻田而有「定州城北園有大池，謂之海子，括與相議展海子，直抵西城中山王冢，悉為稻田，弓（應為引）新河水注之，彌漫凡數里，使定之城北不復受敵。」〔註131〕

　　但也有不同意見的提出，由於北宋東起滄州西至定州的緣邊州軍皆有稻田，興工眾大，成田不多，主要是為設險而建的水田。這種稻田的軍事意義遠遠大於其農業利益。

　　靖康元年（1126）的宋金和議中，談到割地時，北宋使臣鄭望之所說：

> 國家財賦，各有轉運使總領，河北兼便司，蓋河北緣邊州郡，多是塘濼地無出，故朝廷支降錢本兼便司，和糴斛以給諸邊太師。若設三關地政，是塘濼所在，不若問朝廷多增歲帛，又無水旱之虞，豈不永遠，太師更熟慮，即是長遠。〔註132〕

這是宋人向金人述說塘泊地區耕地甚少，地無所出的情況，但背後意涵，即是尚認為塘泊為防守金兵南下的設施，希望造成金人誤認為塘泊無絲毫經濟利益而割捨放棄，轉變為北宋所利用。

三、塘泊管理與深淺要求

（一）塘泊管理機構

　　《宋史》〔註133〕記載塘泊管理，為河北屯田司、緣邊安撫司掌之，同時河北轉運使兼都大制置。

　　何承矩最早興塘，當時北宋朝任命其為制置河北緣邊屯田使，這是最早

〔註129〕《宋會要輯稿》，〈食貨〉六三之四一，頁6007。
〔註130〕《續資治通鑑長編》，卷一百六，〈仁宗 天聖六年七月乙未〉，頁2476。
〔註131〕《續資治通鑑長編》，卷二百六十七，〈神宗 熙寧八年八月癸巳〉，頁6542。
〔註132〕《續資治通鑑長編拾補》，卷五十二，頁543。
〔註133〕《宋史》，卷九十五，〈志第四十八 河渠志五〉，頁2358。

的修建管理塘泊的官職。〔註134〕咸平六年（1003）在靜戎、順安軍開營田河道，「詔內侍閣文慶與靜戎王能、順安馬濟共督其事。」〔註135〕

仁宗時期除雄州知州仍兼河北緣邊屯田使外，其他州軍的長官兼本州軍屯田事，塘泊管理由戰時狀態進入和平狀態，即由當地地方州軍長官管理和維護，故有「詔河北有塘泊處知州軍監管勾田堤道事。」〔註136〕

元豐二年（1078），對管理塘泊機構提出異議，改爲由水利司管理而有以下詔書：

> 詔定州路安撫使韓絳提舉定州路水利事，仍以提舉定州路水利司爲名。知保州張利一、緣邊安撫副使劉琯管勾定州路水利公事。大理寺丞楊嬰水利司勾當公事應與水利州軍知州、通判並同管勾。時保州、廣信安肅順安軍興水利屯田，詔以屯田司爲名，而絳言恐敵疑增塘濼，故改之。〔註137〕

在恐遼猜疑北宋藉由水利屯田而增加保州、廣信軍、順安軍的塘泊設施，將屯田司改爲水利司。但最後結果還是未能興築水利設施，應與北宋自神宗後用兵西夏，北方塘泊防禦不受重視，開始逐漸淤廢有關。

徽宗大觀二年（1108）對塘泊管理的屯田司的因循怠忽提出警告，且將屯田司的位階比照提點刑獄，應是塘泊牽連盛廣，而屯田司位階不足，故以提點刑獄官職以收推展恢復故有塘泊之效。〔註138〕

（二）塘泊深淺的要求

北宋爲防禦遼騎入侵，時刻防止塘水的乾涸與疏通水渠爲塘泊知州知軍的主要職責之一，同時塘泊漲水時，也要加以限制。

景德元年（1004年）六月，當時遼宋處於戰爭狀態，宋眞宗下詔，北面緣邊州軍，河渠堤堰及屯田溝洫宜令所在常切固護，毋使墮廢。〔註139〕同年，「詔，滄州、乾寧軍常督壕塞主吏謹視斗門、水口、俟海潮至，拥入御河東塘堰，以廣灌溉，從知雄州何承矩之請也。」〔註140〕

〔註134〕《續資治通鑑長編》，卷五十二，〈眞宗 咸平五年六月丁亥〉，頁1139。
〔註135〕《續資治通鑑長編》，卷五十五，〈眞宗 咸平六年八月甲戌〉，頁1210。
〔註136〕《續資治通鑑長編》，卷一百十七，〈仁宗 景祐二年十月癸酉〉，頁2761。
〔註137〕《續資治通鑑長編》，卷三百一，〈神宗 元豐二年十二月辛酉〉，頁7337。
〔註138〕《全宋文（164）》，卷三五七一，宋徽宗〈屯田司修完塘堤御筆〉，頁183。
〔註139〕《續資治通鑑長編》，卷五十六，〈眞宗 景德元年六月丁丑〉，頁1242。
〔註140〕《續資治通鑑長編》，卷五十七，〈眞宗 景德元年八月庚申〉，頁1252。

景德五年（1008）由賈宗上奏請求頒布水利圖式，有「緣邊開塞塘泊水勢，修疊堤道深淺、月日、定式、圖請，乞付緣邊州軍收管，仍下屯田司提舉遵守。」〔註141〕可以知道眞宗朝塘泊規格已有一定的規範存在。

仁宗寶元元年（1038），河北屯田司言，「欲於石冢口導百濟河水以注緣邊塘泊，請免所經民田稅，從之，時歲旱，塘水涸，知雄州葛懷敏慮契丹使至測知其廣深，乃擁界河水注之，塘復如故。」〔註142〕可見於仁宗朝對塘泊的重視程度，並限定塘泊水深不可有所減失，以爲禦遼之策。

神宗熙寧九年（1076）針對塘泊淤淺，提出如下疏濬作法：

> 高陽關路安撫司言：「信安、乾寧軍塘濼昨因不修，獨流決口，至今乃涸。乞於朴椿堰南引御河水注入。」上批：「聞近歲塘水有極於淺處，當職之官頗失經治，可於兩路各選委監司一員，以巡歷爲名，點減具闊深淺，畫圖以聞。」以而河北東、西兩路提點刑獄韓正彥、韓宗道各具淤淀乾淺處以聞，詔送河北屯田司相度當興修所在，計工料奏聞。其官吏仍今東路轉運使劾之。〔註143〕

哲宗元符元年（1098），對日益縮減淤積的塘泊進行總體檢：

> 工部言：「河北屯田司令塘水深淺，季申工部。乞今後塘泊州、軍，於次季孟岳保明所管地分塘水增減尺寸，徑報屯田司。候到，立便差官檢覆訖。本司於仲月省察詣實，結罪保明奏聞，仍具申知本部。從之。〔註144〕

在對於乾涸的塘泊注水和漲水塘泊限其擴張的同時，邊官還要對水渠溝洫進行疏通，這也是維護塘泊工程的一個重要依據。由此可知，在後期塘泊大量湮廢前，北宋非常重視塘泊的防禦作用，對塘泊與屯田修葺不輟。因此對於塘泊的漲縮，是有加以限制，並維持一定的規模的。另外，對於會給塘泊帶來破壞的河流改道等原因，北宋也極爲重視與要求預防。

四、塘泊與農林漁牧的關係

塘泊除防禦功用之外，還有其他輔助功用，如漕運、漁利，及農作物在

〔註141〕《全宋文（15）》，卷三一八，賈宗〈請將水利圖式付緣邊州軍收管下屯田司提舉遵守奏〉，頁374。

〔註142〕《續資治通鑑長編》，卷一百二十二，〈仁宗　寶元元年十一月己未〉，頁2887。

〔註143〕《續資治通鑑長編》，卷二百七十六，〈神宗　熙寧九年六月癸卯〉，頁6750。

〔註144〕《續資治通鑑長編》，卷四百九十四，〈哲宗　元符元年二月己丑〉，頁11748。

塘泊地區的廣泛種植，這主要依各處塘泊特性來決定。

何承矩任職滄州時，最早倡議稻田耕作以實邊：

> 何承矩至滄州，即建屯田之議，上意頗嚮之。既而河朔頻年霖雨水潦，河流湍溢，壞城壘民舍，處處蓄爲陂塘，妨民種藝。于是，承矩請因其勢大興屯田，種稻以足食。會臨津令黃懋亦上書，請于河北諸州興作水田，懋自言閩人，「本鄉風土，惟種水田，緣山導泉，倍費功力。今河北州軍陂塘甚多，引水溉田，省功易就，三五年內，公私必獲大利。
>
> 壬子，以何承矩爲制置河北緣邊屯田使，內供奉官閻承翰、殿直段從古同掌其事，以黃懋爲大理寺丞，充判官。發諸州鎮兵萬八千人給其役，凡雄莫霸州、平戎破虜順安軍興堰六百里，置斗門，引淀水灌溉。初年，稻值霜不成。懋以江東霜晚，稻常九月熟，河北霜早，又地氣遲一月，不能成實。江東早稻以七月熟，即取其種課令種之，是年八月，稻熟。始，承矩建水田之議，沮之者頗觹，又武臣亦恥于營茸佃作。既而種稻又不熟，譸議益甚，幾罷其事。及是，承矩載稻穗數車，遣吏部送闕下，議者乃息。自是葦蒲、蠃蛤之饒，民賴其利。〔註145〕

任何事物在最初推行，因不了解一定會有反彈聲浪出現，在何承矩至滄州擔任邊防官員，提出利用塘泊水植稻實邊後，即面臨各種壓力。在文臣攻擊，武臣恥做，幸賴太宗對何承矩的信任，外加當時確實需要防禦工事出現，且承矩能挺住壓力，故而與黃懋攜手合作，藉由派遣軍兵興築由雄州至順安軍六百里之塘泊，並取早熟稻至河北緣邊植種，等到收成出現，一切爭議即告平息，還增加材薪與漁獲之利，可謂一舉數得。

在緣邊興建塘泊而給塘泊地區帶來利益，即以收獲魚類和蘆葦等水產品爲主。歐陽修在奉使河北的奏摺中稱：「滄州大海，出魚不異南方，即塘泊之中魚亦不少。」〔註146〕

仁宗嘉祐五年（1060），「知諫院唐介言，河北緣邊州軍，多差軍士採葦蒲，〔註147〕另日納錢，名爲「地利錢」，以入公使，請行禁止。從之。」〔註148〕

〔註145〕《續資治通鑑長編》，卷三十四，〈太宗 淳化四年三月辛亥、壬子〉，頁747。

〔註146〕《歐陽修全集》，卷一百一十七，頁1700。

〔註147〕蘆葦植物，可作材薪之用。

此為沿邊州軍也趁此機會採伐薪材，以作州軍私人所用，故有此要求禁令產生。

欲顯示塘泊漁業功能之史料，可由：「東自信安、保定軍，雄、霸、莫州，西至順安。廣信、安肅軍，保州塘濼，民有漁船者，并置籍給牌，蠲其日納錢。」〔註149〕能夠收取漁船捕魚的每日使用費，且廣達如此多州軍，可見塘泊對北宋漁業是有一定貢獻的。

在河東地區的塘泊也在神宗熙寧元年於汾州再次開展，而有「濼舊在城東，圍四十里，歲旱以溉民田，雨以瀦水，又有蒲魚、菱芡之利，可給貧民。……至是，知雜御史劉述請復之。」〔註150〕其所收功效為薪材、漁米之利。

徽宗時所下達的詔令中禁止富豪佔據湖濼池塘「貧寠細民頓失採取蓮荷、蒲藕、菱芡、魚鱉、蝦蜆、蚌螺之類，不能糊口營生。」〔註151〕可知在此時塘泊還是具有一定的經濟效益的存在價值，且為周邊居民賴以維生之地。

五、遼對北宋塘泊的反應

遼宋在眞宗締結澶淵之盟後，和平關係一直維持到徽宗聯金滅遼取燕雲失地，期間無大型戰事，塘泊的防禦在此未能突顯，但塘泊興築在於議和前的太宗朝至眞宗間（995～1004），北宋此時已確立戰略防禦思想，面對北宋所興築塘泊，遼所採行方法為：「時沿邊大浚河渠，契丹頗撓其役。」〔註152〕

對付北宋塘泊，遼國一般以填塞溝渠為主要方法，由眞宗景德元年得知：

> 上謂宰相曰：「今年北面防秋兵馬，已各有制置。順安、靜戎軍，先開河道屯田，導治溝洫，以為險阻。蓋欲保庇邊民，俾其耕殖，今聞戎人欲自西路入寇，必先分兵堙塞此溝洫河道，靜戎、順安軍屯兵既少，難於赴援。若果為敵所堙塞，即異時修復，倍為煩費。……朕熟計此，若必須固護河渠，即至時令莫州部署石普移兵馬屯村西，

〔註148〕《續資治通鑑長編》，卷一百九十一，〈仁宗　嘉祐五年正月己未〉，頁4611。
〔註149〕《續資治通鑑長編》，卷二百四十八，〈神宗　熙寧十年九月己酉〉，頁6959。
〔註150〕《宋史》，卷九十五，〈志第四十八　河渠志五〉，頁2362。
〔註151〕《全宋文（164）》，卷三五七七，宋徽宗〈禁豪富之家專據湖濼池塘陂澤之利詔〉，頁293。
〔註152〕《續資治通鑑長編》，卷五十一，〈眞宗　咸平五年四月乙酉〉，頁1126。

寧邊軍部署楊延朗壁靜戎軍之東，兩軍屯田，庶獲無虞，且可以斷
黑蘆口萬年橋敵騎奔衝之路，及會諸路兵犄角追襲。其地里稍遠難
於守護處，縱爲賊所堙塞，異時修復，人亦自無異議，卿等以爲如
何？或難於分兵，守護亦無固必也。」李沆等咸以爲便。〔註153〕

北宋擔憂因緣邊塘泊有可能被遼國派人給塡塞，且順安、靜戎軍防守人員不
足，因此提出將莫州、寧邊軍與靜戎軍相互呈犄角，既可防範遼騎入侵，也
可彌補人員不足，並能隨時得知遼是否有掩塞塘泊的跡象。

　　塘泊是北宋針對遼國的戰略設施，所以遼國對此很敏感，在澶淵議和
時，王繼忠就告訴曹利用遼國的憂慮「南朝或于緣邊開移河道，廣浚壕塹，
別有舉動之意。因附會利用密奏，請立誓書，并乞遣近上使臣持誓書至彼。」
〔註154〕「不得創築城隍，開拔河道。」〔註155〕另外提出更明確要求是在遼
興宗重熙十年〔慶曆元年（1041）〕所提及，「營築長堤，塡塞隘路，開決塘
水，添置邊軍，既潛稔於猜嫌，慮難敦於信睦。」〔註156〕

　　遼朝道宗時，先是禁止人民種稻而有「禁南京民決水種粳稻」〔註157〕
其主因是遼以爲騎兵爲主，南京又爲南伐必經之地，爲免造成出兵困難，禁
止遼國人民種稻，後因遼內部西京發生大飢荒，自身糧食供應不足，故爲權
宜之計而下達「詔南京除軍行地，餘皆得種稻」〔註158〕的命令，此命令自
道宗而後一直維持著，應爲遼後期內部一直有糧食問題的出現，需藉由不斷
的擴大糧食生產才得以鞏固內部，使人民安飽不至於造成暴動，但在糧食推
廣種植下，「軍行地」則剔除在外，可見遼只是暫時滿足宋之歲幣入供，南
侵之意未曾止歇。

　　遼後期一直到天祚帝，遼國在南京境內還是禁止塘泊的擴大，由「以武
清縣大水，弛其陂澤之禁。」〔註159〕的詔令頒佈，正與北宋相反，北宋是開
塘泊以禦敵，遼卻是不准開塘泊。此因遼國對北宋採取的是以進攻爲主體的
戰略模式。

〔註153〕《續資治通鑑長編》，卷五十六，〈眞宗　景德元年六月丁丑〉，頁1241。
〔註154〕《續資治通鑑長編》，卷五十八，〈眞宗　景德元年十二月癸未〉，頁1291。
〔註155〕《續資治通鑑長編》，卷五十八，〈眞宗　景德元年十二月辛丑〉，頁1299。《契
　　　　丹國志》，卷二十，〈契丹聖宗誓書〉、〈契丹回宋誓書〉，頁190、193。
〔註156〕《契丹國志》，卷二十，〈契丹興宗致書〉，頁191。
〔註157〕《遼史》卷二十二〈本紀第二十二　道宗二〉，頁263。
〔註158〕《遼史》卷二十二〈本紀第二十一　道宗一〉，頁267。
〔註159〕《遼史》卷二十七〈本紀第二十七　天祚皇帝一〉，頁320。

北宋慶曆二年（1042 年）四月，先有答覆契丹國書中提及：「築營堤埭，開決陂塘，昨緣霖潦之餘，失為衍溢之事，既非疏導，當稍善防，豈蘊猜嫌，以虧雍睦。」〔註160〕後有劉六符抵達北宋後，向接伴使賈昌朝談及塘泊，北宋的反應如下：

> 劉六符嘗謂賈昌朝曰：「南朝塘濼何為者哉？一葦可杭，投箠可平。不然決其堤，十萬土壤，遂可逾矣。」時議者亦請涸其地以養兵。上問拱辰，對曰：「兵事尚詭，彼誠有謀，不應以語敵，此六符夸言耳。設險守國，先王不廢，且祖宗所以限胡騎也。」上深然之。
> 〔註161〕

可見遼國對塘泊防禦還是有所忌憚，且以威脅口吻要求北宋將塘泊消除，但北宋君臣看穿意圖，而提出應對方案。

因北宋與西夏開啓戰端，導致遼國趁機要求索回關南之地，並藉口塘泊問題對宋興師問罪。在與契丹約和過程中，有富弼與遼主間的對話如下，遼主提出「南朝違約，塞雁門，增塘水，治城隍，籍民兵，此何意也？」〔註162〕富弼回答：「塞雁門者以備元昊也。塘水始於何承矩，事在通好前，地卑水聚，勢不得不增。城隍皆修舊，民兵亦舊籍，特補其闕耳，非違約也。」〔註163〕在雙方往返答辯中，取得協議於誓書內增加三事，第一事即為「兩界塘泊毋得開展」，〔註164〕此次談判以遼佔有利局勢，北宋只能依其所提要求而做出反應，期間對於合談內容朝臣間有所不同，使宰相呂夷簡欲更改合約內容，但為富弼所發覺，現今無法探尋更改合約內容為何？推測應為不滿富弼妥協自弱的態度，欲更改誓書內容。〔註165〕最後北宋修書遼國「兩界溏淀已前開畎者並依舊外，自今已後不得添展。其見堤堰水口，逐時決洩壅塞，量差兵夫取便修壘疏導，非時霖潦別至，大段漲溢，並不在關報之限。」〔註166〕自此

〔註160〕《契丹國志》，卷二十，〈契丹聖宗誓書〉、〈契丹回宋誓書〉，頁 190、193。
〔註161〕《續資治通鑑長編》，卷一百三十五，〈仁宗 慶曆二年四月庚辰〉，頁 3235～3236。
〔註162〕《宋史》，卷九十五，〈志第四十八 河渠五〉，頁 2360。
〔註163〕《續資治通鑑長編》，卷一百三十七，〈仁宗 慶曆二年七月壬戌〉，頁 3283～3284。
〔註164〕《續資治通鑑長編》，卷一百三十七，〈仁宗 慶曆二年七月癸亥〉，頁 3286。
〔註165〕《續資治通鑑長編》，卷一百三十七，〈仁宗 慶曆二年七月壬戌〉，頁 3283～3286。
〔註166〕《續資治通鑑長編》，卷一百三十七，〈仁宗 慶曆二年八月乙丑〉，頁 3294。

後北宋非常看重此事，雖有河北沿邊邊臣對塘泊的問題，上書朝廷塘泊修築與北宋國防的利害關係，但所得到的是修補塘泊可做，但須隱密行事，不得令遼有所發覺而藉口質疑北宋片面撕毀誓書內容。〔註167〕

六、塘泊與黃河的關係

（一）黃河與塘泊

1、黃河改道問題

北宋對遼國防禦設施，除了河北塘泊之外，也把另一天然屏障黃河視為防禦遼國的戰略支點。黃河的改道影響著塘泊的命運，因黃河的改道而使北宋的防禦面臨左支右絀，黃河在宋人心中不僅是一道天然防線，也是心理的安全防線。因真宗時遼騎突入，入宋境後至黃河岸邊而止，使宋人產生黃河實為防禦遼國的最後一道防線。黃河在北宋一朝多次決口，有學者研究僅北宋一朝即多達五十次以上。〔註168〕神宗朝最為嚴重。〔註169〕在黃河改道及變遷問題上前輩學者已做過詳細對比研究，如岑仲勉，《黃河變遷史》〔註170〕、方豪，《宋代河流之遷徙與水利工程》〔註171〕、姚漢源，《中國水利發展史》〔註172〕、王照年，《北宋黃河水患研究》〔註173〕、王軍，《北宋河議研究》〔註174〕、郭志安，《北宋黃河中下游治理若干問題研究》〔註175〕、陶玉坤《遼宋關係研究》〔註176〕本章節將以前人研究為主，並提及黃河變遷所造成的宋人內部對黃河北流與東流之爭，並連帶與塘泊維繫的的關係。

〔註167〕《續資治通鑑長編》，卷一百五十六，〈仁宗 慶曆五年七月壬子〉，頁3793。

〔註168〕北宋167年中，共有54年有黃河爆發現象，平均每3年多一次。石濤《北宋時期自然災害與政府管理體系研究》（北京：社會科學文獻出版社，2010年），頁102。

〔註169〕熙寧十年黃河決口，共計造成38萬戶流離失所，30萬頃良田被淹沒，45個州縣受損害。石濤《北宋時期自然災害與政府管理體系研究》，頁102。

〔註170〕岑仲勉，《黃河變遷史》（北京：人民出版社，1957年）。

〔註171〕方豪，〈宋代河流之遷徙與水利工程〉《宋史研究輯第二輯》（台北：國立編譯館中華叢書編審委員會，民國72年再版），頁255～282。

〔註172〕姚漢源，《中國水利發展史》（上海：上海人民出版社，2005年），頁203～243。

〔註173〕王照年，《北宋黃河水患研究》（蘭州：西北師範大學碩士學位論文，2005年）。

〔註174〕王軍，《北宋河議研究》（長春：東北師範大學碩士學位論文，2011年）。

〔註175〕郭志安，《北宋黃河中下游治理若干問題研究》（保定：河北大學博士學位論文，2007年）。

〔註176〕陶玉坤，《遼宋關係研究》（呼和浩特：內蒙古大學博士學位論文，2005年）。

圖三十二：黃河下游河道示意圖

北宋黃河下游河道示意图[1]

姚漢源，《中國水利史綱要》（北京：水力電力出版社，1987 年），頁 185。

　　黃河回河問題自慶曆年間決堤泛溢開始，有「商胡決河自魏之北，至恩、冀、乾寧入于海，是謂北流。嘉祐五年（1060），河流派于魏之第六埽，遂爲二股，自魏、恩東至于德、滄，入于海，是謂東流。〔註177〕」由此展開回河之爭。

〔註177〕《宋史》，卷九十一，〈志第四十四　河渠一〉，頁 2275。

圖三十三：二股河與北流範圍圖

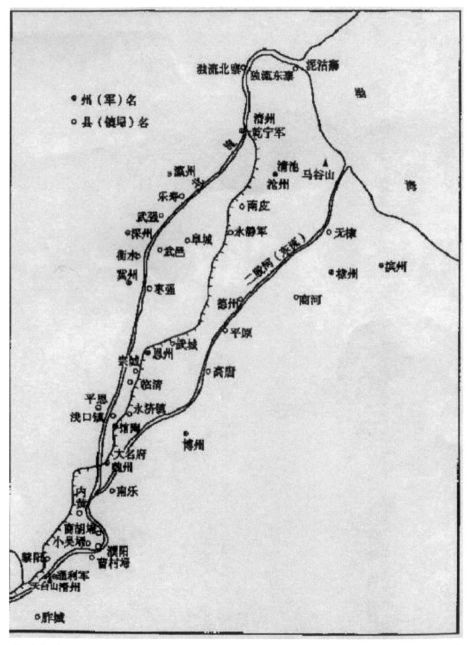

水利部黃河水利委員會，《黃河水利史述要》（北京：水利電力出版社，1984 年）
頁 185。

神宗熙寧元年（1068）因黃河決口北流至瀛州，提出修建堤防設施，故
有張鞏的上奏：

上約累經泛漲,並下約各已無虞,東流勢漸順快,宜塞北流,除恩、冀、深、瀛、永靜、乾寧等州軍水患。又使御河、胡盧河下流各還故道,則漕運無壅遏,郵傳無滯留,塘泊無淤淺。復於邊防大計,不失南北之限,歲減費不可勝數,亦使流移歸復,實無窮之利。〔註178〕

在此張奪所提意見因有關黃河北流與東流,故神宗未做最後的定奪,反而是要求大臣上奏聽各方意見,不過從奏章中提及黃河的通暢,河水流量攸關塘泊的存亡,可知兩者關係是相連結的,塘泊的泥沙淤積是與黃河的氾濫息息相關,故欲使塘泊能有防禦之效應先解決黃河氾濫問題。

元豐四年(1081年),黃河在小吳埽(河南濮陽東)決口,神宗派遣李立之至決口巡視,李立之視察後提及:「臣自決口相視河流,至乾寧軍分入東西兩塘,次入界河,於劈地口入海,流通無阻,宜修立東西隄。」〔註179〕這樣黃河合界河而入海,黃河入海口由山東改流天津。黃河改原來的東流入海為北向入海,所以,宋人稱黃河故道為「東流」,黃河新道為「北流」。其實,在此之前黃河的入海口就已多次變遷,但在元豐四年後,才與界河混流。〔註180〕黃河的北移,引發了宋人的擔憂,給北宋的北邊防禦帶來了心理上的壓力,在神宗朝就有「議者欲復禹故迹」,〔註181〕但神宗未允准。

哲宗朝,回河東流之議再起。朝臣主張回河東流的主要理由如下:

今河之為患三:泛濫淳滀,漫無涯涘,吞食民田,未見窮已,一也;緣邊漕運獨賴御河,今御河淤澱,轉輸艱梗,二也;塘泊之設,以限南北,濁水所經,即為平陸,三也。〔註182〕

因擔憂黃河北流造成泛濫導致農田被淹沒,御河淤積無法轉輸,塘泊被黃河所毀無禦遼功能。

黃河北流為北宋防禦遼國帶來了不利因素,主要依據是塘泊的破壞,由王巖叟所言:「北塞之所恃以為險者在塘泊,黃河湮之,猝不可浚,浸失北塞險固之利。」〔註183〕

〔註178〕《宋史》,卷九十二,〈志第四十五 河渠二〉,頁2277。
〔註179〕《宋史》,卷九十二,〈志第四十五 河渠二〉,頁2286。
〔註180〕《宋史》,卷九十二,〈志第四十五 河渠二〉,頁2286。
〔註181〕《宋史》,卷九十二,〈志第四十五 河渠二〉,頁2288。
〔註182〕《宋史》,卷九十二,〈志第四十五 河渠二〉,頁2289。
〔註183〕《宋史》,卷九十二,〈志第四十五 河渠二〉,頁2290。

　　如果黃河再北徙，則河入遼界，中國失大河天險，同時滄州也失去了控扼遼國海道的作用。黃河北流將使北宋喪失防禦遼國之險，這是堅持回河的最主要理由。所以此派在貫徹其主張的的方案中，定在孫村口（今河南濮陽）回河，理由為「除孫村口外，更無不近界何可以回河入海去處。」〔註184〕同時，北宋也存在與回河東流極為對立的堅持北流的一派，兩派爭論的主要焦點為黃河在邊防中的作用。北流派的主要觀點為：黃河北流是地勢使然，且新河已成，不能以人力強加挽回。

　　由蘇轍所言可知：

　　　　河昔在東，自河以西郡縣，與虜接境，無山河之限，邊臣建為塘水，
　　　　以捍胡馬之衝。今河既西行，則西山一帶，胡馬可行之地以無幾，
　　　　其為邊防之利，不言可知，然議者尚恐河復北徙，則海口出虜界中，
　　　　造舟為梁，便於南牧。臣聞虜中諸河，自北南注入於海，蓋地形北
　　　　高，河無北徙之道，而河口深浚，勢無徙移。〔註185〕

正因地勢問題，東流高仰，北流順下，故黃河改道絕不可回。這是黃河改道東流不易成功的條件之一。范祖禹的言論更為激烈，他貶抑塘泊功用，認為塘泊淤淺並非黃河北流造成，遼人之所以未入寇乃是貪圖歲幣，塘泊根本無法產生防禦上的功效。〔註186〕

　　關於黃河北流失中國之險的反駁，有認為戰略防禦不能僅僅依憑黃河，還要看德政，樞密院事趙瞻言：「堯、舜都蒲、冀、周、漢都、咸、鎬，歷年皆數百，而不聞以黃河障外國，蓋王者恃德不恃險也。」〔註187〕即使黃河北流後，依然可發揮天險的作用。

（二）黃河的禦遼作用

　　宋人一直引為患者除遼騎外，另一即是黃河，可由太宗所言得知：

　　　　自古匈奴、黃河，互為中國之患。朕自即位以來，或疆場無事，則
　　　　有修築圩堤之役。近者邊烽稍警，則黃河安流無害，此蓋天意更疊
　　　　垂戒，常令惕勵。然而預備不虞，古之善教，深溝高壘，亦王公設

〔註184〕《續資治通鑑長編》，卷四百一十六，〈元祐三年十一月甲辰〉，頁10106。
〔註185〕（宋）蘇轍，《蘇轍集》（北京：中華書局，1990年），卷四十二，〈論開孫河箚子〉，頁735。
〔註186〕《全宋文（98）》，卷二一三一，范祖禹〈論回河狀〉，頁83～84。《全宋文（98）》，卷二一三二，范祖禹〈乞罷河役狀〉，頁92～93。
〔註187〕《續資治通鑑長編》，卷四百一十六，〈元祐三年十一月甲辰〉，頁10109。

險之義也。所請過當，不亦重困吾民乎？〔註188〕

此為當時河北路營田使樊知古上奏，太宗所回答之事，可以知道北宋一直念茲在茲的除遼騎入侵另一則是黃河氾濫問題。

北宋對河患的治理是以防禦遼國為先，其次才考慮河患對當地經濟和生活的影響。所以，雖然回河東流具有極大風險，有一部分人仍堅持回河東流，不過，回河東流也是很謹慎的，計畫先在元祐四年（1089），在孫村口開減水河，到五年才閉塞北流，回改全河入東流故道。治河官員要求：「如將來不測，大河泛漲，沖過直堤，淤淀故道，或河道變移，別無取水去處，乞免修河官吏責罰。」〔註189〕即使是堅持黃河北流的官員也主張：「踏行塘泊以南，有無可以疏通規海去處。〔註190〕」

回河東流之議初期佔了上風，自紹聖元年（1094年），封閉北流，但為時甚短，到元符二年（1099年），黃河便從內黃決口，東流斷決，黃河復北流，以後北宋再沒有改河東流的舉動。因北流對塘泊帶來的影響，建中靖國元年（1101 年），左正言任伯雨言：「若恐北流淤澱塘泊，亦祇宜因塘泊之岸，增設堤防，乃為長策。」〔註191〕崇寧四年（1105 年）尚書省言：「大河北流，合西山諸水，在深州武強、瀛州樂壽埽，俯瞰雄、霸、莫州及沿邊塘濼，萬一決溢，為害甚大。」詔增二埽堤及儲蓄，以備漲水。〔註192〕與此同一年整個黃河是呈現安穩狀態的。

塘泊雖說是人力設險的一個工程，但是，如果沒有源源不絕的水源，塘泊興建是無法辦到的，所以，塘泊是自然因素與人力因素相結合的產物。當人力還能利用自然因素對其進行改造時，塘泊的興建和保持就可能順利些，但是當自然因素不利的方面增多，在人為治理的能力到達極限時，塘泊的興建跟維護可能就難以進行，塘泊可能因此就要出現一些變化。如黃河改道浸淹塘泊數百里即是此種狀況。〔註193〕

黃河位處塘泊南方，是北宋防禦遼國的最後一道天然防線，黃河若於結冰期，景德元年（1004 年），在遼宋議和其間，宋真宗曾言：「河冰且合，戎

〔註188〕《宋史》，卷二百七十六，〈列傳第三十五 樊知古〉，頁 9395。
〔註189〕《續資治通鑑長編》，卷四百一十五，〈元祐三年十月庚子〉，頁 10089。
〔註190〕《續資治通鑑長編》，卷四百一十五，〈元祐三年十月戊戌〉，頁 10087。
〔註191〕《宋史》，卷九十三〈志第四十六 河渠三〉，頁 2310。
〔註192〕《宋史》，卷九十三〈志第四十六 河渠三〉，頁 2311。
〔註193〕《續資治通鑑長編》，卷三百九十八，〈元祐二年四月丁未〉，頁 9731～9733。

馬可渡，亦宜過爲之防。」〔註194〕此時「河冰且合」即黃河剛剛凍結足以行戎馬。黃河一般是在十二月中旬結冰，河北塘泊亦可能在此時冰封，這也是北宋邊防壓力大增之時，故而有「防秋」一詞的提出，不只是防禦遼於秋天草肥馬壯易於入侵，更甚而有冬日冰封河水，使遼騎入侵如履平地，此時如天候轉趨寒冷，更易造成防禦危機的出現。

七、塘泊的不利因素

（一）塘水溢滿

塘泊除常與民爭田外，並有著潛在的隱患，即爲水患。塘水的漲溢，會浸淹周邊農田。

北宋仁宗明道二年（1033）發生塘泊暴漲浸廢農田問題：

> 梁濼積水，廢民田數萬頃，不能疏導，至鄆州徙城以避之。嚮者臣（陳堯咨）守鄆，孫奭守兗，同相視，自魚臺下杷鑿河四十餘里，決泊水注河，由德、博東入於海，可以紓水患，通漕於河北。宜歲調夫乘春濬之。」朝廷從其說。然汙澤自具地形，終不能大耗也。〔註195〕

正因塘泊積水溢出，使鄆、兗兩地農田被淹沒而損失慘重，故有兩地官員陳堯咨、孫奭，兩人聯手合開渠道將塘水導入黃河以紓水患，並能藉此通運河北地區，爲朝廷所接受。

仁宗時內侍楊懷敏被委由管理河北沿邊屯田、河防、邊防等事宜，其認爲邊防重心即在禦遼，禦遼之法就是持續在河北增修塘泊。〔註196〕因此在景祐二年（1035）於屯田司任上時，楊懷敏廣增塘泊，「塘泊日益廣，至吞沒民田，蕩溺邱墓，百姓始告病，乃有盜決以去水患者，懷敏奏立法依盜決堤防律。於是知雄州葛懷敏請立木爲水則，以限盈縮，從之。」〔註197〕仁宗景祐三年（1036）又再次發生塘泊溢滿流出，有「詔霸州民田爲塘水所占及隔在界河外者，其稅租亦除之。」〔註198〕慶曆二年（1042年），「屯田司浚塘水漂招賢鄉六千戶。」〔註199〕

〔註194〕《續資治通鑑長編》，卷五十八，〈眞宗 景德元年十一月甲戌〉，頁1286。
〔註195〕《續資治通鑑長編》，卷一百十二，〈仁宗 明道二年正月癸巳〉，頁2604。
〔註196〕（宋）司馬光，《涑水記聞》（北京：中華書局，2006年），頁73～74。
〔註197〕《續資治通鑑長編》，卷一百十七，〈仁宗 景祐二年十月癸酉〉，頁2761。
〔註198〕《續資治通鑑長編》，卷一百十七，〈仁宗 景祐三年十月丁卯〉，頁2810。
〔註199〕《續資治通鑑長編》，卷一百三十六，〈仁宗 慶曆二年十月丙寅〉，頁3269。

包拯亦對塘泊溢流此情況上奏，請求減免沿邊人民賦稅：

> 臣伏見河北沿邊州軍，逐縣戶口至少，雖有田土，以迫近塘泊，遞
> 年例皆淹澇，秋夏未嘗收熟。……欲乞特降指揮，委轉運司勘會，
> 應沿邊州軍見係塘泊接連之處人戶，二稅今後只令納本色，更不得
> 依例折變及支移，使知朝廷惠養之意，則緩急可用。〔註200〕

正是由於這種情況的發生，所以有百姓偷決塘水以洩其勢，避免水患。當時
也有當職官吏不畏強權反對塘泊興修，如唐介知莫州任邱縣令時，「沿邊塘水
歲溢，害民田，中人楊懷敏主之，欲割邑西十一村地瀦漲潦，吏畏執不敢言，
介築堤闌之，民以為利。」〔註201〕

韓琦亦對屯田司所提塘泊政策提出批判：

> 每歲夏秋雨水之際，溏水漲溢，浸壞邊民廬產，不可勝計，使生者
> 無田可歸，死者無地可葬，……是從來出淺塘水入北界三臺小李村
> 之處，近年復以硬堰閉塞，為務溏泊渺瀰，確令北界人戶皆免水患，
> 錯置顛倒，無甚於此。兼保州是宣祖皇帝鄉里，彼處有宣祖皇帝先
> 遠墳塋，及民間所謂天子巷者，為溏水淹浸。此兩處人皆行船網魚，
> 而懼屯田司事勢，無敢言者。〔註202〕

因為塘泊之水的溢出，所招致邊地居民的損害超出屯田司所謂的功效，但
是當地居民因畏懼屯田司的壓力，敢怒不敢言，而在韓琦實際走訪後，發
現此一潛藏禍害而向朝廷提出建言，並希望能針對溏泊的擴展進行限阻作
用。

仁宗嘉祐四年（1059）夏竦與楊懷敏又向仁宗建議增廣廣信等七州軍塘
水，但遭張田所反對並提出「塘水不足以禦邊，而壞民良田，浸人冢墓，非
便。」〔註203〕張田提出異議後的下場即為貶職，所造成影響則是塘泊的面積
不斷擴大。嘉祐六年（1061）左侍禁、雄霸等路走馬承受林伸提出，「國朝上
世陵寢在保州保塞縣東，猶有天子巷、御城莊存焉。其地與邊吳淀相接無數
十里，頗為塘水所壞，乞下本處常完築之。」〔註204〕這又與韓琦之前所提出
的批判相呼應，「屯田一司專以內臣參領，邊陲無事，為務增展溏泊以為勞績，

〔註200〕《全宋文（26）》，卷五四四，包拯〈請沿邊人戶折變奏〉，頁17。
〔註201〕《宋史》，卷三百一十六〈列傳七十五　唐介〉，頁10326。
〔註202〕《全宋文（39）》，卷八四五，韓琦〈屯田司於河北增展溏泊為害奏〉，頁227。
〔註203〕《續資治通鑑長編》，卷一百九十，〈仁宗　嘉祐四年八月己丑〉，頁4591。
〔註204〕《續資治通鑑長編》，卷一百九十四，〈仁宗　嘉祐六年八月乙丑〉，頁4699。

每歲入奏，優得轉遷。相繼者務廣於前，興作不已。」〔註205〕可見塘水溢滿問題，人為方面占大部分因素。

　　河水氾濫造成塘泊溢出或是泥沙淤積等問題，但是疏通清淤所需耗費繁重，整修塘泊也是經費龐大，往往造成北宋朝廷的財務耗損，現舉一例即可知：

> 滹沱河自熙寧八年以後，泛濫深州諸邑，為患甚大，諸司累相度不決。蓋議者以其下流舊入邊吳、宜子淀最為便順，而屯田司謂有填淤塘濼之患，煩文往復，無所適從。昨差官檢計，若障入葫蘆河，約用工千六百萬，若治程昉新河，約用工六百萬，若依舊入邊吳等淀，約用工二十九萬，其工費固已相遠。乞嚴立期會，令都水監或本司及轉運司，各遣官與屯田司進議，定歸一策。〔註206〕

因為自神宗熙寧八年（1075）起滹沱河一直處於泛溢的局面，有朝臣提出將河水導入塘泊以疏洪，但是卻面臨引水入河或是導水入塘的兩難局面，因而有此詔令出現。

　　北宋朝廷也採取一些措施，盡量縮小塘泊所帶來的不利影響，同時，對遭受塘泊直接損害的民戶，朝廷有時也會給予優惠政策，景祐三年（1036年），「詔霸州民田為塘水所占及隔在界河外者，其稅租亦除之。」〔註207〕寶元元年（1038年），「河北屯田司言，欲於石冢口導百濟河水以注緣邊塘泊，請免所經民田稅，從之。」〔註208〕並藉著租稅減免，以平息民怨。在積極預防方面，注意塘泊堤防的修護。如嘉祐六年（1061）七月，提點河北刑獄公事張問言：「奉詔相度河北八州塘濼，今若就塘出土做堤，以畜西山之水，則設夏大河雖溢，而民田無衝浸之害，請下逐處，歲以時修築。從之。」〔註209〕

（二）冬日結冰

　　仁宗慶曆四年（1044）富弼上河北守禦十二策中對塘泊功效就提及：「然

〔註205〕《全宋文（39）》，卷八四五，韓琦〈屯田司於河北增展塘泊為害奏〉，頁227。
〔註206〕《續資治通鑑長編》，卷三百十一，〈神宗　元豐四年正月甲午〉，頁7534。
〔註207〕《續資治通鑑長編》，卷一百十九，〈仁宗　景祐三年十月丁卯〉，頁2810。
〔註208〕《續資治通鑑長編》，卷一百二十二，〈寶元元年十一月己未〉，頁2887。
〔註209〕《續資治通鑑長編》，卷一百九十四，〈仁宗　嘉祐六年七月己丑〉，頁4690。
　　　　《宋史》，卷九十五，〈志第四十八　河渠志五〉，頁2361。宋史所載為嘉祐八年，經考當以《續資治通鑑長編》時間為準。

窮多冰堅，旱歲水竭，亦可以濟，未爲必安之地。」〔註210〕

神宗熙寧五年（1072），東頭供奉官趙忠政言：「界河以南至滄州城，雖有塘泊二百餘里，其水或有或無，夏秋可徒涉，遇冬冰凍即無異平地。」詔外都水監丞程昉察視利害以聞。〔註211〕由上可知興築塘泊所遇危機不外如下，一、如遇枯水期或旱災將造成塘泊面積縮減甚或消失。二、如遇冬天氣候嚴寒將有可能使遼騎長驅直入，如履平地，將使北宋面臨重大危機，故神宗頗爲注意此事而派遣程昉前往調查。

胡宿亦在〈論邊事奏〉指陳「盛多冰合，鐵騎可過。」〔註212〕對塘泊寒冬時節，所暴露的北宋防禦問題，提出警告。韓琦亦將塘泊此項缺失向神宗提出警示。〔註213〕

塘泊設施主要是以水爲主，不免要受到水量豐沛與否的限制，到了冬季隨著氣溫的降低，塘泊就會結冰，其防禦功能就會下降。這也正是北宋君臣所擔憂的，也成爲部分官員反對塘泊的理由。

（三）泥沙淤積

泥沙淤積也是困擾北宋塘泊發展因素之一，因而有熙寧六年（1073）由管勾外都水監丞程昉提出：「請於保定軍東舊滹沱河南岸臺山口東南疏一川，行七十里至乾寧界，會于御河，可無塘灤塡淤之患。」〔註214〕所採用的爲疏導法，將河水將淤沙外流，過乾寧軍後入御河，但此法最後卻不可行，探究其因並非塘泊的淤砂難解而是人謀不彰所引發的問題。〔註215〕如程昉所言：

〔註210〕《續資治通鑑長編》，卷一百五十，〈仁宗 慶曆四年六月戊午〉，頁 3648。
〔註211〕《續資治通鑑長編》，卷二百三十五，〈神宗 熙寧五年七月辛卯〉，頁 5707。
〔註212〕《全宋文（22）》，卷四五七，胡宿〈論邊事奏〉，頁 47。
〔註213〕《全宋文（39）》，卷八四六，韓琦〈答詔問河北事〉，頁 239。
〔註214〕《續資治通鑑長編》，卷二百四十六，〈神宗 熙寧六年八月己丑〉，頁 5994。
〔註215〕「要存塘泊利害，臣所不知，若言淤卻此一處塘泊爲不利，即邊吳淀亦淤卻一處塘泊，豈邊吳淀淤卻便過戎馬不得？」上曰：「邊吳已是壞卻。」余曰：「見韓縝說邊吳見今有水不少，若存得邊吳淀，又 更引河從臺山路入御河，即是兩塘泊皆存得，豈不善？」八月十六日，同密院進呈程昉言滹沱河事。初，密院令孔嗣宗、劉舜卿等共相度，奏稱所閉蔡家門口等外皆深淵，若開作堰限，即不可復閉。昉以爲若令不可復閉，即二年前如何閉得，嗣宗等又以爲對敵境非便，昉以爲二年前有數十道堰限，如何敵境不以爲言？昉又言：「自密院閉此諸堰限，凡浸民田二十村七八十里，然此方無一人以爲言。」《續資治通鑑長編》卷二百四十六，〈神宗 熙寧六年八月己丑〉，頁 5994。

「自密院閉此諸堰限，凡浸民田二十村七八十里。」〔註216〕塘水無任何可宣洩之處故有此成因。同年「滄州北三堂等塘濼，為黃河所注，其後河改道而濼遂塡淤。程昉嘗請開琵琶灣引河水灌之，功不可成。」〔註217〕因黃河改道而導致泥沙淤積，本欲藉由琵琶灣河水流入而塡補塘泊，但未無法成功。其原因應是塘泊淤砂過於嚴重，使水無法灌注，並造成計畫失敗。

神宗熙寧七年（1074）針對塘泊問題提舉河北路常平等事，韓宗師彈劾程昉「導滹沱河水淤田，堤壞水溢，廣害民稼。」〔註218〕但由王安石與神宗的對話可以得知北宋對塘泊的處理態度，神宗言：「若果淤田有實利，即小小差失，豈可加罪？但不知淤田如何爾。」〔註219〕安石所提出的回答：

> 如滹沱河為事干塘泊，故與密院議，初未嘗言不可興修，既已興功
> 至於放水，乃言滹沱河不合入塘泊。臣以為滹沱河舊入邊吳淀，亦
> 是塘泊，新入洪城淀，亦是塘泊，若俱是塘泊，即淤卻上泊與下泊，
> 不知有何利害之異。」〔註220〕

可見當時的看法認為新開塘泊淤田對於整體經濟發展有利，因此一般小民損失是北宋所能承擔並默許的，但是一定要有實質成效出現，也正如《宋史》所說「神宗即位，志在富國，故以劭農為先。」〔註221〕

哲宗元祐二年（1087）右司諫王覿言：

> 所謂本者，大河橫流，吞食民田，未有窮已也。故濱河之民，居者
> 無安土之心，去者無還業之志，而又田為陂澤者，雖欲還業，將安
> 歸乎？……塘泊之設，以限南北，濁水所經，即為平陸。〔註222〕

哲宗朝已近北宋末期，其所面臨的是黃河氾濫，大量人民流離失所，且為了興築塘泊，奪田害民，加上泥沙淤積，一但河泛挾帶大量泥沙造成塘泊淤積，則防禦體系將形同虛設，使外敵有覬覦之心；同時塘泊維護與清淤所耗費的驚人開支也讓北宋倉廩空虛。王覿對此又提出「河北塘泊之嶮，以大河橫流，漲為平陸者數百里，敵騎之來將通行而無礙矣，而莫有任其責者。此邊吏之

〔註216〕《續資治通鑑長編》，卷二百四十六，〈神宗 熙寧六年八月己丑〉，頁5994。

〔註217〕《續資治通鑑長編》，卷二百四十八，〈神宗 熙寧六年十二月癸酉〉，頁6053。

〔註218〕《續資治通鑑長編》，卷二百四十九，〈神宗 熙寧七年正月甲子〉，頁6073。

〔註219〕《續資治通鑑長編》，卷二百四十九，〈神宗 熙寧七年正月甲子〉，頁6074。

〔註220〕《續資治通鑑長編》，卷二百四十九，〈神宗 熙寧七年正月甲子〉，頁6074～6075。

〔註221〕《宋史》，卷九十五，〈志第四十八 河渠五〉，頁2360。

〔註222〕《續資治通鑑長編》，卷三百九十六，〈哲宗 元祐二年三月丙子〉，頁9661。

不肅也。」〔註223〕整個北宋自仁宗起所面臨黃河改道，塘泊淤積除自然因素外，缺乏良好治河人材也是要素之一，且各州軍各行其事，無人擔其責任。王覿因是言官故需提出個人意見，但卻也是陳疴難救，無有解決方案出現。

（四）與民爭利

　　仁宗皇祐元年（1049）包拯所上禦邊之策提及「兼沿邊沃壤，又盡爲陂塘，租稅既無所入，皆仰給縣官。〔註224〕」從此奏可知北宋面臨的是人口壓力造成的糧食不足、軍需耗費產生的經濟問題，雖須擴增土地，但是豐饒之地已做爲塘泊防禦使用，深陷兩難困境，更成爲北宋自仁宗朝後朝臣爭論的問題。

　　整個塘泊興築，在史料記載中最反對者應以王安石爲首，在其與神宗對談中可見，王安石是反對塘泊興築的，但其著眼點並非無法防禦遼的侵入，而是侵占民田，此時正是王安石推動一系列「富國強兵」之策，塘泊的侵吞民田，將不利於北宋的經濟發展，故在與神宗對話時有「周官亦有掌固之官，但多侵民田，恃以爲國，亦非計也。太祖時未有塘泊，然契丹莫敢侵軼。〔註225〕」

　　哲宗時發生回河之爭，由范百祿所提：

> 塘濼雖有限敵之名，而無禦寇之實。今之塘水，又異昔時，淺足以褰裳而涉，深足以維舟而濟，冬寒冰堅，尤爲坦途。如滄州等處，商胡之決，即已澱淤，今四十二年，迄無邊寇之警，亦無人言以爲深憂。自回河之議起，首以此爲辭，是欲動煩聖聽。若謂直注北界，失險阻之限，是大不然。何者？大吳初決，水未有歸，猶北去；今河流八年矣，入海湍迅，界河益深，誠不宜過慮。設果有此，則中國據上游，北敵豈不慮乘流而擾之乎？……自古匈奴入寇之路，朝那、蕭關、雲中、朔方、定襄、鴈門、上郡、太原、右北平之類，無險而不入，豈塘濼界河之足限也哉。〔註226〕

此說是爲堅持自己立場，「塘濼雖有限敵之名，而無禦寇之實。」但由其所說「淺足以褰裳而涉，深足以維舟而濟，多寒冰堅，尤爲坦途。」可知哲宗朝因塘泊淤積所發生的問題嚴重，且對北敵的防禦已醞釀出重大危機，但朝臣

〔註223〕《續資治通鑑長編》，卷三百九十八，〈哲宗 元祐二年四月己亥〉，頁9713～9714。
〔註224〕《續資治通鑑長編》，卷一百六十六，〈仁宗 皇祐元年三月庚子〉，頁3994。
〔註225〕《續資治通鑑長編》，卷二百四十五，〈神宗 熙寧六年五月甲子〉，頁5958。
〔註226〕《續資治通鑑長編》，卷四百二十五，〈哲宗 元祐四年四月庚午〉，頁10281。

在朝政上卻處於相互指責，對實際民生國防無實際貢獻，造成之後「靖康之難」的出現原因之一。

因為北宋的廣設塘泊，塘泊減輕了北宋在河北東部防禦線上的壓力，由《武經總要》中所提及：

> 今北邊控扼之方，中國形勢之地，西自黑蘆口，東距滄海，其間叁百餘里，中國得地者多，匈奴得地者寡，何哉？自順安軍東至莫州二十里，皆是川塹溝瀆，葭葦蒙蔽，泉水縱橫，此乃匈奴天牢之地也，彼則不能馳騁。又東北至雄州三十里，又東至霸州七十里，又東至海水口，皆是營田堤岸，瀦水漸洳，此乃匈奴天陷之地也，彼則不能騎射。又自順安軍西至安肅軍約五十里，夾兩河之間，草木茂盛，乃匈奴天羅之地也，彼則不能騎戰。又西至廣信軍二十里，夾二軍之間，地多磽确，此匈奴天隙之地也，彼則不能奔沖。此中國得地形之多也。〔註227〕

其內文中「天牢、天陷、天羅、天隙」之地，〔註228〕為北宋控扼遼騎入侵的規劃。從邊地所佔優勢來看北宋塘泊經營之利，由各州軍間的塘泊構築，外加地形的配合，以形成防止遼騎兵的奔衝，達到禦遼功效及地利的優勢。

另由《宋會要輯稿》中指出：

> 可以築隄貯水為屯田，以助要害，免蕃騎奔軼。俟蓄歲間，塘注關南諸泊定水，播作稻田，其緣邊州軍，地臨塘水者，只留壯城軍士，不煩發兵廣戍，收水田以實邊，設險固以防塞，春夏課農、秋冬備寇，縱贍師旅不失耕耘，不費國用，不勞民力，如此則虜弱我強，彼勞我逸，以強備弱，以逸待勞制匈奴之術也。〔註229〕

利用儲存塘水，防止遼騎南侵，且借塘泊儲水，廣植稻田，藉此防禦設施，緣邊州軍只需留下少數修城士兵即可，不用廣佈重兵佈防，也可收實邊及防禦成效，而為日後北宋對遼控制契丹入侵的戰略。

〔註227〕《武經總要》，頁1121。

〔註228〕魏汝霖，《孫子兵法大全》（台北：黎明文化事業股份有限公司，民國80年），頁221。天牢：山林錯綜，易入難出之地。天陷：卑溼泥濘，流沙鬆軟，無法通行之地。天羅：荊棘叢生，溝渠縱橫，易失方向之地。天隙：兩旁為斷崖，絕壁之臨路。

〔註229〕《宋會要輯稿》食貨六三之三六，頁6004。《宋史》卷二百七十三〈列傳第三十二 何繼筠附何承矩傳〉，頁9328。

　　以上所述，除有魚米之利以實邊，也是北宋總結前人防禦所能想出最具便利，也最經濟的防禦設施，因只須築塘泊，即可減輕北宋派遣大量兵源，防禦北方的各項問題，並限縮遼騎入侵地點，且能使其分兵西夏，避免腹背受敵，這正是北宋當初建設塘泊的用意。

第五章　北宋禦遼的林木政策與設施

　　北宋與遼南北對峙下，由於遼國取得燕雲之地後，佔盡地利之便，並將由秦漢起能防禦北方游牧民族的長城收爲己用，因而把原本以長城爲界的地理疆域，往南推移至東起白溝河，沿此線往西途經河北省（河北路）北部直至山西省（河東路）北中部一帶。從五代後晉開始一直延續至宋、遼對峙下，所產生的地理變化，對宋顯然是不利的，形成太行山以東的沿邊地區無險可守。神宗朝時任宣徽南院使的張方平上奏：

> 今之京師，古所謂陳留，天下四衝八達之地者也，非如函秦天府，
> 百二之固，洛宅九州之中，表裏山河，形勝足恃。自唐末朱溫受封
> 于梁國而建都，至于石晉割幽薊之地以入契丹，遂與疆敵共平原之
> 利。故五代爭奪，其患由乎畿甸無藩籬之限，本根無所庇也。〔註1〕

爲了加強防禦，北宋建構東起滄州（河北省滄縣）西至保州（河北省保定）除興築塘泊等水利建設以禦遼外，並在保州以西塘水無法達到處，廣植林木做爲塘泊的延伸，收互補效益。太行山以西河東路與遼邊境地區，因地勢高多爲山地，且形成內長城防禦體系，北宋也在此處進行林木栽植工作，形成榆塞防禦的體系出現。另一方面不只軍事防禦林的出現，也形成軍事及民生並行的體系產生，以「榆、柳、桑、棗」爲主要，並配合其他林木，形成北宋對林木不只以軍事防禦爲主，也於「治黃」、「築城」、「民生」上有著互爲依存之作用產生，本篇章將針對防禦林禦遼作用闡述，其河堤防護與治黃已於前章節論述，本篇不再贅述。

〔註 1〕《續資治通鑑長編》，卷二六九，〈神宗 熙寧八年十月壬辰〉，頁 6592。

國外軍事學上亦有提出相關林木防禦論述：

約米尼在《戰爭藝術》中所說：

> 國家的天然形勢對於防禦也很有貢獻。在山地地區人民似乎是最強
> 悍的，其次就是遍地都是森林的國家。……深林狹路，也和山區一
> 樣，是有利於這一類的防守作戰。……叢林遍野的地區也可以構成
> 堅強的防禦。〔註2〕

另由克勞塞維茨《戰爭論》所說：

> 難以通行的森林，即只能從固定通道行軍的森林。……這時防禦方
> 的軍隊可以在森林後面保持一定程度的集結，等到敵人從森林臨路
> 出來時立即進行襲擊。……因此如果戰略防禦計畫能夠使敵人的交
> 通線通過一些大森林，那麼就等於為防禦添上了強而有利的槓桿。
> 〔註3〕

由上述論及森林在行軍、作戰上造成的不便，因樹叢林立，有礙敵軍行進，
從軍事防禦的角度來看，能有效爭取的防守縱深，成為地形上的優勢。宋代武
學總結《武經總要》中的「圮地」，即指「山林阻險、沮澤難行之道。」〔註4〕
巧妙的利用地形，也是戰略上的重要環節。另於《翠微先生北征錄》〔註5〕所
言，將前人累積的林木防禦經驗有確切的描述，如：「弩徒能制騎於三百步之
外，而三百步之內何以使騎之不可逃……正前輩伏弩於林可敗其騎，而騎果
敗；斷木於道可得其馬，而馬果得。」另在其卷六「急據」有更詳盡敘述：

> 謂三軍遇敵，既無山阜可依，復無川澤可據，即於近便有林木掩
> 映，急據以為待敵之所。敵將而愚，則依林設伏，而敵不及備；
> 敵將而智，則緣林發矢，而敵不可以入。林燥則畏焚，而敵兵不
> 可搜；林密則畏絆，而敵兵不敢逼。然後張翼偏遁，而反擊之。
> 是謂急據。

為充分達到林木的防禦功能，不僅依持天然森林所形成的自然屏障，北宋更
積極從事人工栽植林木工作，制造「防禦林」以替代長城之職。自戰國始修
築長城，並沿著長城廣種榆樹，形成「榆樹為塞」。此防禦林稱為「綠色長城」

〔註2〕《戰爭藝術》，頁40。
〔註3〕《戰爭論》，頁434。
〔註4〕《武經總要》，頁981。
〔註5〕（宋）華岳，《翠微先生北征錄》（北京；團結出版社，程紅書主編，《中國歷
　　　　代兵書集成（二）》，1999年），頁1464、1648。

也不爲過。漢代延續秦朝政策，「廣長楡，開朔方」〔註6〕，以防禦匈奴。此後，無論是在中原政權分崩離析，諸國分立情況下，或是大一統中原王朝抵抗外來民族的侵略，防禦林皆發揮其分界阻隔的功能。

北宋政權長期受到契丹等遊牧民族的入侵挑釁，無一刻止歇，且國防線過長，國防壓力的沉重可想而知。在中國古代傳統的戰爭對抗類型中，善於騎兵作戰的游牧民族，在平原地帶上通行無阻，機動性高戰鬥力強，以步兵爲主的農業民族，唯有長城、河泊、山地與森林能阻止其攻勢。在對外戰爭中，宋代大都處於被動的防守地位，因此防禦林的出現成爲重要的邊防措施。

除設塘泊與屯田抵擋遼國外，還在塘泊、屯田所不及的空地廣植楡柳以阻遏遼國騎兵的突入，稱爲楡塞，與塘泊屯田等措施互相補充，在南宋薛季宣向孝宗分析北宋戰略構想時提及：「河北爲三，而統於大名，有塘濼、方田、稻田、楡塞爲之險。〔註7〕」另由南宋寧宗嘉泰四年（1204）的奏章可知：「備邊之要莫於設險，秦漢植楡爲寨，限隔匈奴，本朝做塘淀於河北，實悍戎馬侵軼，塘淀所不及處，即禁近邊斬伐林箐，使溪隧斷絕，無從入寇。〔註8〕」這是南宋對北宋防禦遼騎南下的總結，認爲林木是極具防禦性質的工事，且植樹成塞雖不如塘泊受重視，但卻是終北宋一朝所採行的防禦措施之一，這亦是宋朝於立國初即開始構思的戰略防禦體系。

由上述可知，遼闊的平原上，能夠限制游牧騎兵行進的障礙物，即塘泊與森林。就執行技術與實際效益而論，種植防禦林遠較挖鑿水塘來得容易，更可行之久遠，常做爲鞏固國防的手段。所以雖然林木在防守上，爲輔佐塘泊、河渠的附屬，但在戰爭中特別是防守一方，卻有著不可抹滅功用。

第一節　北宋之前林木的種類與防禦功用

一、林木種類

宋代的林木分佈，在北宋河東路方面鑒於防禦林是古人與敵對方僵持下

〔註6〕（漢）司馬遷，《史記》（台北：鼎文書局，民國66年），卷一百一十八，〈淮南衡山列傳第五十八〉，頁3088。

〔註7〕（宋）陳傅良，《止齋先生文集》（上海：商務印書館，民國25年），《四部叢刊初編》，頁255。

〔註8〕（清）徐松輯，《宋會要輯稿》（北京：中華書局，1987年）（方域）十二之七～八，頁7523。

的產物之一。故林木在選材方面具有一定條件限制，並非隨便任何一種樹木即可，它有以下需求：一、易生，二、快長、三、能適應乾旱或潮濕氣候，四、能於民生用途使用。根據不同的地區及依物種不同特性，進行種植地區亦有所不同，在《齊民要術》中所述，如：「下田停水之處，不得五穀者，可以種柳」〔註9〕；「其白土薄地，不宜五穀者，為宜榆及白榆。〔註10〕」可見北宋對防禦林的樹種選擇是有其一定依據。桑為主要經濟作物，棗為糧食補充作物，除可做為防禦用並以此平衡防禦林種植過度所招致糧食及經濟的不足，可謂一舉數得。

在提到林木種類中，相關典籍文章中常出現的不外以下幾種：〔註11〕

（一）榆

榆科，榆屬。喬木或灌木，華北地區常見樹種，可成長至 15 公尺以上。榆樹適應力極強，易栽植性，耐寒、耐旱，可生於向陽或陰濕山坡及山溝與岩石縫中，也可生於乾燥多岩的高山地帶，故為荒山造林主要樹種。河北、河東地區以榆（榆樹、白榆）大果榆、裂葉榆、春榆、黑榆、椰榆、刺榆等樹種。可生長於海拔 1500 公尺以上地區。其功用有木材堅硬可製器具或供農具、車輛、建築之用，樹皮纖維可做繩索，嫩葉及果可食用，為荒年救饑食物。果、樹皮與葉藥用，能安神、利尿、治神經衰弱失眠及浮腫，種子可榨油、釀酒或製醬油。

（二）柳

楊柳科，柳屬。灌木或喬木，產於溫帶地區，高達 10 公尺以上。分布範圍頗廣，性耐旱，適應力良好，可生長於沙地或河灘下濕地區溪流旁，為砂區及輕鹽鹼地營造林木區優良樹種及植栽河岸優良行道樹種。也可於山坡灌林中或生長於海拔 1000 公尺以上區域。華北地區以旱柳、垂柳、山柳、簸箕

〔註9〕 （後魏）賈思勰著；繆啟愉、繆桂龍撰《齊民要術譯注》（上海：上海世紀出版股份有限公司，2006 年），頁 345。

〔註10〕 《齊民要術譯注》，頁 332。

〔註11〕 賀士元等編《北京植物志》（北京：北京出版社，1984 年），頁 81～87、104～117、551～555。丁寶章等編《河南植物志》（開封：河南人民出版社，1981年），頁 196～200、208～211、259～265、272～273、276、280～283。潘俊富《中國文學植物學》（台北：貓頭鷹出版社，2011 年），頁 64、93、113、163。經濟植物集編輯委員會《經濟植物集》（台北：農委會附設中興部，民國 77 年），頁 150～152。

柳等樹種為主體。其功用有建築、器具、薪炭、造紙、火藥等用途。枝條可編筐。花期早而長為早春主要蜜源植物。根及葉可入藥，能去風除濕治筋骨痛及牙齦腫痛，惡瘡。

（三）棗

鼠李科，棗屬。灌木、喬木或木質藤本，株高 5 公尺以上。對氣候要求不嚴，各種氣候皆能生長，喜乾燥且排水良好之地，並於陽光充足的溝邊或山谷中皆宜，故多生於華北、西北等地。約略分為拐棗、棗（大棗）等種類。其為食用果品，具有肥大肉質，果肉可生食或製作蜜餞及各種糕點，且方便儲藏運輸。可釀酒或製醋。亦可入藥，能補脾胃、潤心肺、清涼利尿。木材紋理堅硬緻密，可作為建築及器材或雕刻用材。

（四）桑

桑科，有柘樹屬及桑屬等。落葉或長綠喬灌木。高達 8 公尺左右。可生於向陽山坡及灌叢，或雜木林與疏林中。其品種有柘桑、桑（桑樹）雞桑、蒙桑等樹種。葉可養蠶，河北地區經濟來源之一，果實可食及釀酒，製作蜜餞等。木質堅硬，可做家具及器具。莖皮纖維可製高級紙張。根皮入藥有止痛、去風濕、消腫、鎮咳、活血功能，葉有祛風清熱、明目之效。桑葚可滋養補血、明目安神。桑之作用繁多，可為集各項利用於一身。故有宋徽宗所下詔「耕桑乃衣食之源，斫伐桑柘，未有法禁，宜立約束施行。」〔註12〕

以上四種植物皆常為宋人所用，可由宋仁宗時李識之奏，「請下開封府委令佐勸誘人戶栽植桑棗榆柳，如栽種萬樹倍多，委提點司保明聞奏，各與陞差使。」〔註13〕

二、林木功用

榆、桑、棗、柳等樹木在古代屬於一物多用途，有些木幹可做柴薪及建材，有些樹皮可作藥用，有些種子可供食用，在北宋時期除作為治黃疏濬外，興築宮殿、城牆不可或缺，也用於邊防抵禦遼騎南侵，另一主要功用為糧食作物的替代品，在宋遼交戰間，北宋除面臨遼國武力威脅外，尚有黃河氾濫導致糧食青黃不接的情形發生，在水旱頻仍下，人民須生活下去，此時以栽種榆、桑、棗、柳為人工植栽作物，藉由大面積的栽培可發揮一舉數得之效，可治黃、養

〔註12〕《全宋文（164）》，卷三五七八，〈禁伐桑柘詔〉，頁307。
〔註13〕《全宋文（16）》，卷三三一，李識〈請勸人戶栽植桑棗榆柳奏〉，頁237。

蠶取絲、禦遼、築城、飢荒時可供食用及做爲薪材，如單純以榆、桑、棗樹爲防禦用途，是輕忽各樹種功能，且如純粹只用於防禦，也未必需此林木樹種，尚有可替代樹種，〔註14〕因此在宋人眼中，挑選林木做爲防禦是有兼顧各項因素存在，並非只是防禦爲主，也包含民生經濟功用，如呂溫卿所言：「東路出絲綿、紬絹，西路饒材木、鐵炭。〔註15〕」可見神宗時河北東、西路〔註16〕的物產及林木是有所差別，爲因地制宜的。多用途的功能可由范應辰的奏章得到證實，「諸路多關係官材木。望令馬遞舖卒夾官道植榆柳，或隨地土所宜種雜木，五七年可致茂盛，供費之外，炎暑之月亦足蔭及路人。」〔註17〕由多方面的使用，確知宋人對於林木利用是不拘一格而且務實的。

圖三十四：北宋林木分布圖

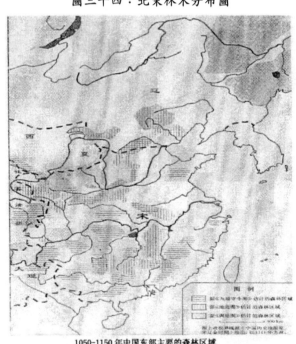

1050-1150 年中国东部主要的森林区域

王麗，《宋代國家林木經營管理研究》（西安：陝西
師範大學碩士學位論文，2009 年 6 月），頁 13。

〔註14〕 如：梓、楊、槐、松等樹種。
〔註15〕 《續資治通鑑長編》，卷二百八十四，〈神宗 熙寧十年八月己亥〉，頁 6955。
〔註16〕 濱棣德博恩冀滄瀛雄澶莫州、大名府、信安保定乾寧軍永靜軍爲東路，懷衛磁相邢洺深祁保定趙州、眞定府、安肅廣信順安永寧軍爲西路。《續資治通鑑長編》，卷二百四十六，〈神宗 熙寧十年 七月乙丑〉，頁 5984。
〔註17〕 《全宋文（13）》，卷二七四，范應辰〈請令馬遞舖卒植樹奏〉，頁 418。

在「治黃」方面，黃河在北宋時期時常氾濫，治黃也成北宋軍事戰略下的重要功能之一，所憑藉的是固堤，在太祖開寶五年亦對此下詔要求，〔註18〕林木在治黃的重要性，可由仁宗朝閻貽慶所說得知：

> 近者大河決蕩，溺民田，壞河道，由合蔡而下，漫散不通舟。請治夾黃河，引水注之。……凡所更縣，委令佐專察護，淺則濬治，岸薄而圮則增築之，植榆柳爲固，而輦運使總按其不如法及幹績而可紀者。〔註19〕

在黃河氾濫後北宋的補救措施，在河岸淺薄易坍塌處，廣植榆柳以穩固地基，北宋朝廷所看中者即是榆柳的抓地力及耐水性，藉此以鞏固河堤，防止再次爲黃河改道而遭致大規模毀損。哲宗朝亦下詔要求「今通容提轄管勾南北丞地分栽種穿杌榆柳；其不係栽種穿杌月份，仍兼提舉照檢兩丞埽岸，收賣物料及沿河勾當。」〔註20〕因管理治黃差使過於繁雜，此旨意在下達時爲可栽種榆柳時節，特別委由管理軍事訓練、督補盜賊的武臣，代爲督導管理榆、柳栽植作業，可看出「黃泛」是北宋列爲重要軍事防堵的一環。因此榆柳的栽種，素爲北宋歷朝所看重，特別是在治黃的課題下，榆柳的根基是否穩固於河岸，攸關國防建設的發展與防禦佈局。

哲宗元祐年間因「回河」問題，左諫議大夫梁燾先後提出「元堤廢壞，往往斷缺，所植林木，發掘已盡，昔日之備，百無一二。」〔註21〕「堤道廢壞，未有完葺，林木剪伐，靡有孑遺，今若不繕舊防，增濬故道，一旦河勢全奪東去而下流禦備殊未有涯」〔註22〕及范祖禹「及不至火急收買數千萬物料，致非時斬伐林木，殘害天地之所生。」〔註23〕使用林木固堤使黃河順勢而下，減少人民損失，但卻因物料問題招致林木砍伐，往往在黃泛時卻苦無林木可利用。由此可知在林木的運用上，於此時期已產生民生與戰備的拉鋸，及黃河中下游所遭遇的黃河危害嚴重度。

北宋在地勢較高、地力不及之處，以榆林爲主要防禦樹種，爲何選擇榆

〔註18〕修利堤防，國家歲事，勸課種藝，郡縣之政經。《全宋文（1）》，卷六，宋太祖〈沿河州縣課民種榆柳及所宜之木詔〉，頁148。

〔註19〕《續資治通鑑長編》，卷一百六，〈仁宗　天聖六年十二月戊子〉，頁2487。

〔註20〕《全宋文（150）》，卷三二四一，宋哲宗〈沿河稍低慢地分栽種穿杌榆柳詔〉，頁317。

〔註21〕《全宋文（82）》，卷一七八四，梁燾〈言回河第二狀〉，頁150。

〔註22〕《全宋文（82）》，卷一七八四，梁燾〈言回河第三狀〉，頁151。

〔註23〕《全宋文（98）》，卷二一三二，范祖禹〈又乞罷回河箚子〉，頁88。

樹做主要防禦之用呢？除由其樹種及功用來看外，最重要即是其成長迅速，符合北宋對遼防禦的急迫需求，再配合好種易養的特性，〔註24〕雀屏中選。在地勢低窪，易積水處，則改爲棗、柳、桑爲主要防禦植物，在北宋棗樹的使用，除爲大喬木可禦敵外，亦看中其產量，農人種植除鮮食外，尚可於成熟後曬乾製成果脯（蜜餞）存放，以備不時之需。桑樹栽種以利益考量居多，軍事防禦反爲其次，因黃河流域中下游地區乃桑林茂盛，蠶桑事業發達的地區，且於災荒時可以桑椹果腹。〔註 25〕由司馬光所提：「臣竊惟鄉村人戶播植百穀，種藝桑麻，乃天下衣食之原，比於餘民，尤宜存卹。」〔註26〕可知其功用所在。柳樹使用應爲其生長特性，易栽植，適水性，具抓地力，常運用於行道樹及護堤林種植上，除上述外，尚有許多可供利用的樹種，〔註27〕但是以榆、柳、桑、棗爲主，對北宋防禦遼騎的入侵，做出了一定的貢獻及利用價值。

圖三十五：北宋蠶桑事業分布圖

史念海《河山集》（張家口：生活・讀書・新知三聯書店，1978 年），頁 259。

〔註24〕《齊民要術譯注》，頁 333。所提及「既無牛犁、種子、人工之費，不慮水、旱、風、虫之災，比之穀田，勞逸萬倍。」
〔註25〕史念海，《河山集》（北京：新華書店，1978 年），頁 256。
〔註26〕《續資治通鑑長編》，卷二百七十　（哲宗 元祐元年□月辛卯），頁 9003。
〔註27〕如柘、棘、梓、楊、槐……等樹種。

三、林木防禦工事

　　在焦國模《中國林業史》〔註 28〕中提及，榆、柳、桑、棗為中國北方歷史悠久的樹種，在先秦時期，主要作為民生物資，各依其時節讓人所用。「司爟掌行火之政令，四時變國火，以救時疾。〔註 29〕」漢·鄭玄注：「春取榆柳之火。夏取棗杏之火，季夏取桑柘之火，秋取柞楢之火，冬取槐檀之火。一年之中，鑽火各異木，故曰改火也。〔註 30〕」

　　先秦時期除依時節將林木用於民生外，尚具有邊防作用，「凡國都之竟，有溝樹之固，郊亦如之。〔註 31〕」從而有專司職掌邊防官職的出現。根據《周禮》記載其職掌為：

> 司險掌九州之圖，以周知其山林、川澤之阻，而達其道路。設國之
> 五溝、五塗，而樹之林以為阻固，皆有守禁，而達其道路。國有故，
> 則藩塞阻路而止行者，以其屬守之，唯有節者達之。〔註 32〕

此時已對防禦林有所認知，並派遣專職官員，對邊防林木作有效管理及運用。

　　中國邊患大多來自北方，以農業為主的漢民族，在天然地理的分界上，除山脈、河流外，往往是以大面積的的森林為疆界劃分。為求能遏止胡人南下牧馬，漢民族在天然地理，無險可阻下以建造長城為防禦主體，並於長城沿邊廣種榆樹，「南越賓服，羌僰入獻，東甌入降，廣長榆，開朔方，匈奴折翅傷翼，失援不振。〔註 33〕」「蒙恬為秦侵胡，辟數千里，以河為竟，累石為城，樹榆為塞，匈奴不敢飲馬於河。〔註 34〕」此一措施使北方匈奴有所忌憚，恐因「策馬入林」被圍襲，而不敢輕舉妄動。因此有「樹榆為塞」的防禦工事出現。此時林木防禦功用，不僅是依恃天然森林作為有效防禦屏障，自秦代起更是主動從事人工栽植林木，形成第二道防禦措施，以彌補長城防禦不足之處。

　　歷朝各代，無論是國土一統亦或是分裂戰亂，皆已開始注重各國或是胡漢之間的國境防禦問題，此時林木的防禦即一再顯現出來，發揮防禦分界的功能。

〔註 28〕　焦國模，《中國林業史》（台北：國立編譯館，民國 88 年）。
〔註 29〕　《周禮正義》（台北：藝文印書館，《十三經注疏》，民國 84 年 9 月），卷三十，〈夏官司馬·司險〉，頁 458。
〔註 30〕　《史記》，卷六十七，〈仲尼弟子列傳第七·宰予〉，頁 2194。
〔註 31〕　《周禮正義》，卷三十，〈夏官司馬·司險〉，《十三經注疏》，頁 459。
〔註 32〕　《周禮正義》，卷三十，〈夏官司馬·司險〉，《十三經注疏》，頁 459～460。
〔註 33〕　（漢）司馬遷，《史記》，卷一百一十八，〈列傳第五十八　淮南衡山列傳〉，頁 3088。
〔註 34〕　（漢）班固，《漢書》，卷五十二，〈列傳第二十二　竇田灌韓傳〉，頁 2401。

在詩人墨客的各項創作上，皆能看到防禦林的身影出現。在樂府詩集中所提及北方防禦，有「薊門海作塹。榆塞冰爲城。〔註35〕」北國獨有特色出現。

此時華北地區在歷經魏晉南北朝的戰火洗禮，林木已不復秦漢時期繁茂，爾後延續至隋唐時期華北地區森林覆蓋率已明顯下降，唐代黃河中游地區屯田，中後期屯田棄廢，更加速原始林的破壞，平原地區基本已無天然林的存在，而以人造林的出現取代。〔註36〕爲此隋、唐爲因應魏晉南北朝時期，人口流失及林木不足問題，提出於撥給民戶地籍耕種同時，需要植桑五十根以上，榆棗各十根以上，土地無法種植以上所述各項者，才可任意種植各項作物。〔註37〕又提出如任意毀壞樹木者以準盜論。〔註38〕可見隋唐政府對樹木保護的重視，上述所提資料雖無法充分反應樹木種植及保護與邊防的關係，但可以知道藉由政府的推動，林木是具有一定的數量存在，爲日後五代至宋提供可資利用的資源。

唐在邊區是否有種植大量防禦林木？可由《全唐詩》卷七十八〈送鄭少府入遼共賦俠客遠從戎〉中「邊烽警榆塞，俠客度桑乾。柳葉開銀鏑，桃花照玉鞍。滿月臨弓影，連星入劍端。不學燕丹客，空歌易水寒。〔註39〕」得知，在北宋提出以榆塞防禦契丹時，唐即以榆林爲塞作爲防禦體系的運用之一。五代後周時更是徹底貫徹對林木保護政策，後周世宗顯德三年（956）「民伐桑棗爲薪者罪之，剝桑三工以上，爲首者死，從者流三千里；不滿三工者減死配役，從者徒三年。〔註40〕」藉由對林木所採行的保護重罰政策，以確保防禦林不被隨意砍伐，進而減輕邊防壓力。

四、林木對騎兵的防禦工事

林木防禦騎兵戰術由唐延續到宋，在北方民族強勢騎兵攻堅下，南方農業民族所能採行的即是築堡寨、城池以爲防禦。城池建構須耗費大量時間、物資，木材在建築需求上更是龐大。在北方游牧民族不斷挑釁威逼下，攻擊

〔註35〕 郭茂倩編，《樂府詩集》（北京：人民文學出版社，2010 年），卷二十七，〈戴
　　　　　嵩・度關山〉，頁 608～609。
〔註36〕 張步天《中國歷史地理（下）》（長沙：湖南大學出版社，1988 年），頁 21。
〔註37〕 （唐）長孫無忌《唐律疏義》（台北：台灣商務印書館股份有限公司，2005
　　　　　年），頁 173。
〔註38〕 《唐律疏義》，頁 347。
〔註39〕 （清）清聖祖編，《全唐詩》（台北：明倫出版社，鳳圖 60 年），頁 013。
〔註40〕 《宋史》，卷一百七十三，〈志第一百二十六　食貨上一〉，頁 4158。

入侵已有固定時節，但南方農業民族不可能知道，游牧民族何時入侵。農業民族爲求防守上的方便迅速，所種植林木具備有成長快、可做民生之用，能適應惡劣環境的多用途樹種。在北宋沿襲前代的各項防禦理論及可行方案後，廣植林木即爲有效可行方法之一，遼騎來襲則可伐木爲寨或是設立防禦工事。由《武經總要》、《中國兵學通論》、《虎鈐經》、《金湯借箸十二籌》、《武編》等軍事書籍中，得知北宋防禦工事如下：

（一）營柵拒敵

在古代戰爭所形成的條件下，大多時候是立木設柵爲營。後梁貞明三年（917）李存審與契丹作戰「李存審命步兵伐木爲鹿角，人持一枝，止則成寨，契丹騎還寨而過，寨中發萬弩射之，契丹人馬死傷塞路。」〔註41〕可見建構木柵，乃根據客觀條件而定。木柵可在敵人進攻時作爲遏止敵騎突衝的防禦工事，高低不齊的木柵頂部，也正好可以作爲戰時的女牆。柵下再挖一些防禦工事乃至壕溝，此種木柵就可稱做「塹柵」。

築城、挖壕所需時間較長，且有一定要求，故而有「凡木棚，因敵所逼，不及築城壘；或因山河險勢、多石少土、不任版築，乃建木爲棚，方圓高下，隨事深埋，木根重複，彌縫其闕。」〔註42〕，只要有樹木，就能夠砍木立寨，因只需在地上挖出可以足以立木樁的小洞即可成立營寨。以木立寨，得以迅速建構完成。後唐大將李存進「代嗣昭爲招討，進營東垣渡，夾潯沱爲壘，砂土散惡，垣壁難成。存進斬伐林樹，版築旬日而就，賊不能寇。」〔註43〕此爲因應時間急迫就地伐木而爲之。另外更簡易的方法是掘壕爲營，大多在時間不允許築城的情況下使用，以壕溝作爲防禦的主體，要求壕溝能底寬一丈二尺、壕深一丈以上、口寬一丈五尺，所挖掘出的土堆於內岸拍緊，不可使其倒塌，如此構成一道防禦工事。〔註44〕敵方若是沒有足夠的越壕器械，是無法越過壕溝的。

沿邊堡寨因陋就簡，故城池皆非夯土石材建築，而是以木頭柵欄爲基礎，可由太宗時裴莊所提奏摺得之，「緣邊砦柵，戍兵既寡，戎人易以襲取，咸請廢罷，以益州兵。」〔註45〕以此得到反證，沿邊堡寨是以木制爲主的建築，

〔註41〕《資治通鑑》，卷二百七十，〈後梁紀五　均王貞明三年（917）〉，頁8818。
〔註42〕《武經總要》，頁947。
〔註43〕《舊五代史》，卷五十三，〈唐書二十九　列傳第五〉，頁719。
〔註44〕《武經總要》，頁946。
〔註45〕《全宋文（3）》，卷六十一，裴莊〈請廢緣邊砦柵奏〉，頁433。

所需負擔應為警戒任務。太宗於端拱二年（989）立法以方田為主要，依距離遠近，列置寨柵，而有「可以限其戎馬而大利我步兵。」〔註 46〕除用於警戒外，尚有拖延敵軍進兵速度的功效。

堡寨地址選定之後、欲維繫穩固關鍵是圍繞堡寨的防禦設施。北宋對遼的戰略構想，可分為太祖朝及澶淵之盟後共兩個時期，澶淵之盟後所修築的城營、壕營、柵營，應有固定樣式皆有一定要求。初期太祖、太宗朝的北伐戰役，因駐紮時間短或臨時駐紮，可能利用軍中現成器械架設車營或槍營等防禦設施。

營寨一般都設在前線或防禦要衝之地，聚集人員兵馬，因此當敵方進行攻擊，特別是夜襲、火攻的主要目標。為保證營寨的安全，在營寨的內外，應做到如下所述要求「外開濠塹，內設壁壘，外布蒺藜竹馬，深裁鹿角。壘土立柵，守以強弩。……亦有傅壁壘立柵者，亦聽其便。」〔註 47〕此為明代對前代防禦軍事之總結，此也是由宋到明所因循不悖的軍事理論。

（二）禦敵設施

在木料運用方面，以守城防禦設施為例，城內的守禦模式請詳見第三章，現由《武經總要》、《虎鈐經》中所提略述如後，並附圖如下。〔註48〕

1、陷馬坑：孔長五尺，闊一丈，深三尺。坑中埋鹿槍、竹戟，坑十字相連，狀如鈎鑲，覆以當草、茆禾，加土種草，令生苗蒙覆其上。軍城、壘壁要路皆設之。另一說為長五尺，闊三尺，深四尺。坑中植鹿角槍、竹籤二物，接削尖入火令尖。其排如巨字，或解槍為之，覆以當草，或上種草苗，務令敵人不覺。凡敵來路及城門內外皆設之。

2、拒馬槍：以木徑二尺，長短隨時，十字鑿孔，縱橫安栝，長一丈，銳其端，可用塞城門，要路。

3、鹿角木：擇堅木，如鹿角形者，斷之，長數尺，埋入地，深尺余，以閡馬足。凡敵來路及城門內外皆設之。大城外，遍植鹿角木。

4、地澀：以逆須釘布版上，版厚三寸，長、闊約三二尺。

5、擋蹄：斗四木為方形，徑七寸，中橫施鐵逆須，釘其上，示攔馬路之具。

6、木蒺藜：以三角重木為之。凡壕中，遇天旱水淺，則布鐵（木）菱角於水中；城外有溪陂可絕者，亦布之。

〔註46〕《全宋文（9）》，卷七十一，宋太宗〈令沿邊作方田列寨柵詔〉，頁 236。
〔註47〕《中國兵學通論》，頁 127。
〔註48〕《武經總要》，頁 1039～1040。《虎鈐經》，頁 560。

7、木女頭：形制如女牆，以版爲之，高六尺，闊五尺，下施兩輪軸，施拐木二條。凡敵人攻城，摧毀女牆，則以此木女頭代之。

8、木檑：以木體重者爲之，長四尺，徑五吋。另有加強版稱爲夜叉檑，又名留客住，用濕「榆木」，長一丈許，徑一尺，周四施逆須，出木五寸；兩端安輪腳，輪徑二尺。以鐵索腳車放下，復收，並以擊攻城蟻附者。

　　以上是以木材爲主的防禦設施，可用於困敵或阻礙敵軍推進的速度，整體上是運用木材特性加以調配並適應戰場環境，內中所提榆木即是因材質高大堅硬，而被舉爲防禦木料的首選，反過來說亦可作爲攻城器具使用，巧妙各有不同，只在存乎一心而已。

圖三十六：木料防禦武器圖（1）

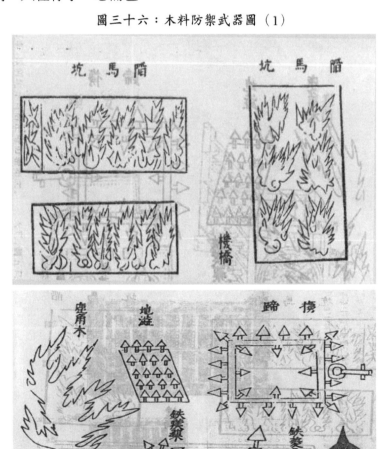

圖三十七：木料防禦武器圖（2）

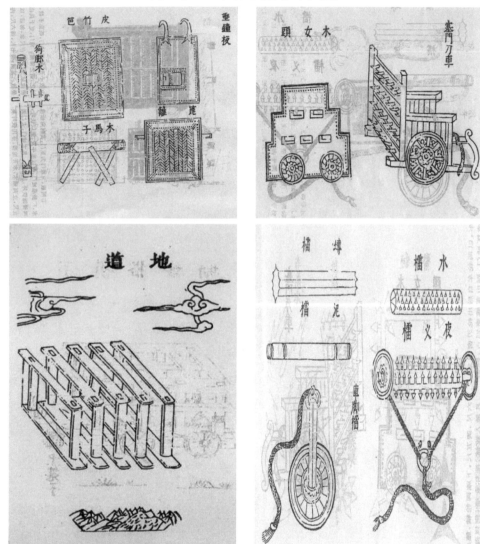

第二節　北宋時期林木要塞的分布與防禦

　　北宋自太祖時即已開展林木的防禦政策，直至眞宗時才有一定規模形成。
太祖、太宗時期，雖然爲恢復五代的殘破經濟，曾經大力勸課農桑，〔註49〕但

〔註49〕《全宋文（1）》，卷二，宋太祖〈禁斫伐桑棗詔〉，頁22。桑棗之利，市價所
　　　　貴，用濟公私，豈宜剪伐？如聞百姓斫伐桑棗爲樵薪者，其令州縣禁止之。

太祖、太宗其主要目的仍是「北伐燕雲，一統中原」的宏圖大業，在制定國家各項政策時，統一是他們的首要考量，積極發展經濟民生是為了給統一提供充足的基礎物質建設。一直到真宗景德元年（1004）澶淵之盟，宋遼雙方訂立和平協定，宋廷才能真正將統治重心轉移至內政上，在對遼、西夏和約方面，除宋與遼是兄弟之盟外，宋與西夏則尚有君臣之國的外交盟約。而造成北宋一直擔心遼入侵的原因，除遼實力較西夏強大外，還在於宋、遼邊界地處華北平原北部，有著「地廣平，利馳突」，地勢開闊平坦，利於騎兵突擊；且距統治中心亦近，快馬加鞭星夜兼程，數日即可兵臨汴州城下。因此防禦林在種種考量之下，徹底實施並開展。

一、林木要塞的分布

北宋除設塘泊及屯田或方田防禦遼國外，尚於塘水不及處廣植榆柳，以阻止遼騎南侵，藉由遍植榆、柳、桑、棗……等的補強，使塘泊屯田的禦遼措施能夠彼此互補。北宋因此在與遼交界處建造大量軍事防禦林，並禁止採伐，在保州以東將林木作為對遼第二道屏障，減緩遼騎的突襲，保州以西則為防禦第一線工事。此處所稱的林木要塞，前人文章皆稱呼為榆塞，但本篇文章則是以林木要塞稱之，究其其因乃是保州以西、定州以北、太行山沿邊防禦林以需水較少的榆木為主，華北地區地勢低窪又有鹽滷之害下，以栽種桑、柳、棗為多，在植林為塞下，藉由大範圍的植林以達防禦遼騎入侵，其主要植林地為保州以西無塘水防禦處。

林木防禦其區域以河北路為起點，自滄海、乾寧、雄、霸、順安、廣信，延續至中山距井、代一線的河東路為主要防禦地區。由太宗「命曹翰部署修雄霸州、平戎破虜乾寧等軍城池。開南河，自雄州達莫州，以通漕運。築大隄捍水勢，調役夫數萬人，拒敵境伐木以給用。〔註50〕」

河北沿邊由保州以西、定州北部至太行山的軍事防禦皆以林木為主。仁宗明道二年（1033），侍禁劉宗言奏請種樹於西山之麓，效法種榆為塞，以限制契丹騎兵的入侵。〔註51〕皇祐元年（1049），河北緣邊安撫司，請求將保州以西無塘水防禦的地方，廣植林木，假以時日可以阻擋遼之騎兵入

〔註50〕《續資治通鑑長編》，卷二十一，〈太宗 太平興國五年十二月丁丑〉，頁483。
〔註51〕《續資治通鑑長編》，卷一百一十二，〈仁宗 明道元年八月壬午年〉，頁2609。

侵，依所請求。〔註52〕由保州以西至定州以北的軍事防禦林是植栽與禁伐相配合以鞏固的。

北宋於河北中部的禦遼林木，由滄州以西至滿城間的安肅、廣信、順安軍等地為主要防禦區，此區未能像滄州以東地區，地勢低窪又有塘泊為防可供利用，且又為遼南下後北返必經之地，北宋政府亦深知此地防禦弱點，遂有熙寧二年（1069）提出「安肅、廣信、順安軍、保州令民及其地植桑榆或所宜木，因可限閡戎馬。」〔註53〕

東部主要以滄州以東為主，其地理條件不同於河北西、中部，為塘水匯集地，有所謂「塘水之利」的防禦優勢，即便如此亦面臨氣候的轉變，並於熙寧五年（1072）如東頭供奉官趙忠政言：「界河以南至滄州凡二百里，夏秋徒可涉，遇冬則冰合，無異平地。請自滄州東接海，西抵西山，植榆柳、桑棗。〔註54〕」此處林木防禦為塘泊的補充，亦是契丹最不想南下牧馬經略之地，騎兵於此作戰未能充分展現優勢，適合運用步兵防守為主體地區。

除河北路沿線為主要禦遼地區，尚有河東路東北端的忻、代等地，當河北地區防禦佈防完畢，遼騎入侵路線將改由忻、代等地向西太行山進出。另由河東路北部火山軍及寧化軍之間，有茂密森林以為防禦，由蘇轍所言可知：「火山、寧化之間，山林富饒，材用之藪也。」〔註55〕，北宋憑藉此一地區有山林所組成的天然屏障，一直至徽宗崇寧五年（1106）二月，河東沿邊安撫司奏言：「從來禁伐五台山一帶森林，以遏胡馬之衝。」〔註56〕又於宣和三年（1121）四月，繼續有臣僚上言忻、代、寧化軍，仁宗、神宗封禁以來「積有歲年茂密成林險固可恃，猶河朔之有塘濼也。」〔註57〕

由上觀之，北宋先後於河北、河東沿邊建立軍事防禦林，但因宋對遼軍事布局及地理條件差異問題，使得北宋林木防禦除彌補邊防工事不足外，選擇適宜地型環境，植栽林木，亦做到「以限敵騎，且給邦之用才。」的多重功用。

〔註52〕 《續資治通鑑長編》，卷一百六十七，〈仁宗 皇祐元年十月戊寅〉，頁4019。
〔註53〕 《宋史》，卷一百七十三，〈志第一百二十六 食貨上一〉，頁4167。
〔註54〕 《宋史》，卷九十五，〈志第四十八 河渠五〉，頁2362。
〔註55〕 《蘇轍集》，卷三十七，頁659。
〔註56〕 《宋會要輯稿》，〈兵〉二九之三，徽宗崇寧五年，頁7291。
〔註57〕 《宋會要輯稿》，〈刑法〉二之八十，徽宗宣和三年，頁6535。

圖三十八：北宋防禦林分佈圖

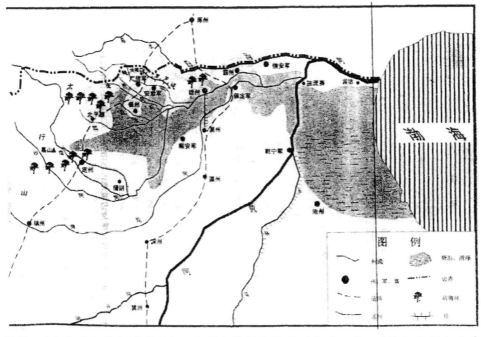

楊軍，〈北宋時期的河北塘泊〉，北京大學歷史地理研究中心編，《侯人之師九十壽
誕紀念文集》（北京：學苑出版社，2003 年），頁 243。

二、林木要塞的防禦

　　太祖朝確立「先南後北」政策始，命各部將守邊，確立宋朝立國基礎。
此時並大舉種植軍事防禦林，以扼遼騎進攻，北宋在河北植榆柳，最早可追
溯到太祖時，由《揮麈錄 後錄》記載：

　　　　太祖嘗令瓦橋一帶南北分界之所，專植榆柳，中通一徑，僅能容一
　　　　騎，後至眞宗朝，以爲使人每歲往來之路，歲月浸久，日益繁茂，
　　　　合抱之木，交絡翳塞。〔註58〕

其後在邊境植林做爲防禦外，重要軍事城池周邊亦種植林木，一爲防禦，另
一爲儲備各項耗材。郭進於駐防西山時亦於洺州廣植柳木，城池壕溝亦雜植
荷芰蒲葦。〔註59〕

　　有鑑於五代時期紛爭不斷，地力喪失，須先休養生息，爲後世著想，在

〔註58〕　（宋）王明清《揮麈錄‧後錄》（上海：上海書店出版社，2001 年）〈卷一〉，
　　　　　頁 41。
〔註59〕　《續資治通鑑長編》卷十七，〈太祖 開寶九年十一月庚午〉，頁 385。

民生方面接連下達廣植林木與禁止伐林等詔書；以興利爲首要，可由〈勸栽植開墾詔〉中可知：

> 五代以來，兵亂相繼，國用不足，庸調繁興。圍桑柘以議蠶租，括田疇以足征賦。逋逃所失，均里閭。致樹藝不得勤……今百姓有能廣植桑棗……並令只納舊租，永不通檢。……如能招復逋逃，勸課植栽，舊減一選者，更佳一階。〔註60〕

太宗時，由河北營田使樊知古上奏「請修城木五百餘萬、牛革三百萬。」〔註61〕由太宗回答可知：「萬里長城豈在於此？」由樊知古所請求修城的耗費可見宋初對城池之重視，且由不計花費只爲鞏固城池防禦，所求即是如長城般能阻隔北敵入侵，可知宋初君臣對城防的看重。

眞宗時先爲因應遼軍隊入侵故有「以大兵夾唐河，令威虜靜戎順安軍、北平寨、保州嚴兵應援，仍廣開方田以拒戎騎。若猶未也，則以修新寨爲名，儲木瓦於定州。」〔註62〕藉由集中兵力於成犄角的防禦堡壘，另將戰備物資，建構城池的木材，屯於定州，方便作爲戰爭開打時的主要集散及供應物資之地。

景德二年（1005）因河北地區缺乏牧馬涼棚，要求拆毀閑散官廨及伐官有林木使用，不得砍伐民間屋材使用，即是因爲要修整做爲對遼作戰的騎兵馬廄，方才有此命令下達。〔註63〕

大中祥符七年（1014）下詔獎勵河北緣邊安撫司上「制置緣邊浚陂塘築隄道條式、畫圖」並於沿邊防禦堡寨種植植柳蒔麻，以備邊用，〔註64〕大中祥符九年（1016）下令河北沿邊安撫司對緣邊所種榆柳清點數量外，亦將林木分布範圍及數量都繪製專門地圖，眞宗亦於同年九月對輔臣出示〈北面榆柳圖〉，提到種植樹木廣達三百萬株，並「可代鹿角」。〔註65〕另由眞宗天禧三年知雄州李允則的作法，可爲北宋城防典範：

> 周世宗始以關爲州，而民多以草覆屋。允則取材木西山，大爲倉廩

〔註60〕《全宋文（1）》，卷五，宋太祖〈勸栽植開墾詔〉，頁102。
〔註61〕《宋史》，卷二百七十六，〈列傳第三十五 樊知古〉，頁9395。
〔註62〕《續資治通鑑長編》，卷五十六，〈眞宗 景德元年正月丙申〉，頁1226。
〔註63〕《宋會要輯稿》〈兵〉二一之三六，眞宗景德二年，頁7142。
〔註64〕《續資治通鑑長編》卷八十二，〈眞宗 大中祥符七年六月乙丑〉，頁1880。
〔註65〕《宋會要輯稿》〈方域〉十二之八，寧宗嘉泰四年，頁7523。《宋會要輯稿》，〈兵〉二七之十九，眞宗大中祥符九年，頁7256。

營舍。……城上悉累覽，下環以溝塹，蒔麻，植榆柳。……允則曰：
「南北既講和矣，安用此爲！」命撤樓夷坑，爲諸軍蔬圃，浚井疏
洫，列畦壠，築短垣，縱橫其中，植以荊棘，而其地益阻險。……
下令安撫司，所治境有隙地悉種榆。久之，榆滿塞下，謂僚佐曰：「此
步兵之地，不利騎戰，豈獨資屋材耶。」〔註66〕

於所管轄境內有空隙之地，皆種上榆樹，時間一久「榆滿塞下」，有「此步兵
之地，不利騎戰」〔註67〕的說法產生，可見至此防禦林成效已出現。

仁宗明道二年（1033），此時整個河北東部防禦體系已建構完成，侍禁劉
宗言上奏，請植樹於西山之麓，效法榆塞的防禦功能，防止契丹兵馬的進出。
〔註68〕河北地區因長期開發，林木保存不易，故而於仁宗慶曆二年（1042），
頒布「河北堤塘及所在閑田中官種林木，毋輒有採伐，違者置其罪。〔註69〕」
其後富弼上河北守禦十二策所提：

鎮、定西山有谷口十餘道，盡通北界山後之路，景德以前，不甚跡
熟，驚溪澗峻狹，林木壅遏，故敵騎罕由斯路而入，雖有來者，亦
不免艱阻。臣頃聞河朔人說契丹自山後斬伐林木，開鑿道路，直抵
西山漢界而止。今則往來通快，可以行師。〔註70〕

皇祐元年（1049），河北緣邊安撫使奏請自保州以西無塘水防禦之處，廣植林
木，用以防制契丹騎兵馬奔突。〔註71〕由上可知，北宋是以政府力量，強制
推行防禦林種植，雖與國計民生有所衝突，但就國防而言，防禦林還是擺放
於第一位，因此有禁止人民採伐違反將與以懲處的刑罰出現。

英宗治平五年（1068），詔令河北沿邊安撫司、屯田司，於滄州邊界的塘
泊及低窪地，要求民眾裁種桑棗榆柳，以維持國土不受遼國侵略：

先是議者以河朔地平，自堡塞之東，新以塘泊，胡騎不能馳突。爲
西至滿城近二百里，無險可恃，向虜入寇嘗取道於此。另議植榆爲
塞，以捍奔衝之勢，異時王師可以保固焉。〔註72〕

〔註66〕《續資治通鑑長編》，卷九十三〈眞宗 天禧三年六月丁酉〉，頁2150～2151。
〔註67〕《宋史》，卷三百二十四，〈列傳第八十三 李允則〉，頁10481。
〔註68〕《宋史》，卷九十五，〈志第四十八 河渠志五〉，頁2360。
〔註69〕《宋會要輯稿》，〈兵〉二七之二八，仁宗慶曆二年，頁7260。
〔註70〕《續資治通鑑長編》，卷一百五十，〈仁宗 慶曆四年六月戊午〉，頁3653。
〔註71〕《宋史》，卷九十五，〈志第四十八 河渠志五〉，頁2362。
〔註72〕《宋會要輯稿》，〈兵〉二八之一三，英宗治平五年，頁7276。

神宗朝時期，朝廷以「富國強兵」為主，在王安石變法下，邊防採取較為積極的政策，君臣之間就國防問題亦有過深入的討論。先有「保州塘濼以西，可築堤植木，凡十九里。」〔註73〕確認林木植栽的範圍。

神宗熙寧五年（1072），東頭供奉官趙忠政言：

> 界河以南至滄州城，雖有塘泊二百餘里，其水或有或無，夏秋可徒涉，遇冬冰凍即無異平地，今齊、棣閒數百里，榆柳桑棗，四望綿亘，人馬實難馳據驟。若自滄州東接海，西徹西山，傚齊、棣植榆柳桑棗，候數年閒可以限戎馬，然後召人耕佃塘濼，益出租，可助邊儲。〔註74〕

因界河塘泊雖有禦敵功能，但卻非人力得以掌握，其水或深或淺，如在淤淺處多天結冰，遼騎奔馳將如履平地，故而提出廣植榆、柳、桑、棗，既可收防禦功效，也可做為民生及經濟所需，實為一舉數得。

另對河北塘泊防禦上的弱點，由神宗下詔：

> 詔令皇城使程昉、河北緣邊安撫司屯田司同相度滄州界塘泊利害，及邊吳淀灘地令人戶指射栽種桑棗榆柳。先是，議者以河朔地平，自保塞東雖以塘泊隔敵騎，而西至滿城僅二百里，乃無險可恃，故向者敵入寇嘗取道於此，謂宜植榆為塞，異時可依為阻固，以禦奔突之患。〔註75〕

文彥博在〈神宗諮訪詔〉中，指出「西山林木伐盡，無險可恃」，〔註76〕而其原因為戰亂及經濟需求。有鑑於此，神宗朝對防禦林的營造更為著力。熙寧六年（1073）議者謂「河北沿邊可植桑榆雜木，以限敵騎，且給邦之材用。」朝廷從善如流，「命文司副史霍舜封、供備庫副使王鑒，以剝杌種榆柳為名，置司於大名府，而昉實總其事」，〔註77〕明確賦予植樹備邊的任務。

在神宗熙寧六年（1073），因須面對遼與西夏兩面威脅，故下詔：「安肅、廣信順安軍、保州人戶地內，令自植桑榆或所宜之木，官為立勸課之法。」

〔註73〕 《全宋文（62）》，卷一三六一，王臨〈乞保州築堤作溝以限戎馬〉，頁346。
〔註74〕 《宋史》，卷九五，〈河渠志三〉，頁2362。《續資治通鑑長編》，卷二百三十五，〈神宗 熙寧五年七月辛卯〉，頁5707。
〔註75〕 《續資治通鑑長編》卷二百四十，〈神宗 熙寧五年十一月甲子〉，頁5834。
〔註76〕 （宋）文彥博，《文潞公集》（太原：山西人民出版社，2008年），卷二十二，〈神宗諮訪詔〉，頁228。
〔註77〕 《續資治通鑑長編》，卷二百四十五，〈神宗熙寧六年五月辛酉〉，頁5954。

〔註78〕或不及數者罰，責之補種。此相關地區爲邊防重鎮，須隨時有林木的防禦以備突發事件發生。

在植木戍邊的政策下，可知由宋初至神宗時造林，在定州是成功的，但在整體配置下還是尙嫌不足，故有：

> 訪聞見修趙州城所用夜义散子木植，轉運司於定州城壕四面採斫，
>
> 不惟枉費腳乘、船運，重成勞擾，兼恐將來本州修城自要使用；及
>
> 深州武強道旁，係北使過往路，其林木並仰存留。〔註79〕

因趙州修城除利用黃河廢棄邊堤林木外，也將定州一帶林木運至趙州使用，不但增加往來運費成本，如日後定州需用木材猶恐不足，只有深州武強等地因是契丹使節必經之道，林木得以保存下來。

神宗熙寧八年（1075），「北邊地近西山，勢漸高仰，不可爲塘泊之處，向聞差官領兵遍植榆柳，冀其成長，以制敵騎。」〔註80〕沈括亦向朝廷奏章說及，「定州北境先種榆柳以爲寨，榆柳植者以億計。」〔註81〕由沈括的奏章得知，定州北境種榆柳以護軍寨，榆柳數目數以萬計，可知熙寧六年（1073）所推行的廣植林木以爲防備的措施是成功的。

北宋的防禦林種植，一直至徽宗朝，隨遼、宋局勢的變化時而增補時而減伐。由上述可知東起滄州西至太行山的沿邊地帶，以防禦林爲主要設防地區，榆塞主要設在地勢高，塘水難以到達處、無法建構屯田或方田防禦的地帶及官道兩旁與重要軍事據點周邊。雖然宋遼長達百餘年的和平相處，但北宋卻時刻未忘遼騎入侵，徽宗崇寧五年（1107），河東沿邊安撫司奏請：「乞許帥臣詣代州管下諸寨及五台山一帶，與河北相接備邊處，檢視一歲，再往置人於險阻間，使察捕姦人。」〔註82〕亦是一再派人巡視邊界，避免防禦林受到非法砍伐而造成對遼邊防破洞，讓遼騎得以突破圍堵而南侵。又如徽宗朝王漢所言可知：「自何承矩規塘濼之地屯田，東達於海。其後又修保塞五州爲隄道，備種所宜木至三百萬本，此中國萬世之利也。」〔註83〕確實反映植樹造林及禦遼的功效。

〔註78〕《續資治通鑑長編》卷二百四十六，〈神宗 熙寧六年七月庚午〉，頁5987。

〔註79〕《續資治通鑑長編》，卷二百五十八，〈神宗 熙寧七年十二月甲寅〉，頁6303。

〔註80〕《續資治通鑑長編》，卷二百六十二，〈神宗 熙寧八年四月乙卯〉，頁6387。

〔註81〕《續資治通鑑長編》，卷二百六十七，〈神宗 熙寧八年八月癸巳〉，頁6543。

〔註82〕《宋會要輯稿》，〈兵〉二九之三，徽宗崇寧五年，頁7294。

〔註83〕《宋史》，卷三百四十七，〈列傳第 王漢〉，頁11000。

　　據《揮麈錄 後錄》所載，「宣和中，童貫爲宣撫，統兵取燕雲，悉命剪剃之，逮胡馬南驚，遂爲坦途，始如前日有所蔽障，則未必能捲甲長驅。」〔註84〕此處所提及「剪剃之」即爲防禦林木，童貫剪伐榆柳是在取得燕雲失地後認爲已取回燕雲天險及長城防禦，故認爲榆柳已無設險功用，所以才加以砍伐，誰知燕雲之地旋得旋失，反而造成金兵鐵騎得以長驅直入，直抵汴京，故有之後「靖康之恥」發生。雖然北宋亡國有諸多因素，而「揮麈錄」所載也有可能是亡國遺臣的心境反射，但防禦林的防禦功效，卻是深植於當時世人心中這是不容置疑的。

第三節　防禦林的管理與影響

一、北宋防禦林管理機構

　　爲了國防上的考量，除種植人造林木外，尚有專門管理林木的官員，在中央林木管轄是由工部負責，其主事者爲虞部郎中、員外郎，主掌山澤苑囿場冶之事。〔註85〕邊防地區有安撫使、制置使、地方巡檢司等官，對下轄地方州縣官吏，進行考核，及要求他們配合中央命令，執行對堤道及軍事防禦林的種植與維護工作。當任滿考核時，會依其於任內所栽種「榆、柳、桑、棗」數目，及其它政績一併「繳連申奏」，達到標準方能得到獎勵。正因有此項考核機制，使得軍事防禦林的推展，所受地方阻力減至最少。

　　宋代於地方行政劃分爲路、州、縣三級制，路方面管理林木最高長官以轉運司及安撫司最爲重要，轉運司對林木負責檢校及保護，防止有人砍伐及侵占，並有權監州軍植樹造林。安撫司主要負責地方兵力，在林木方面有權調動軍隊護衛山林，特別是於防禦林的維護及種植。

　　在河北安撫司設立前，由轉運使負責地方軍政及邊防工作。〔註86〕後於景德三年（1066），在河北路設立沿邊安撫使司，〔註87〕沿邊州軍有事轉向安撫司匯報，不再向轉運司報告。其後安撫司掌管抵禦遼人武裝入侵及各項危害國家安全的情事。安撫司與轉運司間分工開始明確，應自熙寧八年（1073），

〔註84〕《揮麈錄・後錄》，〈卷一〉，頁41。
〔註85〕《宋史》，卷一百六十三，〈志第一百一十六 職官三〉，頁3863。
〔註86〕賈玉英，《宋代監察制度》（開封：河南大學出版社，1996年），頁240。
〔註87〕《續資治通鑑長編》，卷六十二，〈眞宗 景德三年四月乙酉〉，頁1394。

河北西路轉運司上奏言：「北兵過界，略真定府北寨橫巡節級杜辛等。」上批：「此安撫司事也，轉運司何預？令具析以聞。〔註 88〕」可見到了熙寧八年（1073），在對遼業務上已將轉運使司及安撫使司職掌清楚劃分。

所以北宋一朝各項對遼奏章、問對上，皆以安撫司為主體，即可看出本司在林木防備上的重要，也是為主導管轄軍事防禦林的主要機構，如真宗大中祥符七年（1014），河北緣邊安撫司提出「於緣邊軍城種柳蒔麻，以備邊用」〔註 89〕；仁宗皇祐元年（1049），從河北緣邊安撫司奏請，命「自保州以西無塘水處，廣植林木，異時以限敵馬」〔註 90〕；另由元豐四年（1081），所發生之事，得知北宋除對遼容忍外，有關安撫司的職責有云：「聞代州諸寨昨經分畫地界處，尚有守鋪卒及弓箭手等闌出北界採薪，致引惹詰問。其令經界並緣邊安撫司申明約束，犯者於本地分界首斷遣，官吏不察治亦法外降黜。」〔註91〕因守邊衛士，越界採伐林木故擔心遼國質問，所以勒令緣邊安撫司嚴加查明，務約束軍士不得越界。徽宗崇寧五年（1107），河東沿邊安撫司奏：「乞許帥臣詣代州管下諸寨及五臺山一帶，與河北相接被邊處，檢視一歲，再往置人於阻險間，使察捕姦人。」〔註 92〕正因防禦林攸關國家安定，茲事體大，北宋曾再三頒行各項禁令，並劃出若干禁山，民不得入，州縣「巡邏日嚴，犯者輒致於法」〔註 93〕企圖約束及避免防禦林受到人為破壞。防禦林的砍伐禁令，造成與民爭地。樹木亦是邊區居民賴以維持生計的資源之一，宋遼邊界地區人民因不得進入山地採伐森林，又未能有其他替代資源，故欲保留森林，勢必剝奪了當地的民生經濟，因此伐木禁令，終宋一朝不易貫徹維持。〔註 94〕

二、戰備與民生的拉鋸

河北地區山林，幾經採伐原已稀少，北宋也屢次頒佈禁令，嚴禁隨意砍伐，對於破壞林木者，一律處以嚴厲懲罰，宋制還規定：「諸毀伐樹木，稼穡

〔註 88〕《續資治通鑑長編》，卷二百六十二，〈神宗 熙寧八年四月庚辰〉，頁 6403。

〔註 89〕《續資治通鑑長編》，卷八十二，〈真宗 大中祥符七年六月乙丑〉，頁 1880。

〔註 90〕《續資治通鑑長編》，卷一百六十七，〈仁宗 皇祐元年十月戊寅〉，頁 4019。

〔註 91〕《續資治通鑑長編》，卷三百十一，〈神宗 元豐四年正月甲午〉，頁 7534～7535。

〔註 92〕《宋會要輯稿》，〈兵〉二九之三，徽宗崇寧五年，頁 7294。

〔註 93〕江少虞，《宋朝事實類苑》（上海：上海古籍出版社，1981 年），頁 168。

〔註 94〕《全宋文（33）》，卷七○三，歐陽修，〈論河北財產上時相書〉，頁 183。

者，准盜論。」〔註95〕北宋河北地區歷經五代戰亂頻仍，土地利用上已捉襟見肘，形成如歐陽修擔任河北轉運使期間所上奏時的情況：

> 河北之地，四方不及千里，而緣邊廣信、安肅、順安、雄、霸之間，
> 盡爲塘水，民不得耕者十八九。澶、衛、德、博、濱、滄、通利、
> 大名之界，東與南，歲歲河災，民不得耕者十五六。……滄、瀛、
> 深、冀、邢、洺、大名之界，西與北，鹹鹵大小鹽池，民不得耕者
> 十三四。又有泊淀不毛，監馬牧棚，與夫貧乏之逃而荒棄者，不可
> 勝數。〔註96〕

由上可知，此處一直與民爭地，顯示本地林木在北宋防禦的重要性，防禦林更需養護。

太祖深知農桑實爲立根基，於建隆三年由農桑爲農業之本獎勵耕種，以充糧食，其後更頒布「有能廣植桑棗開墾荒田者，並只納舊租，永不通檢。」〔註97〕且在立國初，桑棗實爲經濟根基，因此才有陶穀提出：

> 伏見近年以來，所在百姓，皆伐桑爲材，……苟桑柘漸稀，則繒帛
> 須闕，三數年内，國用必虧。雖設法課人種桑，且無及也。舊木已
> 伐，新木未成，不知絲綿欲憑何出？欲望特下明敕，此後不得以桑
> 棗爲柴，官場亦不許受納，州縣城門不令放入，即不得囊私置賣，
> 犯者請加重罪。〔註98〕

太宗雍熙三年（986）欲伐遼，因深知燕雲失地陷遼日久，且爲拉攏人心，特要求行營前軍督總管曹彬要求下屬行軍駐紮時，要有下列規範「大軍入界，百姓倍加安撫，不得誤有傷數，及挖掘墳墓，燒廬舍，斬伐桑棗，擄掠人畜，犯者並當處斬。」〔註99〕

眞宗時宋遼雙方在澶淵之盟後即劃定邊界，但邊民因薪材所需仍不斷越界伐木而有：「定州軍城寨言，得契丹西南面飛狐安撫使牒，請諭採木民無越疆境。命轉運使與本州據部民取材之所，召其疆吏，同立標幟以示眾。」〔註100〕爲了免除遼人的質疑，尚須招集邊民宣導並約束砍伐薪材地點，以免造成宋

〔註95〕 竇儀《宋刑統》（北京：法律出版社，1999年），頁501。
〔註96〕 《全宋文（62）》，卷一三六一，王臨〈乞保州築堤作溝以限戎馬〉，頁346。
〔註97〕 《宋會要輯稿》，〈食貨〉六十三之一六二，太祖乾德四年，頁6067。
〔註98〕 《全宋文（2）》，卷十一，陶穀，〈請禁伐桑棗奏〉，頁9～10。
〔註99〕 《宋會要輯稿》，〈兵〉八之二，太宗雍熙三年，頁6888。
〔註100〕 《續資治通鑑長編》，卷六十，〈眞宗 景德二年六月丙申〉，頁1347。

遼雙方不必要的衝突。景德八年（1011）因植林有所成就，故而提出「河北緣邊州郡所種桑榆自今許人租課及以擣紙。」〔註101〕另外尚有河北緣邊安撫司規劃雄州甕城，佔地面積頗廣，此時植林的成效已出現，可於本城與甕城間先建設房屋或旅社，提供行旅休息之所。〔註102〕

除因薪材問題外，尚有因黃河水患而提出防潰堤等問題，仁宗滑州黃河決堤，要求京東、河北……等地居民繳輸薪材物資，並責令兵士砍伐臨近黃河之榆柳作爲固堤的材料。〔註103〕景祐元年（1034），以榆柳作爲埽〔註104〕而有「諸埽須薪芻竹索，歲給有常數，費以鉅萬計，積久多致腐爛。乞委官檢覈實數，仍視諸埽緊慢移撥，并斫近岸榆柳添給，免采買搬載之勞。」〔註105〕以就近砍伐榆柳移作防治黃河潰堤用，此即是林木在民生與戰備同時發揮功用。治堤方面，雖一再有禁令防止盜伐榆柳，但在軍中待遇菲薄及民生壓力下，盜伐情形依然如故，因而加重刑罰以扼止盜伐情事再發生。〔註106〕

在民生與戰備的拉鋸中，最明顯之案例有二，一爲仁宗天聖四年所提：

> 三司言河北州軍配研鹿角，城四面密種桑棗，免逐年科配。已牒轉
> 運司遵秉施行。中書、樞密院同奏，河北城防自和好以來，久有定
> 規，乍此改更，恐成煩擾，且令轉運使副，躬親相度，具利害聞奏。
>
> 〔註107〕

民生方面由三司使所提減免鹿角防禦的構築，在下達命令後，反爲中書省及樞密院共同上奏，強調對遼防禦的重要，故將前令收回，由此可以知道北宋在民生與軍事上，軍事上的防禦是爲首要，「無國防即無國家」北宋於此時還尚未鬆懈防禦遼的軍事設施。

另一爲慶曆二年（1042），歐陽修所上折子可知：

〔註101〕《宋會要輯稿》，〈兵〉二七之一九，眞宗大中祥符九年，頁7256。
〔註102〕《續資治通鑑長編》，卷九十三，〈眞宗 天禧三年五月辛巳〉，頁2148。
〔註103〕《續資治通鑑長編》，卷一百十二，〈仁宗 天聖元年八月乙未〉，頁2330。
〔註104〕埽：「凡伐蘆荻謂之芟，伐山木榆柳枝葉謂之梢，辮竹糾芟爲索。以竹爲巨索，長十尺至百尺，有數等。埽之制，密布芟索，鋪梢，梢芟相重，壓之以土，雜以碎石，以巨竹索橫貫其中，謂之心索。卷而束之，復以大芟索繫其兩端，別以竹索自內旁出，其高至數丈，其長倍之。」《宋史》，卷九十一，〈志第四十四 河渠一〉，頁2265～2266。
〔註105〕《續資治通鑑長編》，卷一百十五，〈仁宗 景祐元年十二月癸未〉，頁2709。
〔註106〕《全宋文（13）》，卷二七三，李若谷，〈盜伐堤埽榆柳治罪奏〉，頁399。
〔註107〕《宋會要輯稿》，〈兵〉二七之二二，仁宗天聖四年，頁7257。

臣風聞河北、京東諸州軍見修防城器具，民間配率甚多。澶州、濮
州地少林，即今澶州之民爲無木植送納，禁伐桑柘納官。臣謂農桑
是生民衣食之源，租調繫國家用度之急，不惟絕其根本，使民無以
維生，……兼聞澶州民桑已伐及三四萬株，竊慮他郡盡皆效，伏乞
早賜指揮禁絕。……此竊以軍國所需，出自民力，必欲外禦契丹之
患，常須優養河朔之民。若使道路怨嗟，人心叛離，則内憂外患，
何以枝梧？〔註108〕

由修繕城池建設所延伸出的問題，使北宋需在戰備與民生擇一爲之，由歐陽
修所上奏章可知，城防建設已深深危害人民的民生用度，故有歐陽修向仁宗
請求漸緩伐林或是折抵稅捐。

仁宗慶曆二年（1042），詔：「河北堤塘及所在閑田中官種林木，毋輒有
採伐，違者置其罪。」〔註109〕但卻未能爲民牟利，並提出使人民有利的替代
方案，只是一昧禁止，如楊懷敏管理河北屯田塘泊時，奏定州西北山林不得
樵采，密切巡邏，人民有犯禁者，皆交付懲罰，邊界人民生活大受影響，因
而徙居他處者。〔註110〕爲求國防與民生兩者間的平衡，皇祐元年（1049），定
州路安撫使韓琦提出以下的建議：

比朝廷欲禁近便山林不許斬伐，以杜戎人入寇之路。當時并近裏淺
山耕種之地槩行禁止，致邊民遽然失業。今薪炭翔貴，翻令敵人乘
時以取厚利。臣嘗遣官行視可禁之處，去敵尚五六十里，亦可廣爲
防蔽。以別定可禁之地，揭牓諭民，非令所禁者任采伐之。〔註111〕

宋代河北地區的林木資源本已相當匱乏，封山禁伐林木之舉，更造成山民無
業可恃，加上薪炭價格的翻漲，嚴重影響人民生計。韓琦認爲防禦林的縱深，
已足夠禦敵所需，可將先前所劃定不許民眾砍伐地區，悉數開放供民採集薪
材使用，並以維持人民基本生計。

鑑於防禦林所造成的影響，皇祐年間（1049～1054），程琳出任鎮安節度
使，歷經前後十年間，「度要害、繕壁壘，增守禦備，植木數萬」〔註112〕，預

〔註108〕 《全宋文（32）》，卷六八三，歐陽修，〈論乞止絕河北伐民桑柘箚子〉，頁174
　　　　　～175。
〔註109〕 《宋會要輯稿》，〈兵〉二七之二八，仁宗慶曆二年，頁7260。
〔註110〕 《續資治通鑑長編》，卷一百六十六，〈仁宗 皇祐元年三月癸卯〉，頁3996。
〔註111〕 《續資治通鑑長編》，卷一百六十六，〈仁宗 皇祐元年三月癸卯〉，頁3996。
〔註112〕 《續資治通鑑長編》，卷一百七十二，〈仁宗皇祐四年三月壬子〉，頁4138。

計林木成材後：「異時樓櫓之具，可以不出於民矣。」〔註113〕藉由植林種樹，官府所需材木自足，可免苛擾於民，並減少天然林木的損耗，被視爲一項於民於官兼相宜的德政，程琳因此深受人民愛載，並立生祠祭祀。

仁宗嘉祐七年（1062）因契丹盜伐林木，招致河東代州地區林木損失，故有以下情事發生：

> 契丹取山木積十餘里，輂載相屬於路，前守懼生事，不敢過。永年曰：「契丹伐木境中而不治，他日將不可復制。」遣人縱火，一夕盡焚之。上其事，帝稱善。契丹移文代州，捕縱火盜，永年報曰：「盜固有罪，然在我境，何預汝事！」契丹不敢復言。〔註114〕

於此處可以看出非只宋人越境盜伐林木，遼人行徑更是誇張，由林木積十餘里可見，除彰顯其囂張跋扈外，也看準宋人不敢輕啓事端，但如遇優秀守邊將領，如劉永年，其表現是不卑不亢，據理力爭，爲仁宗所激賞。

英宗時其國力已空，又恐懼宋遼爭執，在此情況下由司馬光所提意見，可做爲英宗朝對遼防禦心態的縮影：

> 近者聞契丹之民有於界河捕魚及於白溝之南翦伐柳栽者，此乃邊鄙之小事，何足介意？而朝廷以前知雄州李中祐不能禁禦爲不材，別選州將以代之。臣恐新將之至，必以中祐爲戒，而以趙滋爲法，妄殺敵人，則戰鬪之端，往來無窮矣。況今民力彫弊，倉庫虛竭，將帥乏人，士卒不練。夏國既有憤怨，屢來侵寇，禍胎已成，若又加以契丹失歡，臣恐國力未易支也。伏望陛下嚴戒北邊將吏，若契丹不循常例，小小相侵，如魚船、柳栽之類，止可以文牒敕會，道理曉諭，使其官司自行禁約，不可以矢刃相加。若再三曉諭不聽，則聞於朝廷，雖專遣使臣至其王廷，與之辨論曲直，亦無傷也。若又不聽，則莫若博求賢才，增修政事，待公私富足，士馬精強，然後奉辭以討之，可以驅穹廬於漠北，復漢、唐之土宇，其與爭漁柳之勝負，不亦遠哉！〔註115〕

司馬光所說之意見可知，一切皆抱守其宗旨「不生事」，認爲越宋境而剪伐榆柳的遼國之民實爲小事，若因爲民生所需，只需以例行公事，發文給遼知悉，

〔註113〕《宋史》，卷二百八十八，〈列傳第四十七　程琳〉，頁9676。
〔註114〕《續資治通鑑長編》，卷一百九十六，〈仁宗　嘉祐七年六月癸未〉，頁4762。
〔註115〕《續資治通鑑長編》，卷二百五，〈英宗　治平二年六月己酉〉，頁4969〜4970。

請遼自行約束即可，無須大動干戈，造成宋遼雙方再次發生糾紛。

關係國計民生大計的黃河，在神宗朝的氾濫，給北宋帶來龐大經濟、民生及國防上的壓力，而有「黃河向著隄岸榆柳，自今不許采伐。後又詔雖水退背隄岸，亦禁采伐。初，大名府修城，伐河隄林木為用，都水監丞程昉以為言，故禁之。」〔註116〕此時將護堤列為軍備跟民生的首務，再次重申前令，禁止砍伐護堤林木。

神宗時因與遼已有爭地問題的紛爭，在與遼爭執問題上一直是採行戒慎的態度，由河東提點刑獄黃廉對神宗所上奏時所說：

> 準朝旨往代州定驗有無人侵北界地採薪，臣親往瓶形等十二寨緣邊界壕按視，一一詳考。委是古道，即不根究，內有道近鋪屋及密抵林木，委是人跡往還，本鋪守卒朝夕採薪，舍遠就近，不能無之；及有避遠取直過往，雖非採薪，亦不當直過。詔：逐寨不覺察採柴及取直過往寨官并本地守鋪人員，令河東路經略司劾之。〔註117〕

因貪圖近便而盜伐防禦林，由黃廉親自勘查過後，上奏確有此事，因此下令如有再發現盜伐國防林者將對管理官員及士兵進行懲罰。

在防禦上所面臨最大困難即是對民生所造成的威脅，現再舉一例以說明：

> 臣伏見內臣程昉、大理寺丞李宜之於河北開修漳河，功力浩大，凡九萬夫。所用物料本不預備，需索倉猝，出於非時，官私應急，勞費百倍。除轉運司供應秸草梢椿之外，又自差官採漳隄榆柳，及監牧司地內柳株共十萬餘，皆是逐州自管津岸。河北難得薪柴，村農惟以麥桔等燒用及經冬泥補，而昉等妄奏民間不用，已科一萬餘功，差本司兵士散就州縣民田內自行收割。所役人夫，莫非虐用，往往逼使夜役，踩踐田苗，發掘墳墓，殘壞桑柘，不知其數。〔註118〕

因為要開修漳河，作為疏導及防禦之用，將民生需要的木材皆悉砍伐，移做修築所用的物料，又由河北緣邊州軍居民日常賴以維生之物，因此有御史劉摯上奏此時人民已感物力不足而怨聲載道。

即便如此，朝廷仍舊嚴格執行對於防禦林的保護措施。河東路五臺山一

〔註116〕《續資治通鑑長編》，卷二百五十九，〈神宗 熙寧八年十一月丙辰〉，頁6323。
〔註117〕《續資治通鑑長編》，卷三百十九，〈神宗 元豐四年十一月丁亥〉，頁7705～7706。
〔註118〕《續資治通鑑長編》，卷二百二十三，〈神宗 熙寧四年五月乙未〉，頁5421～5422。

帶林木，向來禁伐，以遏胡馬突衝，然而盜伐情事日增，封禁命令如無嚴格執行，形同虛文，必須實際派人前往巡察，逮捕不法之人，才能有效抑制防禦林遭到破壞。北宋開國以來封禁甚嚴，但入南宋後禁令鬆弛。對此一情形，太常博士李弼直闡述如下：

> 頃歲以來一切廢弛，加以軍興而置器械，運糧而造船筏，自近及遠所，採伐殆盡，異時障蔽之地，乃四通八達。輔臣進呈上曰：如河東黑松林，祖宗時所以嚴禁採伐者，正爲藉此爲阻，以屏捍外國耳。
>
> 異日營繕，爲一時遊觀之美，遂使邊境蕩然，更無阻隔。〔註119〕

也由此可知，防禦林對於北宋亦或是南宋而言，皆是其賴以生存的國防命脈之一，且直到南宋還是面臨民生與國防的拉鋸，因此才會有上述奏章出現。

三、防禦林的負面影響

防禦林除在邊境種植外，也於重要軍事堡寨周圍植林防護，此項防禦工事如同兩面刃一般，因防禦林對契丹造成騎兵無法長驅直入，有「沿途民居、園囿、桑枳，必夷伐焚蕩。」〔註120〕的益處外，但是對宋亦造成不利影響。真宗景德二年（1004）十月，契丹大舉入侵宋朝，軍隊勢如破竹直抵澶州城下，就地砍伐林木以爲攻城器具，「晝夜攻城，擊鼓伐木之聲聞於四面，大設工具，驅奚人負板秉燭，乘塘而上。」〔註121〕遼人利用本爲抵擋遼騎的防禦林，打造成攻擊北宋的軍用器具，最佳利材，實宋人所始料未及。

在澶淵之盟後所防禦的「鹿角」因過於龐雜，干擾州郡運作，而有要求河北轉運司裁減每年須建構的鹿角設施。〔註122〕

北宋慶曆年間，遼宋關係出現了第一次危機，即遼國要求北宋歸還關南十縣地，這次危機始於慶曆元年（1040 年），面對遼國的外交攻勢，北宋在強化河北防線的過程中，也注重加強林木抵禦的功用。

在耕田與植林上的衝突，以神宗熙寧六年（1073）所提：

> 河北路察訪副使趙子幾言：「自西山道口東至百濟村二百餘里，栽榆桑，科買桑椹，石數不少，種在民田，牛羊不敢牧。」察訪使曾孝

〔註119〕畢浣，《續資治通鑑》（北京：中華書局，2008 年），卷一百十六，〈宋紀一百十六　高宗紹興六年〉，頁 3093。

〔註120〕《遼史》，卷三十四，〈志第四　兵衛志上〉，頁 398。

〔註121〕《續資治通鑑長編》，卷五十八，〈真宗　景德元年十月丙戌〉，頁 1279。

〔註122〕《宋會要輯稿》，〈兵〉二七之一八，〈真宗大中祥符八年〉，頁 7255。

寬亦言：「民訴植木占耕地，隔州借車牛載桑榆，甚擾。又科桑椹，

及令村社監督澆灌，民甚苦之。〔註123〕

在防禦比民生重要下，許多民生必需方面只得以禦遼爲優先，而造成與民爭
地情況發生，使人民怨聲載道。正因爲人民的不滿及河北官長的反應，使神
宗做出如下的命令：

安肅廣信順安軍、保州人戶地內，令自植桑榆或所宜之木，官爲立
勸課之法：每三株青活，破官米一升，計每戶歲輸官之物，以實估
準折，不盡之數，以待次年。如遇災傷，放稅及五分以上，即以準
折未盡米數等第濟接。仍據逐戶內合栽之數，每歲二月終以前點檢
及一分青活，至十年周遍。如不及一分，即量罪罰贖，勒令補種。
令佐得替，轉運司差不干礙官點檢，以一任合栽之數，紐爲十分，
如及十分者有賞，不及七分者有罰。其所栽植之木，令人戶爲主，
非時毋得遣人下鄉，以點檢爲名，以致騷擾。委轉運司施行，應昨
所差管勾提舉官並罷。〔註124〕

本爲立意良善的政令，藉由民情上傳使朝廷知悉而提出改善方法，但卻使人
民更爲立法所苦，百姓因田地喪失而陳情，卻轉而須種植林木以折換米糧，
一旦未達種植成效即施加處罰，變爲更加擾民。雖有勿騷擾及遣人下鄉督察
的旨意下達，但其收效應是不佳，導致北部邊緣無塘水處，禦遼軍事區域內，
皆須植林以爲防禦。

神宗熙寧間，遼宋關係出現第二次危機，即河東劃界，遼國要求在河東
禁地一帶重新劃界，北宋在加強邊防的同時，也加強了種植林木爲防禦，卻
形成「民訴植木占耕地，隔州借車載桑榆，甚擾；又科桑椹，及令村社監督
澆灌，民甚苦之。」〔註125〕但在軍事威脅下卻只能兩權相害取其輕，犧牲民
生，選擇國防。

熙寧間遼宋河東劃界的原因，韓琦認爲，北宋在邊防的許多做法使遼
國生疑，才招致遼國來劃界。故而有「北邊地近西山，勢建高仰不可爲塘
泊之處，向聞差官領兵偏植榆柳，冀其長成以致虜騎，然興其界首，無不
知者，昔慶曆漫書所謂，無以異矣，然此豈足持以固哉，徒使契丹疑之也。」

〔註123〕《續資治通鑑長編》，卷二百四十五，〈神宗 熙寧六年五月辛酉〉，頁5945。
〔註124〕《續資治通鑑長編》，卷二百四十八，〈神宗 熙寧六年七月庚午〉，頁5987。
〔註125〕《全宋文（70）》，卷一五二八，曾孝寬，〈沿邊植桑榆擾民奏〉，頁199。

〔註 126〕同年（1075）沈括亦上奏：「契丹依之可蔽矢石，伐材以爲梯衝，是爲寇計也，皆請去之。」〔註 127〕因此建議砍伐定州北面榆柳。

　　神宗元豐二年（1079）五月，契丹兵馬入侵雄州並傷及官兵，而於同年六月，樞密院頒發指令，針對契丹侵犯雄州，造成官兵傷亡事件，要求駐防官軍因應方式爲：

> 如北人再至拒馬河以南，且令婉順約欄，及深入近南地分，彼已先懦兵誘致鬭爭，伏精銳於林間，候官軍逐利，驟出圍掩，當常遠斥堠，度形式捍禦，毋得遠追，自取理曲，仍選精強人馬以備接應。〔註 128〕

除要求守軍於敵軍入侵時要口氣委婉的詢問爲何入侵，尚須謹守分寸不得追擊。此一觀點完全顛覆之前宋軍畏懼遼軍論點，但卻是宋軍充分利用林木防禦的重點，誘敵深入，逐個擊破，在戰術上，宋軍是懂得妥善運用防禦林做爲防守的。

　　哲宗時喪失了大片可供民用及能防禦的林木叢，此損失由蘇轍上疏得知：

> 火山、寧化之間，山林饒富，財用之藪也。自荷葉平、蘆牙山、雪山一帶，直走瓦窰塢，南北百餘里，東西五十里，材木薪炭，足以供一路；麋鹿雉兔，足以飽數州。今皆失之。雪山有廟，河東一路，牲幣所走，今亦爲夷鬼矣。人神共怒，皆纁之罪。中國從來控扼卓望形勢之地，如五蕃嶺、六蕃嶺、七蕃嶺、黃嵬山之類，今皆爲敵地。下視忻、代，人馬可數。異時用精兵數十萬人，未易復取，而用兵之策，誰能復議？〔註 129〕

文中不只喪失可供數州用的薪材產地，也因此地的割讓而喪失至高點，可謂「禍不單行」。

　　除此外尙因林木要塞過於龐大，足以形成流亡官民及逃匿兵士的藏身之地，造成州縣所轄治安問題，〔註 130〕另常有防禦巡邊士卒遭受殺害，如眞宗

〔註 126〕《續資治通鑑長編》，卷二百六十二，〈神宗　熙寧八年四月丙寅〉，頁 6387。
〔註 127〕《續資治通鑑長編》，卷二百六十七，〈神宗　熙寧八年八月癸巳〉，頁 6543。
〔註 128〕《續資治通鑑長編》，卷二百九十八，〈神宗　元豐二年六月戊戌〉，頁 7252～7253。
〔註 129〕《續資治通鑑長編》，卷三百七十一，〈哲宗　元祐元年三月戊辰〉，頁 8989。
〔註 130〕《全宋文（4）》，卷六十四，宋太宗，〈招諭河東亡命山林人詔〉，頁 69。

天禧二年（1018）十月曾砍伐保州等處榆柳：

> 保州等處種到榆柳，藏避逃軍，亦常殺害看守兵士，即河北沿邊諸
> 州軍寨柵城壕間，並重彈鹿角馬卷牆內，栽種到榆柳不少，若不漸
> 次去除，深慮城邊非便，望令采斫，詔河北安撫司密切指揮。〔註131〕

北宋由於外患不斷，軍事武力不如遼國，因此鞏固國防為首要政策，即是以
被動抵抗為主。防禦林的維護與種植，即為具體表現之一，儘管因山林管理
不易，植樹需要長時間才能見到實用效果，且封山護林妨礙百姓的生計活動，
因而封禁政策也無法全面落實。但北宋時期護林詔令的頒布頻率頗高，防禦
林栽植的規模，也超越前代，北宋除了在邊境上植木作為防禦外，在軍事要
地的城牆周圍也遍植樹木，達到防衛與儲備用才的目的，一舉數得。〔註132〕
有鑒於修築堡壘、營寨，與製造軍器、兵械，所消耗的木材數量相當可觀，
在北宋北方地區木材缺乏的情況下，籌措木材的困難度極高。有識者便採取
人工栽植的方法，以備將來所需，因而會如本篇章所述，植榆、柳以禦敵並
禁止伐斫的詔令三令五申的出現也不足為奇了。

〔註131〕《宋會要輯稿》，〈兵〉二七之二〇，頁7256。《續資治通鑑長編》，卷九十二，
　　　　〈真宗 天禧二年十月辛亥〉，頁2127～2128。
〔註132〕汪天健，〈北宋河北路造林區研究〉，《宋史研究集》第三十二輯（台北：蘭臺
　　　　出版社，民國91年），頁242。

第六章　結　論

　　長城本爲胡漢的分界，如王明蓀所言：〔註1〕從戰國時期的興築至秦漢統
一中國並修連長城以「拒胡」後，胡人也建立了北疆塞外的游牧帝國。長城
一線，成爲北亞游牧民族與中原農業民族兩大帝國間之「國界」，也正式成爲
北方夷夏的分界線。代表兩個風貌截然不同的國家，固與漢族王天下的理想—
「人跡所至，無不臣者」，以及四夷五服之制等大相違背，然則實際上是雙方
都承認的兩個不同之天下。但是當兩者有一方打破相持的限界時，所產生的
即爲實質上的變化。北宋直接面臨的實質變化是長城防線喪失，戰略地理上
呈現相對弱勢，其所能憑藉的險阻關隘有限，在天險不足恃下，防禦上只能
依託人爲工事，進行協防作業，以彌補北方對遼整個防禦的漏洞。

　　在澶淵之盟後，北宋一方面利用河北地區的「大清河、易河及其他諸河
流、沼澤、方田以阻擋了遼騎之南下，在諸河流間各州建立城池據點以爲防
守。在此之後，建立了所謂河北防禦三道國防線及內轄之重要城池。北宋在
立國後以汴梁爲東京開封府，以洛陽爲西京河南府，黃河是北宋抵禦遼軍入
侵的最後防線。北宋在黃河線上以北京大名府及澶州、滑州爲抵抗中心，黃
河西線以河陽、懷州、孟津爲抵抗中心，東線以齊州爲據點。黃河線以北，
自東而西有滄、貝、深、冀、邢、洺、趙等州。

　　第一道防線如：霸州、易州、定州、保州、祁州等州。「雄州以西各州縣
間建置砦堡屯軍駐守，謂之軍城。」〔註2〕在雄、易兩州以南至鎮、定間的縱

〔註1〕王明蓀，《漢晉北族與邊疆史論》，《古代歷史文化研究輯刊（四篇第八冊）》，
　　　　頁131。
〔註2〕中國歷代戰爭史編纂委員會，《中國歷代戰爭史》第十一冊（台北：黎明文化
　　　　事業股份有限公司，民國65年），頁185～186。

深地帶，鎮、定為核心，縱深地帶建城堡群進行防禦。其東則以霸、莫、瀛三州為國防據點，這是宋朝河北第一道國防線的大致情況。〔註3〕

第二道防線：宋以滹沱河為第二道防線，以瀛、滄、冀、貝、邢諸州為中間防線之要點，以控制面。〔註4〕

第三道防線：以黃河為第三防線，以大名、滑、澶、濮、鄆、德、棣、齊等州為戰略要點，以衛汴京，此宋國防之大略也。〔註5〕

北宋也因此在對遼防禦上建構第一線塘泊、林木設施，搭配緣邊城池固守，彌補城防不足。第二線將城池以帶狀分布並搭配補給系統層層抵抗，第三線利用黃河天險以拱衛京師。此三線防禦的設立，亦如本論文各章節所描述，確實是減少北方禦遼兵力的佈署，宋人在詳細評估宋遼雙方武力後，所採行的措施。首先在塘泊防禦上做到扼守要衝，迫使遼騎不得不轉至宋人所預設地帶；又為防範遼對宋廷無備區域的攻擊，廣植榆柳以為阻礙，使遼騎兵無用武之地。

其次是太宗雍熙北伐大敗，造成對遼作戰由積極北伐轉趨消極防守，並以真宗澶淵之盟後的「誓書」，確立對遼整體佈防戰略，依據對遼地理形勢，實施據地利、扼要地、築城池以防禦，誘敵深入並耗敵軍糧運補給，既省氣力又能固守以待。河東之地本為「表裡山河」易守難攻，沿太行山綿亙之地，北宋只需掌握代州雁門關等重要隘口，即可發揮阻絕遼騎兵突功能。河北則是由真宗延續太宗防禦戰略的加強，將太宗時所規劃鎮州、定州、高陽關三地為佈防重心，以大名府為指揮策應中心，即是所謂「一府控三路」。並將前緣三地的縱深拉大，分為北、中、南三道防禦線，藉以空間換取時間，層層阻礙以遲滯敵軍進攻速度與糧草補給，而收防禦成效。高陽關以東地勢低窪湖沼遍佈，只需於北宋有利地形築寨而守，即可收以逸待勞之效。

宋人所以必須設下各項防禦設施，其主因即是無險可守，在依險立國上，由前人所言即可得知：

自古帝王必依險以立國，所謂險者有三焉，天險也、地險也、人險也。天險者本天之理，地險者因地之勢，人險者用人之力。是故為國者必明禮義、立紀綱、修法度，有階級而人不得以陵犯，有等威

〔註3〕馬繼業，《宋代城池防禦探究》（濟南：山東師範大學碩士學位論文，2005年），頁22。
〔註4〕《中國歷代戰爭史》第十一冊，頁109。
〔註5〕《中國歷代戰爭史》第十一冊，頁189。

而人不敢以逾越，是所謂天險也；必因形勝增高深、扼要害，使出
入也有所限截，來往也有所拘系，是所謂地險也。是二險者一本於
天、一成於地，所以設而爲之者則又在乎人焉，王公因天之道、順
地之勢，爲之城郭、爲之溝池、爲之關隘、爲之亭障，皆所以守其
國也。夫險者易之反也，有其險也則隨其險而補其所不足、疏其所
不通，無其險也則於其平夷之地修爲險固之備，内焉而爲之垣墉，
外焉而爲之城池，又遠焉而爲之藩籬，有門以謹其出入，有關以議
其往來，是則所謂人險也。天既有自然之地險以爲之關塞，又有當
然之人險以爲之捍蔽，則重關鉅鎮之中而有金城湯池之固，貔貅萬
旅，虎豹九關，京師地大而人眾，宮闕邃密而深嚴，望之眞如在天
上而不可升矣。〔註6〕

此三險在宋初因失其地險，由太祖朝欲更改國都，轉而向更具防守優勢的洛
陽，受太宗所阻，太宗立論即爲「在德不在險」，實爲以天險制地險矣！但關
鍵巧妙存乎一心，一切皆以人爲本，故以因人置宜。在北宋來說是天險不可
恃、地險已失，只靠人爲建構起防禦體系，將城池作爲最終防禦，爲前線塘
泊及榆塞爲第一道人爲構築工事以抵禦遼國入侵。

　　自宋太祖趙匡胤掃平南方割據勢力，延續後周王朴之建議，訂下「先南
後北」政策，此一策略是否如前輩學者所說，未乘鼎盛時先攻取北方，有日
後北伐敗績，亦或是實力根基不足所招致，但其最重要一點即爲内部根不
穩，北方補給線未能有效掌控，此由日後高梁河戰役即可看出，其一直念茲
在茲預先攻取北漢，即爲先取得河東地理的控制權，避免同時對付北漢與其
後台勢力遼國，此一戰略思想卻未能讓後代所延續，以致有日後北宋面對遼
與西夏的夾攻，造成腹背受敵的不利因素產生。宋太祖於江南底定後，隨即
出兵攻取位於河東地區的北漢，因太原久攻不下，宋兵死傷慘重，外加遼軍
的支援北漢，因此退兵而欲來日捲土重來。如無發生「燭影斧聲」的猝死事
件，太祖對遼的戰略亦或可更趨加精密。藉由遺留北漢作爲與遼緩衝之地，
加強發展北宋經貿、軍事實力亦未可知。

　　太宗初接位，即面臨得位不正、皇權動搖的威脅，因此欲擺脫内部危機，
即轉移焦點對外作戰，故有出兵北漢之舉，此時南方對汴京的運補已形成，
對河東太原包圍的戰略佈局也已完成，太宗將大軍以迅雷不及掩耳之勢攻擊

〔註6〕 《大學衍義補》，頁107～108。

太原，並阻截遼對太原的支援。攻下太原後，即反向向東北進軍，想打鐵趁熱，一股作氣取回後晉所喪燕雲之地。藉由兩次的主動北伐，所招致的卻是大軍潰敗的局面，更使原先對外征戰，取回燕雲故地之心，喪失殆盡，而有守勢取代攻勢的意向出現，所以有「守內虛外」的態勢展開。會導致整個北伐將領戰績如此慘烈，實為將領私心欲避禍所致。可由王夫之《宋論》中得知：

> 曹彬之謙謹而不居功，以避權也；潘美之陷楊業而不肯救，以避功
> 也。將避權而與士卒不親；將避功而敗無可咎，勝乃自危，冒士卒
> 之死以自全，而無有不敗者矣。〔註7〕

究其原因為太宗對將領的不信任，而將領為求免禍，實無進取心，造成兩次慘敗皆咎由自取。另一為遼取得幽燕之地後，亦廣修善政，取得當地民心，北宋二次北伐如何能取得優勢。〔註8〕

真宗接位之初，即面臨遼軍大舉南侵，所幸有澶淵之役的勝利，並訂立澶淵盟約，因遼軍孤軍深入，如趁此機會一舉殲滅遼軍部隊，北宋豈不高枕無憂，但此時黃河氾濫，造成內部民心不穩，加上先前李順事件，使真宗憂心內部不穩，如外部再無法穩定，將使宋朝國祚毀於個人之手，因此下令求和，而有劃界產生，並採行以塘泊為主要的防禦政策，此雖收到遏止遼軍騎兵入侵，另一方面也阻擋了宋軍的北伐之路。由此可見，北宋已由攻勢轉為守勢。這也是北宋前期所做的部署皆符合戰略構想，並能以天然及人工的各種障礙物防禦遼國入侵，卻未能採取主動攻勢防禦，只是靜待遼人入侵後，採行堅壁清野的消極防禦政策，在這一環節產生戰略防守偏差，也導致日後北伐契機的消失。

仁宗、神宗朝為北宋較有所作為時期，仁宗時大量軍事書籍的產生，最為重要即是《武經總要》，此書乃宋人針對前代直至仁宗朝的兵家思想精華及總結。神宗則想勵精圖治，起用王安石變法，對軍事改革頗有貢獻，但北宋陳疴已久為時已晚，且因政治理念不同而造成「新舊黨爭」。一直至徽宗時想藉由聯金滅遼策略，使北宋百餘年的屈辱一次掃平，重新燃起北伐之舉，卻再次招致失敗，終為金所滅。

〔註7〕王夫之，《讀通鑑論（宋論合刊）下冊》（台北：里仁書局，民國74年），〈宋論卷二 太宗〉，頁35。
〔註8〕《讀通鑑論（宋論合刊）下冊》，〈宋論卷二 太宗〉，頁36。

　　整個北宋的防禦能力，因養馬地喪失，故騎兵的培訓，大不如遼及西夏，由於騎兵實力相差懸殊，只能藉由發展另一種模式鞏固國防，即是所謂的「以步制騎」，由日後太宗朝的「平戎萬全陣」可知。也因為燕雲之陷，造成北宋須以重兵駐守在綿延千里的宋遼北方邊界上，如何部署，防禦設施如何建構，成為宋遼攻防下的重點。前人研究往往著重於外交、政策的演變，或是宋遼幾次的大戰，忽略宋對遼的邊防建設的成就，本文就是以北宋對遼的各項設施來探討當時防禦工事的創意巧思。

　　唐末至五代兵連禍結，北方強敵契丹環伺在旁，又加西夏興起威脅，實為腹背受敵之態，也正因北方強敵一時無法去除，定都開封實為不得不的抉擇，使北宋由立國即處於不利條件下，藩籬盡撤，本根無庇。此為宋人盡知之事，但就宋廷君臣客觀認知卻無力改弦易轍。張方平曾論及此事：〔註9〕

> 臣竊惟今之京師，古所謂陳留，天下四衝八達之地者也，非如函秦天府，百二之固，洛宅九州之中，表裏山河，形勝足恃。自唐末朱溫受封于梁國而建都，至于石晉割幽薊之地以入契丹，遂與彊敵共平原之利。故五代爭奪，其患由乎畿甸無藩籬之限，本根無所庇也。祖宗受命，規模畢講，不還周、漢之舊，而梁氏是因，豈樂而處之？勢有所不獲已者，大體利漕運而贍師旅，依重師而為國也。則是今日之勢，國依兵而立，兵以食為命，食以漕運為本，漕運以河渠為主。

黃河北岸地勢平坦，敵騎得以長趨直下，更因無天然屏障，三、四天即可到黃河邊上，開封實為暴露於黃河南岸低窪之地，因此一但有戰事發生無不滿城震驚，且在戰時運補以漕運為主，更加造成補給運輸的艱鉅，汴京實為一轉運都市，非長治久安，固若金湯的城池，宋人亦針對此事，由太祖朝至眞宗朝有識人士提出不斷諍言，最終在澶淵之盟後，達成一紙防禦性質的和平條約。

　　另外北宋對遼軍事上處於守勢，實則是因補給供應上的弱點。因為就整體而言，南方地域較大，物產眾多，人口也多，在農業技術及創新上也較進步，且有運河及水道的便利。要取得軍事補給上各項優勢，需要一個徹底現代化的組織才能做到，這在十一世紀是不可能達成的，即是數百年後，在物資運補上亦是困難重重。事實上北宋所發起了軍事部署，實為集重兵於千里

〔註9〕《續資治通鑑長編》，卷二百六十九，〈神宗 熙寧八年十月壬辰〉，頁6952。

防線上，它的成功全靠後勤補給的支持，而這種後勤支持，直到中國清代仍無法充分供應無缺。北宋無可避免地須承擔其本身所下的決定。因此在北宋神宗時，王安石的變法，最能將先前「祖宗」所做的決定是否正確，揭露無遺。

宋人在防禦上一直採取守勢，並非北宋不知遼騎的利害，由錢穆《國史大綱》得到解釋可知：〔註10〕

> 北族以騎勝，宋非不知，故北宋防遼，常開塘濼植榆柳以限馬足，又有拒馬車、陷馬槍等兵器。爲承平久則漸弛。熙寧六年置軍器監，兵械精利，稱於一時。

錢穆所提及北宋防禦遼騎兵的設施，有塘泊、榆柳……等，皆有發揮禦敵效用，且神宗時期的軍事武器裝備精良，可以與遼騎武力相輝映，但卻因澶淵之盟宋遼和談，承平日久，造成北方邊防日久廢弛，而有日後亡於金兵鐵騎下的遺憾。

曾胡治兵語錄〈戰守〉篇中所提及，先是對於河川功效做一敘說：「用兵以渡水爲最難，不特渡長江大河爲難，即偶渡漸車之水，丈二之溝，亦須再三謹慎，恐其半渡而擊，背水無歸，敗兵爭舟人馬踐溺，種種皆兵家所忌。」〔註11〕黃河爲遏止遼騎的天險，而塘泊亦可收阻嚇之效，此即針對遼騎如欲通過河川阻礙所預設的攻擊，提出爲何能達成防守的功能。

再則即是對防守堡寨及城池做出的提醒：「防邊之要，不可處處設防，若處處設防，兵力必分，不能戰亦不能守，爲擇其緊要必爭之地，厚集兵力以守之，便是穩固。」〔註12〕北宋長期與遼對抗的軍事作戰經驗，所集結出的防禦精髓，即是在遼騎必經要地，依託城池集重兵抵禦，藉由層層防禦，致使遼兵不敢深入，利用空間換取時間策略，並伺機由後截斷遼人回歸之途，使遼有所顧慮而打消南侵意圖。

最後他提出預備隊及訓練功效：「有臨陣打仗之兵，必須安排後勁，或預

〔註10〕 錢穆《國史大綱》（台北：台灣商務印書館股份有限公司，1995年修訂3版），頁614～615。

附呂頤浩疏：「臣頃在鄜延、環慶路，見我師與夏人接戰，每迭勝迭負，未有敗衄如今日之甚者。蓋皆山險之地，騎兵非所利。金人起燕、薊，歷趙、魏至汴宋，皆平原曠野，騎兵馳突，步人不能抗。」

〔註11〕 蔡松坡析評；蔣中正增補；費怒春註譯《曾胡治兵語錄註釋（增訂本）》（台北；黎明文化事業股份有限公司，民國94年七版），頁198。

〔註12〕 《曾胡治兵語錄註釋（增訂本）》，頁200。

杜操後之敵，或備策應之舉。扼要立營，加高加深，固是要著……又須不時操練使步法整齊，技藝精熟，庶戰守皆能有備。」〔註13〕

　　藉由上述所說可知，北宋是確實找到抵抗遼騎入侵的方法，在宋遼邊界上，以河北、河東北部爲其防禦主體，河東北境要較河北爲佳，因太行山以西，山高路險具有天然屏障，故而在河東地區，除在保州以西廣植林木，形成榆塞以爲阻擋，又設置太原城爲對遼防禦中心。河北地區保州以東設置塘泊爲險阻，以禦遼騎南下。在無塘水防禦、林木不足，又爲遼騎必經之地，厚築城壘，以城壘爲依托，層層抵抗，以拖待變，使攻擊方後勤補給不足，再以逸待勞大舉反攻，使敵鐵騎無用武之地，這即爲北宋所建構的防衛體系。一但未能施行塘泊、林木、城池防禦體系，北宋之國祚能至百多年之久，尚是未知之數矣！

〔註13〕《曾胡治兵語錄註釋（增訂本）》，頁 202～203。

徵引書目

一、史料文獻

1、王銍，《默記》，北京：中華書局，2007 年 8 月 3 刷。

2、王夫之，《讀通鑑論（宋論合刊)》，台北：里仁書局，民國 74 年 2 月。

3、王安石，《王安石文集》，台北：河洛圖書出版社，民國 63 年。

4、王明清，《揮麈錄・後錄》，上海：上海書店出版社，2001 年。

5、王闢之，《澠水燕談錄》，北京：中華書局，2006 年 9 月 3 刷。

6、文彥博，《文潞公集》，太原：山西人民出版社，2008 年。

7、方勺，《泊宅編》，北京：中華書局，2007 年 5 月 3 刷。

8、包拯；楊國宜校注，《包拯集校注》，合肥：黃山書社，1999 年。

9、司馬光，《資治通鑑》，台北：洪氏出版社，民國 63 年 9 月初版。

10、司馬光，《涑水記聞》，北京：中華書局，2006 年 3 月 3 刷。

11、司馬遷，《史記》，台北：鼎文書局，民國 84 年。

12、江少虞，《皇朝類苑》，京都：中文出版社，1981 年再版。

13、江少虞，《宋朝事實類苑》，上海：上海古籍出版社，1981 年。

14、汪藻著；王智勇箋注，《靖康要錄箋注》，成都：四川大學出版社，2008 年。

15、佚名，《宋史全文》，哈爾濱：黑龍江人民出版社，2005 年 1 月第 1 版。

16、宋綬、宋敏求編，《宋大詔令集》，台北：鼎文書局，民國 61 年 9 月初版。

17、沈括，《夢溪筆談》，北京：北京燕山出版社，2009 年 6 月第 2 版。

18、沈約，《宋書》北京：中華書局，1974 年。

19、洪邁，《容齋隨筆》，長春：吉林文史出版社，1994 年 1 月第 1 版。

20、范曄,《後漢書》,台北:鼎文書局,民國 65 年。

21、范鎮,《東齋記事》北京:中華書局,2006 年 9 月第 3 刷。

22、徐松輯,《宋會要輯稿》,北京:中華書局,1997 年第 1 版 3 刷。

23、徐夢莘,《三朝北盟會編》,上海:上海古籍出版社,2008 年。

24、李攸,《宋朝事實》,上海:商務印書館,民國 24 年 4 月初版。

25、李盤、周鑒、韓霖,《金湯借箸十二籌》,程紅素主編,《中國歷代兵書集成（二)》,北京:團結出版社,1999 年。

26、李燾,《續資治通鑑長編》,北京:中華書局,2004 年 9 月 2 版。

27、李心傳,《建炎以來朝野雜記》,台北:文海出版社,1967 年。

28、李有棠,《遼史紀事本末》,北京:中華書局,1983 年 1 月第 1 版。

29、長孫無忌《唐律疏義》,台北:台灣商務印書館股份有限公司,2005 年。

30、邵博,《邵氏聞見後錄》,北京:中華書局,2006 年 3 月 3 刷。

31、邵伯溫,《邵氏聞見錄》,西安:三秦出版社,2005 年 1 月第 1 版。

32、邱濬,《大學衍義補》,北京:商務印書館,2006 年。

33、岳珂,《桯史》,台北:臺灣商務印書館,民國 68 年。

34、班固,《漢書》,台北:鼎文書局,民國 84 年。

35、秦緗業、黃以周等編,《續資治通鑑長編拾補》,上海:上海世紀出版公司,2006 年出版。

36、孫詒讓《周禮正義》台北:藝文印書館,《十三經注疏》,民國 84 年 9 月。

37、馬端臨,《文獻通考》,北京:中華書局,1999 年第 1 版 3 刷。32、

38、畢沅,《續資治通鑑》,北京:中華書局,2008 年 9 月 8 版。

39、陸游,《老學庵筆記》,北京:中華書局,2011 年 11 月第 5 次印刷。

40、脫脫,《遼史》,台北:鼎文書局,民國 73 年 6 月 3 版。

41、脫脫,《金史》,台北:鼎文書局,民國 74 年 6 月 4 版。。

42、脫脫,《宋史》,台北:鼎文書局,民國 67 年 9 月初版。

43、郭茂倩編《樂府詩集》,北京:人民文學出版社,2010 年。

44、清聖祖編,《全唐詩》,台北:明倫出版社,民國 60 年。

45、康基田,《晉乘蒐略》,太原:山西古籍出版社,2006 年 4 月。

46、許洞,《虎鈐經》,程紅素主編,《中國歷代兵書集成（二)》,北京:團結出版社,1999 年。

47、陳述、朱子方主編,《遼會要》,上海:上海古籍出版社,2009 年 8 月第 1 版。

48、陳述輯校,《全遼文》,北京:中華書局,1982 年。

49、陳邦瞻，《宋史紀事本末》，台北：鼎文書局，民國 67 年 3 月初版。

50、陳師道，《後山談叢》，北京：中華書局，2007 年 11 月第 1 版。

51、陳規著，林正才注譯，《守城錄注譯》，北京：解放軍出版社，1990 年 11 月第 1 版。

52、陳傅良，《止齋先生文集》，上海：商務印書館，《四部叢刊初編》，民國 25 年。

53、華岳，《翠微先生北征錄》北京：團結出版社，程紅素主編，《中國歷代兵書集成（二）》，1999 年。

54、張方平，《張方平集》，鄭州：中州古籍出版社，1992 年。

55、無名氏，《中國兵學通論（草蘆經略）》，台北：黎明文化事業公司，民國 87 年。

56、葉夢得，《石林燕語》，北京：中華書局，1997 年 12 月二刷。

57、葉隆禮，《契丹國志》，上海：上海古籍出版社，1985 年 6 月第 1 版。

58、曾鞏，《曾鞏集》，北京：中華書局，1984 年。

59、曾公亮、丁度，《武經總要》，北京：團結出版社，程素紅主編，《中國歷代兵書集成（二）》，北京：團結出版社，1999 年。

60、曾棗莊、劉琳主編，《全宋文》，上海：上海辭書出版社，2006 年 8 月第 1 版。

61、趙汝愚，《宋朝諸臣奏議》，上海：上海古籍出版社，1999 年 12 月 1 版。

62、趙彥衛，《雲麓漫鈔》，北京：中華書局，2007 年 11 月 3 刷。

63、楊仲良編，《資治通鑑紀事本末》，台北：文海出版社，民國 56 年。

64、楊家駱主編，《宋大詔令集》，台北：鼎文出版社，民國 61 年。

65、賈思勰著，繆啟愉、繆桂龍譯注，《齊民要術譯注》，上海：上海古籍出版社，2006 年 12 月第 1 版。

66、蔡絛，《鐵圍山叢談》，北京：中華書局，2006 年 3 月 3 刷。

67、劉昫，《舊唐書》，台北：鼎文書局，民國 68 年。

68、歐陽修，《新五代史》，台北：鼎文書局，民國 69 年 11 月 3 版。

69、歐陽修，《歐陽修全集》，北京：中華書局，2001 年。

70、歐陽修，《歸田錄》，北京：中華書局，1981 年。

71、魏收，《魏書》，台北：鼎文書局，民國 69 年。

72、魏泰，《東軒筆錄》，北京：中華書局，2006 年 3 月 3 刷。

73、薛居正等撰，《舊五代史》，台北：鼎文書局，民國 71 年 2 月 3 版。

74、蘇頌，《蘇魏公文集》，北京：中華書局，1988 年 9 月第 1 版。

75、蘇軾，《蘇軾文集》，北京：中華書局，1986 年 3 月第 1 版。

76、蘇轍，《蘇轍集》，北京：中華書局，1990 年 8 月第 1 版。

77、蘇轍，《龍川略志》，北京：中華書局，2006 年 9 月第 3 刷。

78、蘇轍，《龍川別志》，北京：中華書局，2006 年 9 月第 3 刷。

79、蘇舜欽，《蘇舜欽集》，上海古籍出版社，1981 年 2 月新 1 版。

80、顧祖禹，《讀史方輿紀要》，北京：中華書局，2005 年 3 月第 1 版。

81、竇儀《宋刑統》，北京：法律出版社，1999 年。

二、專著

1、丁寶章等編《河南植物志》（開封：河南人民出版社，1981 年）

2、三軍大學中國歷代戰爭史編纂委員會，《中國歷代戰爭史》第十冊，台北：黎明文化公司，民國 65 年 10 月修訂 1 版。

3、三軍大學中國歷代戰爭史編纂委員會，《中國歷代戰爭史》第十一冊，台北：黎明文化公司，民國 83 年 5 月修訂 3 版。

4、王民信，《王民信遼史研究論文稿》，台北：國立台灣大學出版中心，2010 年 8 月初版。

5、王明蓀，《宋史論文稿》，台北：花木蘭文化出版社，2008 年 3 月第 1 版。

6、王明蓀，《宋遼金史論文稿》，台北：明文書局，民國 70 年 12 月初版。

7、王明蓀，《漢晉北族與邊疆史論》《古代歷史文化研究輯刊（四編第八冊）》，台北：花木蘭文化出版社，2010 年 9 月。

8、王曾瑜，《宋朝兵制初探：增訂本》，北京：中華書局，2011 年 3 月第 1 版。

9、王曾瑜，《遼金軍制》，保定：河北大學出版社，2011 年 1 月第 1 版。

10、王曉波《宋遼戰爭論考》成都：四川大學出版社，2011 年 4 月第 1 版。

11、中國文化大學中國歷史地圖編纂委員會，《中國歷史地圖》合訂本，台北：文化大學，民國 82 年 1 版 2 刷。

12、中國兵工程學院中國築城史研究課題組，《中國築城史》，北京：軍事誼文出版社，1999 年 9 月第 1 版。

13、中國軍事史編寫組，《中國歷代軍事裝備》，北京：解放軍出版社，2007 年 1 月第 3 版。

14、中國軍事史編寫組，《中國歷代軍事工程》北京：解放軍出版社，2005 年 1 月 2 版。

15、方豪，《宋史》，台北：中國文化大學出版部，民國 77 年 12 月新二版。

16、水利部黃河水利委員會，《黃河水利史述要》，北京：水利電力出版社，1984 年。

17、石濤，《北宋時期自然災害與政府管理體系研究》，北京：社會科學文獻出版社，2010 年 9 月第 1 版。

18、史念海，《河山集》北京：生活・讀書・新知三聯書店，1978 年 5 月第 2 次印刷。

19、江天健，《北宋市馬之研究》，台北：國立編譯館，民國 84 年 6 月初版。

20、江天健，〈北宋河北路造林之研究〉，《宋史研究集》第三十二輯，台北：蘭臺出版社，民國 91 年。

21、邢鐵，《宋遼金時期的河北經濟》，北京：科學出版社，2011 年 6 月第 1 版。

22、克勞塞維茲（Karl von Clausewitz）著，楊南芳等譯，《戰爭論（*Vom Kriege*）》（上、下），台北：貓頭鷹出版社，2001 年 5 月初版。

23、呂思勉，《隋唐五代史（上、下）》，台北：九思出版社，民國 66 年 12 月台 1 版。

24、李天鳴，《宋元戰史》台北：食貨出版社，民國 77 年 3 月出版。

25、李根蟠，《中國農業史》，台北：文津出版社，民國 86 年 6 月初版。

26、李啟明，《中國後勤體制》，台北：中央文物供應社，民國 71 年 1 月出版。

27、李震，《中國政治國防史》，台北：臺灣商務印書館，民國 75 年。

28、岑仲勉，《黃河變遷史》，北京：人民出版社，1957 年。

29、周緯，《中國兵器史稿》天津：百花文藝出版社，2006 年。

30、金毓黻，《宋遼金史》，台北：臺灣商務印書館，民國 80 年 4 月台 3 版。

31、林榮貴編，《中國古代疆域史》下卷（上），哈爾濱：黑龍江教育出版社，2007 年。

32、約米尼（Antoine Henri Jomini），《戰爭藝術（*THE ART OF WAR*）》台北：麥田出版股份有限公司，民國 85 年 8 月初版。

33、姚漢源，《中國水利發展史》（上海：上海人民出版社，2005 年）

34、徐培根，《中國國防思想史》，台北：中央文物供應社，民國 72 年 6 月出版。

35、淮建利，《宋朝廂軍研究》，鄭州：中州古籍出版社，2007 年 9 月第 1 版。

36、陳峰，《宋代軍政研究》，北京：中國社會科學出版社，2010 年 9 月第 1 版。

37、陶晉生，《宋遼關係史研究》，台北：聯經出版公司，2005 年 11 月初版 6 刷。

38、黃仁宇，《赫遜河畔談中國歷史》，台北：時報文化公司，民國 79 年 2 月初版 5 刷。

39、黃寬重，《宋史叢論》，台北：新文豐出版公司，民國 82 年台一版。

40、黃寬重，《南宋軍政與文獻探索》，台北：新文豐出版公司，民國 79 年台一版。

41、張天佑，《宋明史研究論集──宋明衰亡時期》，台北：華世出版社，民國 66 年 4 月初版。

42、張正明，《契丹史略》，北京：中華書局，1979 年。

43、張其凡，《宋初政治探研》，廣州：暨南大學出版社，1995 年 10 月第 1 版。

44、張其凡，《宋代政治軍事論稿》，合肥：安徽人民出版社，2009 年 5 月第 1 版。

45、張步天《中國歷史地理（下）》（長沙：湖南大學出版社，1988 年）

46、程光裕，《宋太宗對遼戰爭考》，台北：臺灣商務印書館，民國 61 年 11 月初版。

47、程民生，《宋代地域經濟》，開封：河南大學出版社，1992 年 8 月第 1 版。

48、程龍，《北宋糧食籌措與邊防──以華北戰區為例》，北京：商務印書館，2012 年 10 月第 1 版。

49、曾瑞龍，《拓邊西北──北宋中後期對夏戰爭研究》，香港：中華書局（香港）有限公司，2006 年 5 月第一版。

50、曾瑞龍，《經略幽燕：宋遼戰爭軍事災難的戰略分析》，香港：中文大學出版社，2003 年第一版。

51、馮東禮、毛元佑，〈北宋、遼、夏軍事史〉，《中國軍事通史》，北京：軍事科學出版社，1998 年。

52、張希清等編，《澶淵之盟新論》，上海：上海人民出版社，2007 年 3 月第 1 版。

53、焦國模，《中國林業史》，台北：國立編譯館，民國 88 年。

54、鈕先鍾，《歷史與戰略：中西軍事史新論》，台北：麥田出版公司，民國 86 年 5 月初版。

55、賀士元等編《北京植物志》（北京：北京出版社，1984 年）

56、賈玉英，《宋代監察制度》（開封：河南大學出版社，1996 年）

57、楊泓，《古代兵器通論》（北京：紫禁城出版社，2005 年）。

58、楊若薇，《契丹王朝政治軍事制度研究》，台北：文津出版社，民國 81 年 7 月初版。

59、楊樹森，《遼史簡編》，瀋陽：遼寧人民出版社，1984 年。

60、趙曉峰，《河北地區古建築文化及藝術風格研究》，石家莊：河北大學出版社，2008 年。

61、經濟植物集編輯委員會，《經濟植物集》台北：豐年社附設出版部，民國 77 年。

62、廖隆盛，《國策、貿易、戰爭：北宋與遼夏關係研究》，台北：萬卷樓圖書公司，民國 91 年 10 月初版。

63、嘉禾編著，《中國建築分類圖典》，北京：化學工業出版社，2008 年第 1 版。

64、蔣復璁，《宋史新探》，台北：正中書局，民國 55 年 2 月。

65、蔣武雄，《遼與五代政權轉移關係始末》，台北：新化圖書股份有限公司，民國 87 年 6 月初版。

66、蔡松坡評析、蔣中正增補，《曾胡治兵語錄註釋（增訂本）》，台北：黎明文化公司，民國 84 年 7 月 7 版。

67、鄧廣銘，《北宋政治改革家王安石》，北京：生活‧讀書‧新知三聯書店，2007 年 3 月第 1 版。

68、潘俊富，《中國文學植物學》（台北：貓頭鷹出版社，2011 年

69、劉子健，《兩宋史研究彙編》，台北：聯經出版社，1997 年初版 2 刷。

70、鄭學檬，《五代十國史研究》，上海：上海人民出版社，1991 年。

71、錢穆，《國史大綱》，台北：台灣商務印書館股份有限公司，民國 84 年 7 月修訂 3 版。

72、糜振玉等著，《中國軍事學術史》，北京：解放軍出版社，2008 年。

73、薄富爾（Andre' Beaufre），《戰略緒論（ *AN INTRODUCTION TO STRATEGY*)》台北：麥田出版股份有限公司，民國 86 年 5 月初版。

74、譚其驤主編，《中國歷史地圖集》上海：地圖出版社，1982 年 10 月第 1 版。75、魏汝霖，《孫子兵法大全》（台北：黎明文化事業股份有限公司，民國 80 年）

76、饒勝文，《佈局天下：中國古代軍事地理大勢》，北京：解放軍出版社，2001 年 1 月第 1 版。

三、期刊論文

1、方豪，〈宋代河流之遷徙與水利工程〉，《宋史研究集》第二輯，台北：國立編譯館中華叢書編審委員會，民國 72 年 9 月再版，頁 255～282。

2、王明蓀，〈論遼代五京之性質〉，《史學彙刊》，第 1 期，台北：中國文化大學史學研究所暨史學系，民國 98 年，頁 143～191。

3、王軼英，〈北宋河北屯田的軍事意義〉，《樂山師範學院學報》，第 21 卷第 8 期，2006 年 8 月，頁 90～92。

4、王軼英，〈北宋澶淵之盟前的河北軍事防禦區域〉，《河北大學學報》，第 37 卷第 1 期，2012 年 1 月，頁 25～29。

5、史繼剛，〈宋代屯田、營田問題新探〉，《中國社會經濟史研究》，第 2 期，1999 年，頁 21～25。

6、江上舟，〈楊家將與雄縣古地道〉，《鄉音》，第 11 期，2007 年，頁 46～47。

7、江天健，〈北宋西北地區官方木材產銷〉，《宋史研究集》第二十九輯，台北：國立編譯館，民國 88 年 4 月初版，頁 185～211。

8、江天健，〈北宋河北路造林之研究〉，《宋史研究集》第三十二輯，台北：蘭臺出版社，民國 91 年 10 月初版，頁 231～256。

9、米玲、王彥玲，〈北宋定州軍事特質農業發展管窺〉，《河北大學學報（哲學社會科學版）》，第三期，2009 年，頁 28～32。

10、任愛君，〈遼宋對峙格局破滅的文化意義—簡論遼宋和盟後所奠定的中國南北民族文化發展趨勢〉，《北方文物》，第三期，1996 年，頁 46～52。

11、朱小琴，〈宋遼「關南地之爭」〉，《西安教育學院學報》第二期，2000 年，頁 61～66。

12、安國樓，〈北宋軍事方田制述論〉，《杭州大學學報》，第 22 卷第 4 期，1992 年 12 月，頁 95～99。

13、李天鳴，〈宋元的弩砲和弩砲部隊〉，《宋史研究集》第三十三輯，台北：蘭臺出版社，民國 92 年 8 月初版，頁 497～553。

14、李天鳴，〈北宋的弩和弩箭手〉《故宮學術季刊》，第 15 卷第 2 期，民國 87 年，頁 122～131。

15、李天鳴，〈金侵北宋初期戰役和宋廷的決策〉，《宋旭軒教授八十榮壽論文集》第一冊，宋旭軒教授頌壽委員會印，2000 年 11 月初版，頁 183～236。

16、李克武，〈關於北宋河北塘濼問題〉，《中州學刊》1987 年，第 4 期，頁 120～123。

17、李京龍、趙英華，〈北宋河北緣邊地區的軍事防禦工程述略〉，《保定師範專科學校學報》，第 19 卷第 1 期，2006 年，頁 49～52。

18、李華瑞，〈北宋治河與邊防〉，《澶淵之盟新論》，上海：上海人民出版社，2007 年 3 月第 1 版，頁 349～370。。

19、李震，〈論北宋國防及其國運的興廢〉，《宋史研究集》第四輯，民國 58 年 6 月，頁 379～380。

20、何乃華、朱宣清，〈白洋淀形成原因探討〉，《地理學與國土研究》，第 10 卷第 1 期，石家莊：地理學與國土研究編輯部，1994 年，頁 54。

21、林瑞翰，〈北宋之邊防〉，《宋史研究輯》第 13 輯，台北：國立編譯館，民國 70 年初版，頁 199～229。

22、林瑞翰，〈宋代兵制初探〉，《台大歷史學報》，台北：國立台灣大學歷史系，民國 65 年，第 3 期，頁 101～118。

23、林榮貴，〈北宋王朝的轄區設置與戍防〉《中國邊疆史地研究》，1997 年第 3 期，頁 35～53。

24、林榮貴，〈五代十國的轄區設置與軍事戍防〉《中國邊疆史地研究》，1999 年第 4 期，頁 1～21。

25、林榮貴,〈北宋與遼並立時期的疆域格局〉《中國邊疆地理研究》1998 年
第 3 期,頁 13～26。

26、高恩澤,〈北宋時期河北「水長城」考略〉,《河北學刊》1983 年,第 4 期,
頁 150～153。

27、柳立言,〈宋遼澶淵之盟新探〉,《宋史研究集》,第二十三輯,台北:國
立編譯館,民國 84 年 2 月,頁 71～189。

28、徐衛民,〈秦始皇長城研究綜論〉,《秦漢研究》第六輯,咸陽:咸陽師範
學院,2012 年,頁 313～320。

29、郭文佳,〈簡論宋代的林業發展與保護〉,《中國歷史》,2003 年,頁 28～
34。

30、郭東旭、王軼英,〈北宋河北沿邊的寨鋪建設述略〉,《宋史研究論叢》第
8 輯,保定:河北大學出版社,2007 年 12 月第 1 版,頁 451～458。

31、郭軍寧,〈永清地下古戰道考述〉,《軍事歷史研究》,第 2 期,2010 年,
頁 173～176。

32、淮建利,〈論宋代的壯城兵〉,《中國史研究》2007 年,第 1 期,頁 93～
103。

33、符海朝,〈城池修築與宋遼外交〉,《殷都學刊》,第 4 期,2007 年,頁 69
～72。

34、單樹海、任愛君,〈論遼宋對峙格局的形成及其歷史意義〉,《昭烏達蒙族
師專學報》,第 15 卷第 4 期,1994 年,頁 1～8。

35、程民生,〈北宋河北塘濼的國防與經濟作用〉,《河北學刊》1985 年,第 5
期,頁 76～80。

36、程民生,〈宋代兵力部署考察〉,《史學集刊》2009 年,第 5 期,頁 66～
74。

37、陶晉生,〈宋遼邊界交涉的問題〉,《遼金史論集》第六輯,北京:社會科
學文獻出版社,2001 年 7 月,頁 41～51。

38、陶玉坤,〈北宋防禦遼國的榆塞〉,《內蒙古社會科學》2006 年,第 27 卷
第 3 期,頁 36～39。

39、陶玉坤,〈遼宋和盟狀態下的新對抗:關於遼宋間諜戰略的分析〉,《黑龍
江民族叢刊》1998 年,第 1 期,頁 70～75。

40、黃繁光,〈論宋真宗對遼作戰與陣圖使用的關係〉《澶淵之盟新論》(上海:
上海人民出版社,2007 年 3 月第 1 版,頁 299～328。

41、張國慶、劉艷敏,〈氣候環境對遼代契丹騎兵及騎戰的影響——以南進中
原作戰為例〉,《遼寧大學學報》,第 35 卷 4 期,2007 年 7 月,頁 85～91。

42、楊軍,〈北宋時期的河北塘泊〉北京大學歷史地理研究中心編《侯人之師
九十壽誕紀念文集》,北京:學苑出版社,2003 年,頁,225～255。

43、楊軍，〈試說北宋時期的雄州城〉，《中國歷史地理論叢》2004 年第 19 卷第 3 輯，頁 13～22。

44、楊軍，〈北宋時期河北沿邊城市的對遼間諜戰〉，《軍事歷史研究》2006 年第 4 期，頁 99～104。

45、楊瑋燕，〈宋遼對峙時期河北路水運的開發〉，《文博》第 5 期，2010 年，頁 56～59。

46、董春林，〈宋代榆林的種植及其文化意蘊〉，《甘肅社會科學》，2011 年第 1 期，頁 170～172。

47、葉鴻灑，〈試探北宋火藥武器的研製與應用〉，《宋史研究集第二十五輯》，台北：國立編譯館，民國 84 年，頁 59～79。

48、趙冬梅，〈北宋前期邊防統兵體制研究〉，《文史》，2004 年第 3 輯・總第 68 輯，頁 25～47。

49、趙曉峰《河北地區古建築文化及藝術風格研究》，石家莊：河北大學出版社，2008 年，頁 114。

50、趙鐵寒，〈燕雲十六州的地理分析〉，《宋史研究集》第三輯，台北：中華叢書編審委員會，民國 73 年元月再版，頁 385～411。

51、漆俠，〈遼國的戰略進攻與澶淵之盟的訂立——宋遼戰爭研究之三〉，《河北大學學報》第 3 期，1992 年，頁 1～11。

52、漆俠，〈宋太宗雍熙北伐——宋遼戰爭研究之二〉，《河北學刊》第 2 期，1992 年，頁 79～87。

53、漆俠，〈宋太宗第一次伐遼——高梁河之戰〉，《河北大學學報》第 3 期，1991 年，頁 1～9。

54、漆俠，〈宋太宗與守內虛外〉，《宋史研究論叢》第 3 輯，保定：河北大學出版社 1999 年 4 月第 1 版，頁 1～17。

55、熊燕軍，〈北宋時期林木破壞情況的歷史分析〉，《商邱師範學院學報》，第 19 卷 1 期，2003 年 2 月，頁 44～46。

56、蔣武雄，〈論宋真宗對建立與維護宋遼和平外交的心意〉，《東吳歷史學報》，第 15 期，民國 95 年 6 月，頁 91～116。

57、閻沁恆，〈北宋對遼塘棣設施之研究〉，《政治大學學報》第八期，民國 52 年，頁 247～257。

58、劉浦江，〈河北境內的古地道遺跡與宋遼金時代的戰事〉，《大陸雜誌》101 卷，第 1 期，民國 89 年，頁 1～8。

59、劉浦江，〈河北境內的古地道遺跡與宋遼金的戰事〉，《大陸雜誌》，2000 年 101 卷第 1 期，頁 42。

60、羅球慶，〈北宋兵制研究〉，《新亞學報》，第 3 卷第 1 期，1957 年，頁 69～72。

四、學位論文

1、王軍,《北宋河議研究》,長春:東北師範大學碩士學位論文,2011 年 6 月。

2、王麗,《宋代國家林木經營管理研究》,西安:陝西師範大學碩士學位論文,2009 年 6 月。

3、王照年,《北宋黃河水患研究》,蘭州:西北師範大學碩士學位論文,2005 年 4 月。

4、王會敏,《北宋時期邊境管理制度研究–以宋遼沿邊地區為中心》,鄭州:河南大學碩士學位論文,2011 年 4 月。

5、白宏剛,《宋代林業政策研究》,桂林:廣西師範大學碩士學位論文,2010 年 4 月。

6、艾文君,《「誓書」與北宋對遼政策》,台北:國立政治大學政治學系博士論文,民國 92 年 5 月。

7、任愛軍《契丹遼朝前期(907～982)契丹社會歷史面貌解析》,呼和浩特:內蒙古大學博士學位論文,2005 年。

8、周榮,《北宋冷兵器論述》,西安:西北大學碩士學位論文,2006 年。

9、柯弘彥,《宋代廂軍的職務功能及其類型》,台北:東吳大學碩士學位論文,民國 98 年 5 月。

10、韋祖松,《北宋國家安全問題研究》,廣州:暨南大學博士學位論文,2006 年 4 月。

11、孫遠路,《北宋的強壯和義勇》,鄭州:河南大學碩士學位論文,2002 年。

12、翁建道,《北宋出征行營之研究》,台北:中國文化大學史學研究所博士論文,民國 94 年 2 月。

13、馬繼業,《宋代城池防禦探究》,濟南:山東師範大學碩士學位論文,2005 年 4 月。

14、陳玫旭,《五代北宋時期河東地區研究——以軍政為考察中心》台北:國立台灣師範大學歷史學系碩士論文,民國 95 年 2 月。

15、郭志安,《北宋黃河中下游治理若干問題研究》,保定:河北大學博士學位論文,2007 年 6 月。

16、陳嘉伶,《宋代林木資源的耗損與保育》,台北:淡江大學歷史學系碩士班碩士論文,民國 92 年 6 月。

17、陶玉坤,《遼宋關係研究》,呼和浩特:內蒙古大學博士學位論文,2005 年 5 月。

18、黃登峰,《宋代城池建設研究》,保定:河北大學博士學位論文,2007 年 6 月。

19、黃崑在，《北宋北方邊防政策之演進與檢討》，台北：淡江大學歷史學系碩士班碩士論文，民國 92 年 6 月。

20、張云箏，《宋代外交思想研究》，鄭州：河南大學博士學位論文，2010 年 4 月。

21、楊瑋燕，《宋初對遼戰爭中軍糧供應諸問題研究》，西安：西北大學碩士學位論文，2007 年 4 月。

22、蔡金仁，《北宋與遼、西夏戰略關係研究—從權力平衡觀點的解析》，台北：淡江大學國際事務與戰略研究所碩士班碩士論文，民國 86 年 6 月。

23、劉振志，《宋代國力研究——功利學派國家戰略思想與宋廷國策之探討》，台北：中國文化大學史學研究所博士論文，民國 84 年 6 月。

五、網路資料

1、網路展書讀 http://cls.hs.yzu.edu.tw/。